Band IV

Politische Gewalt und Repression

Ergebnisse von Bevölkerungsumfragen

Ursachen, Prävention und Kontrolle von Gewalt

Analysen und Vorschläge der Unabhängigen Regierungskommission zur Verhinderung und Bekämpfung von Gewalt (Gewaltkommission)

herausgegeben von

Hans-Dieter Schwind (Vorsitzender)
Jürgen Baumann (stellv. Vorsitzender)

Friedrich Lösel (UK Psychologie)
Helmut Remschmidt (UK Psychiatrie)
Roland Eckert (UK Soziologie)
Hans-Jürgen Kerner (UK Kriminologie)

Alfred Stümper (UK Polizeipraxis)
Rudolf Wassermann (UK Strafrechtspraxis)
Harro Otto (UK Strafrechtswissenschaft)
Walter Rudolf (UK Öffentliches Recht)

Friedhelm Berckhauer (AG A)   Edwin Kube (AG B)
Monica Steinhilper (AG A)   Wiebke Steffen (AG B)

Band IV

Politische Gewalt und Repression
Ergebnisse von Bevölkerungsumfragen

Zweite, unveränderte Auflage

Duncker & Humblot · Berlin

Die Deutsche Bibliothek – CIP-Einheitsaufnahme

Ursachen, Prävention und Kontrolle von Gewalt : Analysen und Vorschläge der Unabhängigen Regierungskommission zur Verhinderung und Bekämpfung von Gewalt (Gewaltkommission) / hrsg. von Hans-Dieter Schwind . . . – Berlin : Duncker und Humblot
NE: Schwind, Hans-Dieter [Hrsg.]; Unabhängige Regierungskommission zur Verhinderung und Bekämpfung von Gewalt

Bd. 4. Politische Gewalt und Repression : Ergebnisse von Bevölkerungsumfragen / von Max Kaase ; Friedhelm Neidhardt. 2., unveränd. Aufl. – 1994
ISBN 3-428-08092-0
NE: Kaase, Max

Band   I = Endgutachten und Zwischengutachten der Arbeitsgruppen
Band II = Erstgutachten der Unterkommissionen
Band III = Sondergutachten (Auslandsgutachten, Inlandsgutachten)
Band IV = Bevölkerungsumfragen

Erste Auflage, 1990
Alle Rechte, auch die des auszugsweisen Nachdrucks, der fotomechanischen Wiedergabe und der Übersetzung, für sämtliche Beiträge vorbehalten
© 1994 Duncker & Humblot GmbH, Berlin
Druck: Berliner Buchdruckerei Union GmbH, Berlin
Printed in Germany
ISBN 3-428-08092-0

Unabhängige Regierungskommission zur Verhinderung und Bekämpfung von Gewalt (Gewaltkommission)

Band IV

Politische Gewalt und Repression

Ergebnisse von Bevölkerungsumfragen

von
Max Kaase
Friedhelm Neidhardt

Inhaltsübersicht

Einleitung		1
Fragestellungen		1
Untersuchungen		3
1.	**Das Partizipations- und Gewaltpotential in der Bevölkerung der Bundesrepublik Deutschland und im internationalen Vergleich**	7
1.1	Vorbemerkung	7
1.2	Theorie und Methode	7
1.3	Das Partizipations- und Gewaltpotential in der Bundesrepublik Deutschland 1974–1989	9
1.3.1	Datenbasis	9
1.3.2	Zur Beziehung zwischen den Teildimensionen politischer Partizipation	11
1.3.3	Das Partizipations- und Gewaltpotential in der Bundesrepublik Deutschland 1974–1989	14
1.3.4	Das Partizipations- und Gewaltpotential im internationalen Vergleich: die Länder der EG	21
1.3.4.1	Vorbemerkung	21
1.3.4.2	Die Daten	22
2.	**Bedingungen und Korrelate des Gewaltpotentials**	28
2.1	Vorbemerkung	28
2.2	Gewaltbereitschaft und Gewaltbilligung — zwei Indexkonstruktionen	28
2.3	Der Einfluß soziodemographischer Variablen	31
2.4	Sozialstrukturelle Bedingungszusammenhänge	32

2.5	Allgemeine psychische Dispositionen	34
2.6	Politische Orientierungen	35
3.	**Zum Begriff der Gewalt**	**41**
3.1	Vorbemerkung	41
3.2	Gewaltassoziationen der Bevölkerung 1989 – das Semantische Differential	41
3.3	Zum Verständnis von politischer Gewalt in der Bundesrepublik	45
3.4	Mechanismen der Gewaltetikettierung	47
3.5	Die gesellschaftliche Rechtfertigung politischer Gewalt	53
4.	**Politische Repression**	**56**
4.1	Vorbemerkung	56
4.2	Das Repressionspotential in der Bundesrepublik Deutschland 1974-1989 und im internationalen Vergleich	57
4.2.1	Datenbasis	57
4.2.2	Das Repressionspotential in der Bundesrepublik Deutschland 1974-1989	58
4.2.3	Das Repressionspotential im internationalen Vergleich	60
5.	**Bedeutungen und Bedingungen hoher Repressionsneigung**	**63**
5.1	Vorbemerkung	63
5.2	Das „Repressionssyndrom"	63
5.3	Bedingungen politischer Repressivität	65
6.	**Anhang**	**70**
6.1	Literatur	70
6.2	Kapitelspezifische Tabellen	72
6.3	Fragebogen	95
6.4	Standardtabellen	183

Einleitung

Die Verfasser dokumentieren und interpretieren mit dem folgenden Text Ergebnisse von repräsentativen Bevölkerungsumfragen, die von der Unabhängigen Regierungskommission zur Verhinderung und Bekämpfung von Gewalt (Gewaltkommission) veranlaßt wurden. Der vorliegende Bericht wurde im Plenum der Gewaltkommission erörtert. Die Ergebnisse der Untersuchungen wurden im Endgutachten der Kommission verwertet.

In dem Bemühen, sowohl Entwicklungstendenzen zu erfassen als auch internationale Vergleiche zu ermöglichen, wurde neben dem Einsatz neuer, für die Kommissionsuntersuchungen erarbeiteter Erhebungsinstrumente auch eine größere Zahl anderer Fragen wiederholt, die schon in früheren Umfragen gestellt worden waren. Die Notwendigkeit, Fragen aus zurückliegenden Studien zu verwenden, ergab sich zwangsläufig aus dem genannten Interesse an zeitlichen Verläufen. Der Preis für diesen unschätzbaren Vorteil war allerdings eine Begrenzung des Spielraums für die Konzipierung von neuen Fragen.

Gewaltphänomene im politischen Bereich stehen, in Entsprechung zum Kommissionsauftrag, im Mittelpunkt der folgenden Analysen. Allerdings werden auch andere Kontexte von Gewalt, wo dies die Sache gebot, mitbehandelt.

Die von der Kommission veranlaßten Umfragen wurden im Jahre 1989 durchgeführt. Sie genügen also dem Anspruch der Kommission, aktuell zu sein. Dieser Umstand setzte die Verfasser bei der Aufbereitung und Analyse der Daten allerdings unter einen außerordentlichen Zeitdruck. Komplexere Analysemethoden konnten deshalb noch nicht in dem gewünschten Umfang eingesetzt bzw. ihre Ergebnisse noch nicht in vollem Umfang ausgewertet werden. Bei dieser Gelegenheit kam es freilich nicht darauf an, die fachwissenschaftliche Ausbeute des reichhaltigen Materials schon abzuschließen. Der folgende Bericht konzentriert sich auf Aspekte, die an den praktischen Erkenntnisinteressen der Kommission orientiert und auf die Informationsbelange eines breiteren Publikums bezogen sind. Zusätzliches kann und soll an anderer Stelle nachgeholt werden.

Fragestellungen

Gewalt ist ein Problem. Sie ist asozial in dem elementaren Sinne, daß sie auf den anderen keine Rücksicht nimmt; sein Wille wird außer Kraft gesetzt. Sie widerspricht dem Grundgesetz zivilisierter Gesellschaften — zumal solchen, deren demokratischer Anspruch dem Willen des einzelnen einen ausdrücklichen Verfassungsrang verleiht: Seine Würde ist unantastbar.

Es ist für eine Gesellschaft folgenreich, ob und in welchem Maße ihre Bürger diese Auffassung teilen. Was halten sie von Gewalt? Ist darauf Verlaß, daß sich bei ihnen ein Gewalttabu durchgesetzt und erhalten hat? Was verstehen sie darunter — wie definieren sie „Gewalt"? Welche Ausnahmen lassen sie zu? Und wie rechtfertigen sie diese? Kapitel 3 versucht, darauf einige Antworten zu geben.

In Umfragen kann man solchen Fragen nachgehen. Sie eignen sich nicht dazu, tatsächliche Gewalttätigkeiten abzubilden und die dynamischen Bedingungen ihrer Entstehung zu erfassen. Aber sie lassen sich dafür einsetzen, Einstellungen und Dispositionen der Menschen zu messen. Gelingt auf diese Weise eine Bestimmung von Gewalt„potential" (dazu vor allem Kapitel 1), so lassen sich Zusammenhänge recherchieren, die auf Bedingungen seiner Entstehung verweisen (siehe Kapitel 2). Korrelieren psychische Befindlichkeiten mit Gewaltneigung? Sind demographische Faktoren (Alter, Geschlecht, Bildung, Schicht etc.) für deren Ausprägung nachzuweisen? Sind Gewaltbegriffe, Gewaltdispositionen und Gewaltrechtfertigungen Teil bestimmter ideologischer Konstrukte, z. B. Teil „linker" oder „rechter" Einstellungs„lager"? Erscheinen sie in bestimmten Parteien oder sozialen Bewegungen irgendwie „organisiert"? Gibt es eine deutliche Nachbarschaft zu anderen „Partizipations"formen?

Die Prüfung solcher Zusammenhänge gibt Hinweise für die Erklärung von Gewaltpotential. Es bedarf allerdings sorgfältiger Analysen, um von Korrelationen auf Kausaleinflüsse schließen zu können. Gelingt dies, so lassen sich unter der Voraussetzung, daß die behandelten Variablen politischer Steuerung zugänglich sind, Folgerungen auf praktische Interventionen ziehen, die das Gewaltpotential einschränken können. Die Arbeit der Gewaltkommission ist vor allem darauf gerichtet, solche Interventionen zu empfehlen.

Dabei ist in Rechnung zu ziehen, daß nicht nur Gewalt, sondern auch die Reaktionen auf Gewalt ein Problem darstellen. Reaktionsprobleme können auf mindestens drei Ebenen entstehen: (1) bei der Wahrnehmung von Gewalt, (2) bei ihrer Erklärung und den dabei eingesetzten Schuldkonstruktionen sowie (3) bei der Wahl der Mittel, Gewalt zu begegnen. Wieder eignet sich die Umfrageforschung nicht dazu, die Dynamik der Reaktionsprozesse und die Komplexitäten des gesellschaftlichen „Gewaltdiskurses" vollständig zu erfassen. Über repräsentative Stichproben lassen sich aber individuelle Wahrnehmungen, Kausalattribuierungen und Reaktionsmuster feststellen, und deren sozialstrukturelle und ideologische Verteilung gibt einigen Aufschluß über gesellschaftliche Bedingungen individueller Einstellungen. Uns interessiert im Hinblick darauf vor allem die Ermittlung gesellschaftlicher „Repressionspotentiale" (dazu Kapitel 4). Wir verstehen darunter das Ausmaß, in dem in der Bevölkerung die

Bereitschaft verbreitet ist, eine konsequente, durch rechtliche Regeln nicht unbedingt eingegrenzte Unterdrückung nicht nur von Gewalt, sondern auch eines mehr oder weniger breit definierten „Umfeldes" von Gewalt zu befürworten oder zu fördern. Wir gehen davon aus, daß ein liberaler Rechtsstaat nicht nur durch Gewalt, sondern auch durch repressive Überreaktionen auf Gewalt gefährdet wird. Der Ermittlung von empirisch wirksamen Bedingungen und Korrelaten des feststellbaren Repressionspotentials kommt deshalb eine besondere Bedeutung zu (vgl. Kapitel 5).

Untersuchungen

Die für die Gewaltkommission durchgeführten Erhebungen hatten in erster Linie die Aufgabe, die vorliegenden Daten über das breite Untersuchungsfeld der politisch motivierten Gewalt so weit wie mit Mitteln der Umfrageforschung möglich zu ergänzen und zu aktualisieren. Die Ergänzung sollte auf zwei Dimensionen erfolgen: einer nationalen und einer international vergleichenden. Auf beiden Dimensionen setzte der Wunsch nach einer Aktualisierung voraus, daß für mindestens einen Zeitpunkt in der Vergangenheit relevante Daten bereits vorlagen.

Gewalteinstellungen und die damit verbundenen Verhaltensweisen *in der breiten Bevölkerung* sind in der Vergangenheit keinesfalls regelmäßiger Gegenstand empirischer Forschung in der Bundesrepublik gewesen, so daß nur wenige Untersuchungen als Ankerpunkte, auf die sich eine Erhebung im Jahre 1989 überhaupt beziehen konnte, in Frage kamen. Ausgewählt wurden zu Vergleichszwecken schließlich (1.) eine zwischen 1974 und 1976 in acht westlichen Demokratien (Bundesrepublik, Finnland, Großbritannien, Italien, Niederlande, Österreich, Schweiz, USA) durchgeführte und 1979-1981 in dreien davon (Bundesrepublik, Niederlande, USA) wiederholte Repräsentativbefragung der Bevölkerung im Alter ab 16 Jahren, die sogenannte Political-Action-Studie (Barnes, Kaase et al. 1979; Jennings, van Deth et al. 1990), und (2.) eine 1980er Repräsentativbefragung bei Bürgern im Alter zwischen 16 und 35 Jahren, die 1985 bei einem repräsentativen Querschnitt der Bevölkerung im Alter ab 16 Jahren wiederholt wurde, die sogenannte Jugend- und Staat-Studie (Schmidtchen 1983; Uehlinger 1988).

Zwar unterscheiden sich beide Studien nicht grundlegend in ihrem theoretischen Ansatz, doch differiert vor allem die Operationalisierung der zentralen abhängigen Variablen weit genug, um keinen direkten Vergleich zwischen beiden in längsschnittlicher Perspektive verantworten zu können. Damit war bereits eine Vorentscheidung für das Erhebungsprogramm der Gewaltkommission getroffen. Für die detaillierte Analyse politischer Partizipation 1989 in der Bundesrepublik bot sich eine Replikation der „Jugend- und Staat-Studie" an, während der aktuelle internationale Vergleich sich der im Rahmen der „Political-Action-Studie" entwickelten Erhebungsinstrumente bedienen sollte.

Mit den neuen Untersuchungen im Jahre 1989 lagen somit für beide Studien jeweils drei Erhebungszeitpunkte vor.[1]

Die Hauptumfrage für die Gewaltkommission wurde in der Zeit vom 23. Januar 1989 bis zum 23. Februar 1989 im Bundesgebiet einschließlich West-Berlins durch das EMNID-Institut, Bielefeld, durchgeführt. Grundgesamtheit für die Repräsentativauswahl war die deutsche Wohnbevölkerung im Alter ab 14 Jahren. Die Auswahl der Befragten erfolgte auf der Grundlage einer auf Haushalte bezogenen zufallsgesteuerten Adressenauswahl. Konkret ging die Auswahl so vor sich, daß in den Stichprobenuntereinheiten (den primary sampling units, d. h. Wahlbezirken; im konkreten Fall zwei Netze mit zusammen 420 Wahlbezirken) der Interviewer von einer zufällig ausgewählten Startadresse aus nach einem vorgegebenen Verfahren Haushalte kontaktierte, im Kooperationsfalle die im Haushalt lebenden Zielpersonen auflistete und aus diesen dann, erneut per Zufall, die Befragungsperson bestimmte (Random route Verfahren).

Die gültigen 2012 Interviews wurden unter dem Einsatz von ca. 450 Interviewern erreicht. Die Ausschöpfungsquote betrug nach Abzug der stichprobenneutralen Ausfälle 65% und liegt damit im Bereich des bei solchen Befragungen üblichen. Eine Beeinträchtigung der Aussagefähigkeit der Ergebnisse ist nicht gegeben.

Zur Kontrolle und Absicherung der Ergebnisse bei der Partizipationsvariablen schaltete das EMNID-Institut die entsprechende Fragenbatterie auch in eine *Mehrthemenuntersuchung* ein, die mit denselben Spezifikationen wie die Haupterhebung für die Gewaltkommission in der Zeit vom 16. März 1989 bis zum 4. April 1989 im Feld war. Aus dieser Studie resultierten 2078 Interviews.[2]

Für den internationalen Vergleich bot sich angesichts der begrenzten finanziellen Ressourcen eine Frageneinschaltung in die zweimal jährlich im Auftrag der Kommission der Europäischen Gemeinschaften in den Ländern der EG durchgeführte Repräsentativerhebung (nationale Bevölkerung im Alter ab 15 Jahren) an, dem sogenannten *Eurobarometer*. Das *Eurobarometer* sieht jeweils durchschnittlich etwa 1000 Befragte pro Land vor.[3]

---

[1] Der Zeitvergleich im Rahmen der „Jugend- und Staat-Studie" ist insofern begrenzt, als für 1980 nur Befunde für den 16-35jährigen Teil der bundesdeutschen Bevölkerung verfügbar sind.

[2] Ein weiterer Anlaß für diese Zusatzerhebung ergab sich aus dem Umstand, daß einige Werte der Hauptbefragung vom Januar/Februar 1989 untypisch verzerrt erschienen. Analysen des EMNID-Instituts ergaben, daß sich diese Tendenz vor allem in Universitätsstädten niederschlug und offensichtlich mit den Studentenunruhen des WS 1988/89 zusammenhing. Diese kurzfristig zu beobachtende Verzerrung hat keinen signifikanten Einfluß auf die in späteren Kapiteln präsentierten Zusammenhangsanalysen. Bei der Darstellung der reinen Häufigkeitswerte benutzen wir allerdings neben den Eurobarometer-Daten die Umfrage von März/April 1989, um diesen Effekt ausschalten zu können.

[3] Ausnahmen sind Luxemburg, in dem wegen der geringen Größe des Landes jeweils nur ca. 300 Personen interviewt werden, und Großbritannien: Dort wird zusätzlich eine

Wegen der sehr unterschiedlichen statistischen Datenlage und den damit in Zusammenhang stehenden unterschiedlichen Ausgangssituationen für die Empirische Sozialforschung ist es nicht durchsetzbar gewesen, die Befragungspersonen in allen Mitgliedsländern nach demselben Stichprobenverfahren zu bestimmen. *Personen*stichproben auf Zufallsgrundlage werden in Dänemark, Luxemburg und den Niederlanden gezogen. Zufallsstichproben von *Haushalten* und einer konkreten Befragungsperson in diesen Haushalten werden in der Bundesrepublik, Griechenland und Spanien durchgeführt. Die Befragten in Portugal werden durch eine Mischung von Zufalls- und Quotenstichprobenverfahren ermittelt. Reine *Quotenstichproben,* bei denen in der Regel unter einer Quotenvergabe nach (kombiniert) Alter, Geschlecht und Stellung im Beruf die endgültige Auswahl der Befragungsperson in die Wahl des Interviewers gestellt ist, finden in Belgien, Frankreich, Italien, Großbritannien und Irland Verwendung.

Bei dieser Unterschiedlichkeit der Stichprobenansätze sind die Länderbefunde in einem strikten Sinne stichprobentheoretisch nicht vergleichbar, und nicht in allen Fällen sind die statistischen Voraussetzungen gegeben, um die Fehlertoleranzen der gewonnenen Ergebnisse genau bestimmen zu können. Auf der Grundlage der vorhandenen Erfahrungen — die hier anzusprechende *Eurobarometer*-Untersuchung trägt die laufende Nummer 31 — kann man jedoch begründet die Auffassung vertreten, daß die Unterschiedlichkeit der Stichprobenverfahren den Ländervergleich nicht in nennenswerter Weise beeinträchtigt. Aus diesem Grund wird bei den weiteren Analysen auf diesen Sachverhalt auch nicht mehr Bezug genommen werden.[4]

Zum Abschluß dieses Abschnittes wird erstens darauf hingewiesen, daß *für den Zeitvergleich* zu den zurückliegenden Studien die 1989 durchgeführten Erhebungen um die Befragten „bereinigt" wurden, die jünger als 16 Jahre sind.

Zweitens bedarf der Anhang zu diesem Band noch der Erwähnung und Erläuterung. Nach dem Literaturverzeichnis in 6.1 folgen in Teil 6.2 zunächst solche Tabellen, die einen spezifischen Bezug zu im Text behandelten Fragestellungen aufweisen. Ihre Kennzeichnung entspricht der Kapitelnumerierung, um die Zuordnung der Tabellen zum Text zu erleichtern. Teil 6.3 dokumentiert in Originalfassung alle Fragebogen und dazugehörigen Listen und Kartenspiele, um den Leser präzise über die verwendeten Erhebungsinstrumente zu informieren. Teil 6.4, als letzter Block des Anhangs, enthält für die in diesem Band behandelten Fragen und Indikatoren aus der Januarumfrage für die Kommission Standardtabellen im Aufriß nach sozialen und politischen Merkmalen für an Einzelbefunden interessierte Leser. Diese Standardtabellen entstammen dem vom EMNID-Institut gelieferten Ergebnisband.

Sonderstichprobe in Nordirland gezogen, so daß sich die Zahl der Interviews jeweils auf ca. 1300 beläuft.

[4] Tabelle A 1 im Anhang enthält die genauen Angaben zu dem durchführenden Institut, zu den Befragtenzahlen sowie zu den Terminen der Feldarbeit. Die internationale Koordination der Studie erfolgte durch das Institut Faits et Opinions in Paris.

Drittens wird angemerkt, daß alle im Auftrag der Gewaltkommission erhobenen Umfragedaten über das Zentralarchiv für Empirische Sozialforschung an der Universität zu Köln der Forschung für Sekundäranalysen frei zur Verfügung stehen.

Und viertens schließlich bedanken sich die Verfasser bei Gerhard Schmidtchen, der an der Vorbereitung des Fragenprogramms der Untersuchungen beteiligt war, bei Hans Dürholt, der die Hauptlast der Datenaufbereitung getragen hat, und bei Gertraud Kufner-Müller und Astrid Pfenning, welche die oft nicht leicht entzifferbaren Textentwürfe der beiden Autoren in eine fehlerlose Druckvorlage verwandelt haben.

1. Das Partizipations- und Gewaltpotential in der Bevölkerung der Bundesrepublik Deutschland und im internationalen Vergleich

1.1 Vorbemerkung

Der Auftrag an die Gewaltkommission war bekanntlich auf die Gewaltthematik bezogen. Wenn an dieser Stelle ausdrücklich darüber insofern hinausgegangen wird, als neben den Gewalt direkt betreffenden Angaben auch Daten vorgelegt werden, die nicht-gewaltsame Beteiligungsformen betreffen, so hat das seinen guten Grund. Forschung (siehe dazu Uehlinger 1988: S. 211-217) wie schlichte Beobachtung von außen haben in der Vergangenheit belegt, daß nicht zuletzt wegen des situativ-interaktiven Charakters von Gewalterscheinungen, etwa im Umfeld von Demonstrationen, die *Übergänge* zwischen den Bereichen gewaltloser politischer Partizipation sowie politischer Gewalt mehr oder weniger fließend sind. Insofern würde es gerade im Zusammenhang mit der Erklärung der Genese politisch motivierter Gewalt nicht ausgereicht haben, sich a priori auf letztere zu beschränken. Vielmehr stellt das gesellschaftliche Klima gegenüber allen unverfaßten Formen politischer Beteiligung besonders bei zeitraumbezogener, dynamischer Betrachtung eine entscheidende Voraussetzung für das Verständnis der Bedingungen dar, unter denen politische Gewalt entstehen kann. Angesichts des grundsätzlichen Charakters dieser Vorentscheidung darf es allerdings nicht genügen, sich lediglich auf vergangene Forschungen zu berufen. Vielmehr wird diese Frage im folgenden noch einmal mit den für die Gewaltkommission erhobenen Daten aufgegriffen werden (siehe besonders Abschnitt 1.3.2).

1.2 Theorie und Methode

Die Partizipationsforschung der letzten drei Jahrzehnte hat die Konturen und Bestimmungsgründe für eine Entwicklung, die gelegentlich als „partizipatorische Revolution" (Kaase 1982) bezeichnet worden ist, zuverlässig bestimmt. Im Kern geht es um einen Prozeß, der durch gesamtgesellschaftliche Größen wie die Ausweitung des Bildungswesens, die flächendeckende Versorgung mit elektronischen Massenmedien, darunter vor allem dem Fernsehen, die Tertiarisierung des Beschäftigungssystems (der Weg zur „postindustriellen Gesellschaft"), die Zunahme an frei disponibler Zeit und die Verbesserung der wirtschaftlichen und finanziellen Ressourcen der Haushalte, bestimmt ist. In Abhängigkeit von diesen Faktoren haben sich das politische Engagement der Bürger und ihr

Wunsch nach mehr Beteiligungsmöglichkeiten an politischen Entscheidungen kontinuierlich erhöht (Dalton 1988).

In einer ersten Phase der wissenschaftlichen Diskussion konnte gezeigt werden, daß sich seit den späten sechziger Jahren die Dimension der verfaßten (wahlbezogenen, konventionellen) Beteiligung um eine zweite Dimension der unverfaßten (direkten, unkonventionellen) Beteiligung erweitert hatte (Barnes, Kaase et al. 1979; Kaase 1987; Jennings, van Deth et al. 1990). Beide Dimensionen waren nicht unabhängig voneinander, sondern ergänzten sich, vor allem bei der Aktionsavantgarde wie z. B. den Bürgerinitiativen. Dabei wurde deutlich, daß sich hinter den Forderungen nach mehr Partizipationsmöglichkeiten keine unbedingt systemüberwindende Grundsatzkritik, sondern ein stärker plebiszitär orientiertes Demokratieverständnis verbarg. Natürlich waren und sind damit auch Konflikte zwischen diesem und einem der bundesrepublikanischen institutionellen Ordnung eher entsprechenden parlamentarisch-repräsentativen Verfassungsverständnis angelegt, die nicht zuletzt ihren Ausdruck auch in gewaltsamen Aktionen gefunden haben.

Die zweite Phase der wissenschaftlichen Partizipationsdiskussion läßt sich durch eine Verfeinerung der Perspektive kennzeichnen (Fuchs 1984; Uehlinger 1988). Für die der Gewaltkommission gestellten Aufgaben erweist sich hier als wichtig, eine Differenzierung der Dimension der unverfaßten politischen Beteiligung vorzunehmen (1) in einen Bereich der legalen Partizipation (z. B. Bürgerinitiativen, Petitionen, friedliche Demonstrationen) und (2) in einen Bereich der illegalen, aber an sich nicht gewaltsamen Partizipation, der, dem amerikanischen Sprachgebrauch folgend, auch als „ziviler Ungehorsam" (civil disobedience) bezeichnet werden kann. Hierzu zählen Hausbesetzungen, Mietstreiks und Verkehrsblockaden im Rahmen von Demonstrationen. Von zivilem Ungehorsam klar abzugrenzen sind dann (3) Gewaltaktionen gegen Personen und/oder Sachen, wobei unter Gewalt in Übereinstimmung mit dem Gewaltbegriff der Kommission „Formen des physischen Zwanges als nötigender Gewalt" (Band 1: Endgutachten, Randnummer 32) verstanden werden.

Auf dieser theoretischen Grundlage werden im folgenden Ergebnisse der Längsschnittanalyse deskriptiv dargestellt. Dabei ist folgendes zu beachten. Die Zahl der Personen *aus der Gesamtbevölkerung,* die sich an den diversen Partizipationsformen selbst bereits einmal beteiligt haben, ist teilweise sehr gering. Da aus demokratietheoretischen Gründen jedoch die Gesamtbevölkerung und eben nicht nur Aktionsgruppen und aus allgemeineren Gründen nicht nur vollzogene Aktionen, sondern auch gegenwärtige Mobilisierungs- und Unterstützungs*potentiale* untersucht werden sollen, schien es sinnvoll, die Fragestellungen nicht nur auf *vergangenes tatsächliches Verhalten,* sondern auch auf *Verhaltensbereitschaften* (im Sinne einer Einstellung) auszurichten. So sollte das gesellschaftliche Klima und dessen Veränderung in bezug auf politische Beteiligung neben konkreten Beteiligungsakten erfaßt werden. Dabei ist natürlich stets zu bedenken, daß die Bekundung einer Beteiligungsabsicht durch einen Bürger im Interview keinesfalls mit der späteren Umsetzung dieser Absicht gleichzusetzen ist, sondern daß eine tatsächliche Beteiligung von ganz anderen Mechanismen, vor allem im Rahmen von Mobilisierungsprozessen und in Abhängigkeit von tatsächlichen Gelegenheiten, bestimmt wird.

1.3 Das Partizipations- und Gewaltpotential in der Bundesrepublik Deutschland 1974-1989

1.3.1 Datenbasis

Die Political-Action-Studie stellt die früheste Repräsentativbefragung der Bevölkerung in der Bundesrepublik zur Partizipations- und Gewaltproblematik dar. Für 1989 wurden die Fragen zur Partizipationsdimension übernommen, so daß sich der Zeitvergleich nur auf diese Dimension beziehen kann. Zu beachten ist, daß sich dieser Zeitvergleich für die Bundesrepublik Deutschland 1989 auf die Daten stützt, die im Rahmen des *Eurobarometer* Nr. 31 bei 1019 Befragen im Alter ab 16 Jahren erhoben worden waren.

Im folgenden ist zunächst der vollständige Text der 1989 verwendeten Frage abgedruckt (die Formulierungen von 1974 und 1980 waren leicht, aber sicherlich ohne systematischen Einfluß auf die Befunde insofern zu verändern, als in der Political-Action-Studie auch die Zustimmung zu den 10 Aktionen sowie die Einschätzung von deren Effektivität erhoben worden waren).

Hier sind zehn Kärtchen. Auf jedem dieser Kärtchen finden Sie eine bestimme Art von Verhalten beschrieben. Ein solches Verhalten haben verschiedene Leute manchmal gewählt, um gegen etwas zu protestieren, oder um die Öffentlichkeit auf ihr Anliegen aufmerksam zu machen.

Ist auf diesen Kärtchen irgend etwas aufgeschrieben, wovon Sie überhaupt noch nie gehört haben oder was Sie nicht verstehen?

Wir würden nun gerne von Ihnen wissen, wie Sie über diese Verhaltensweisen denken. Sehen Sie sich bitte dazu dieses Vorlageblatt an.

Bitte legen Sie nun diese Kärtchen jeweils auf das entsprechende Feld *dieses* Vorlageblattes, um anzugeben — z. B. Feld 1 —, ob Sie selbst sich in den vergangenen 10 Jahren an so einer Aktion schon einmal beteiligt haben.

Wenn Sie bisher noch nicht an einer derartigen Aktion beteiligt waren, es aber tun würden, wenn es um eine Sache ginge, die für Sie sehr wichtig ist —, legen Sie das Kärtchen auf Feld 2.

Falls Sie sich nur in einer ganz außergewöhnlichen Situation daran beteiligen würden, legen Sie bitte das entsprechende Kärtchen auf Feld 3.

Und wenn Sie sich niemals, unter keinen Umständen, an so etwas beteiligen würden, dann legen Sie das Kärtchen bitte auf das Feld 4.

A Beteiligung an Bürgerinitiativen
B Beteiligung an einer Unterschriftensammlung
C Beteiligung an einem Boykott

1. Das Partizipations- und Gewaltpotential in der Bevölkerung

D Teilnahme an einer genehmigten politischen Demonstration
E Weigerung, Mieten, Raten oder Steuern zu bezahlen
F Beteiligung an einem wilden Streik
G Besetzung von Fabriken, Ämtern und anderen Gebäuden
H Aufhalten des Verkehrs mit einer Demonstration
J Beschädigung fremden Eigentums, z. B. Fenster einschlagen, Straßenschilder abmontieren oder ähnliches
K Anwendung von Gewalt gegen Personen, z. B. Schlägereien mit Polizisten oder mit anderen Demonstranten von der Gegenseite.

Die zweite Untersuchung, auf die sich die Gewaltkommission zum Zweck der Replikation gestützt hat, ist die zuerst 1980 durchgeführte Jugend- und Staat-Studie bei jungen Menschen im Alter von 16-35 Jahren (Schmidtchen 1983). Die Studie von 1980, die 1985 im Rahmen einer Mehrthemenbefragung wiederholt wurde (Uehlinger 1988), enthielt Abfragen zu 22 Beteiligungsakten.

Die Befunde dazu wurden von Uehlinger (1988: S. 67-135) auf der Grundlage einer Vielzahl dimensionaler Analysen zu fünf Partizipationsformen gruppiert: 1. Staatsbürgerrolle (z. B. Wählen); 2. Problemspezifische Partizipation (z. B. Beteiligung an einer Bürgerinitiative); dies entspricht bei der Analyse der im Political-Action-Format gewonnenen Daten dem Typ der legalen unverfaßten Beteiligung; 3. Parteiorientierte Partizipation (z. B. in irgendeine Partei eintreten, aktiv mitarbeiten); 4. Ziviler Ungehorsam (z. B. Steuerstreik); 5. Politische Gewalt.

Aus Ressourcengründen, aber auch aus theoretischen Überlegungen heraus wurde in der Umfrage für die Gewaltkommission die Zahl der vergleichbar abgefragten Aktionen auf 12 vermindert, allerdings um ein Item zur „rechten Gewalt" (Für Ruhe und Ordnung kämpfen, auch wenn dazu Gewalt gegen andere Mitbürger notwendig ist) ergänzt. Wie sich aus der folgenden Gegenüberstellung der Zahl der Items pro Partizipationsform 1980/1989 ergibt, lag, dem Auftrag der Gewaltkommission entsprechend, der Schwerpunkt auf den legalen und illegalen *unverfaßten* Partizipationsakten sowie auf *politischer Gewalt:* 1. Staatsbürgerrolle (2/1); 2. Problemspezifische Partizipation (8/4); Parteiorientierte Partizipation (4/1); Ziviler Ungehorsam (6/4); Politische Gewalt (2/3).

Im folgenden ist der Text der Partizipationsfrage abgedruckt, so wie er in der 89er Untersuchung (März/April) formuliert worden ist:

1. Wenn Sie politisch in einer Sache, die Ihnen wichtig ist, Einfluß nehmen, Ihren Standpunkt zur Geltung bringen wollen: Welche der Möglichkeiten auf diesen Karten würden Sie dann nutzen, was davon kommt für Sie in Frage? Legen Sie bitte die entsprechenden Kärtchen hinaus.

   Interviewer: Kartensatz mischen und vorlegen!

2. Und wenn nun die von Ihnen angegebenen Maßnahmen und Aktionen nichts helfen, wenn der Staat und die Behörde einfach taub bleiben und auf nichts eingehen, welche Möglichkeiten kommen dann für Sie in Frage? Sehen Sie sich diese Karten noch einmal durch und geben Sie mir nochmals alles an, was in dieser Situation für Sie in Frage kommt.

   Interviewer: Kartensatz nochmals mischen und vorlegen!

1.3 Das Partizipations- und Gewaltpotential in der Bundesrepublik

3. Was davon haben Sie selbst schon gemacht, woran waren Sie schon einmal beteiligt?
   Interviewer: Gesamten Kartensatz nochmals mischen und erneut vorlegen.

   A Sich an Wahlen beteiligen
   B In irgendeine Partei eintreten, aktiv mitarbeiten
   C Mitarbeit in einer Bürgerinitiative
   D Teilnahme an einer genehmigten politischen Demonstration
   E Teilnahme an einer verbotenen Demonstration
   F Unterschriften sammeln
   G Sich in Versammlungen an öffentlichen Diskussionen beteiligen
   H Beteiligung an einem wilden Streik
   I Hausbesetzung, Besetzung von Fabriken, Ämtern
   J Bei einer Demonstration mal richtig Krach schlagen, auch wenn dabei einiges zu Bruch geht
   K Für Ruhe und Ordnung kämpfen, auch wenn dazu Gewalt gegen andere Mitbürger notwendig ist
   L Dem eigenen Standpunkt Nachdruck verleihen, auch wenn es dabei zu einer direkten Konfrontation mit der Polizei, mit der Staatsgewalt kommen sollte
   M Für eine Sache kämpfen, auch wenn dazu Gewalt gegen politisch Verantwortliche notwendig ist.

Zu der Umsetzung des ursprünglichen Erhebungsinstruments der Jugend- und Staat-Studie in die Untersuchung Januar/Februar 1989 für die Gewaltkommission sind einige Anmerkungen erforderlich. Zunächst einmal beruhen die in diesem Bericht aufgeführten Ergebnisse der Studie von 1980 auf eigenen Sekundäranalysen der Verfasser auf der Grundlage des Originaldatensatzes. Wegen einiger Unstimmigkeiten, die dabei zu den veröffentlichten Daten vor allem in bezug auf Teil 2 der Frage auftraten, werden in der vorliegenden Veröffentlichung nur die Befunde zu den Teilen 1 und 3 der Frage berichtet werden. Da solche Unstimmigkeiten auch aus den Publikationen zu der Erhebung 1985 ersichtlich waren und es trotz erheblicher Bemühungen des Zentralarchivs für Empirische Sozialforschung an der Universität zu Köln nicht möglich war, die Originaldaten für Sekundäranalysen zu erhalten, wurde auf die Einbeziehung der Daten von 1985 verzichtet. Schließlich ist noch zu berichten, daß durch ein technisches Versehen Teil 2 der obigen Frage in der Januar/Februar-Umfrage 1989 für die Gewaltkommission nicht genau vergleichbar zu 1980 und 1985 gestellt wurde (einbezogen wurden nur die Karten, die bei Teil 1 der Frage noch nicht gewählt worden waren; damit wird natürlich der ursprüngliche Sinn von Frage 2 verfälscht), so daß für die diesbezügliche Längsschnittanalyse in Abschnitt 1.3.3 als Vergleichszeitpunkt zu 1980 die Untersuchung von März/April 1989 gewählt worden ist.

1.3.2 Zur Beziehung zwischen den Teildimensionen politischer Partizipation

Die Erhebung der im Rahmen von Political Action entwickelten Fragen zu Akten legaler, illegaler und gewaltsamer politischer Partizipation eröffnet die Möglichkeit, auf international vergleichender Grundlage für 1989 zu überprüfen, welche empirische Beziehung zwischen diesen drei Bereichen besteht. Zwar erlauben es die ja nur einen Zeitpunkt abdeckenden Querschnittsdaten *nicht*, die *individuellen* Übergänge zwischen den Bereichen zu erfassen. Sehr wohl

1. Das Partizipations- und Gewaltpotential in der Bevölkerung

gestatten die Daten es jedoch, in einer Strukturbetrachtung mit der statistischen Methode der Faktorenanalyse, bei der es sich im Kern um eine Datenverdichtungstechnik handelt, nachzuzeichnen, wie sich die Dimensionierung des gesamten Partizipationsraumes konkret darstellt. Auf diese Weise kann *empirisch* überprüft werden, inwieweit der theoretisch behauptete Zusammenhang zwischen den drei Bereichen legaler, illegaler und gewaltsamer Partizipation durch die Struktur der Daten tatsächlich gedeckt wird.

Zu diesem Zweck wurden die 10 weiter vorne (s. S. 9 f.) genau beschriebenen Partizipationsakte im Rahmen der Faktorenanalyse zunächst über die Hauptachsenmethode (principal component analysis) daraufhin untersucht, ob, wie dies aus der bisherigen Partizipationsforschung bekannt ist, eine gemeinsame Dimension existiert, die man als Aktivitätsdimension bezeichnen könnte. Tatsächlich kann gezeigt werden, daß in allen 12 EG-Mitgliedsländern eine solche Dimension existiert, wiewohl aufgrund der wesentlich geringeren Faktorladungen der beiden Gewaltitems schon hier erkennbar wird, daß diese einen deutlich anderen Status einnehmen.

In einem zweiten Schritt war nun mit der Methode der (orthogonalen) VARIMAX-Rotation, über die eine statistische Unabhängigkeit zwischen den über die Faktorenanalyse gewonnenen Dimensionen erzwungen wird, die genaue innere Zusammenhangsstruktur der 10 Partizipationsakte zu untersuchen. Theoretisch postuliert worden waren, wie gesagt, drei Bereiche: legale Partizipation (4 Akte), illegale Partizipation (4 Akte) und politische Gewalt (2 Akte).

Der Diskussion der Analyseergebnisse muß eine kurze methodische Bemerkung vorangeschickt werden. Da insgesamt nur 10 Items zur Faktorisierung zur Verfügung standen, kann nicht ausgeschlossen werden, daß die Befunde anders ausgefallen wären, wenn für jeden der hypothetisierten drei Bereiche jeweils eine größere Zahl von Items zur Verfügung gestanden hätten. Zweitens legen die Analysen den Schluß nahe, daß zu einem späteren Zeitpunkt zusätzlich noch mit anderen Datenverdichtungstechniken gearbeitet werden sollte (siehe dazu Uehlinger 1988).

Zunächst einmal ist festzuhalten, daß nach dem bei Faktorenanalysen üblichen Kriterium (Eigenwert eines Faktors ≥ 1) in 11 der zwölf Länder 2 Faktoren (= Dimensionen) extrahiert wurden; lediglich in Luxemburg ergaben sich drei Faktoren. Diese Faktoren repräsentieren in allen Fällen zwischen 50% und 60% der Gesamtvarianz.

Mit Ausnahme von Griechenland, Spanien, Portugal und schließlich Luxemburg (letzteres wegen der 3-Faktoren-Lösung) kommt es in allen Ländern zu einem identischen und klaren Bild. Die erste Dimension beschreibt jeweils den Bereich der legalen unverfaßten Beteiligung, die zweite, in bezug auf das Faktorgewicht weniger bedeutsame Dimension, den Bereich der politischen Gewalt. Hochinteressant, wenn auch unter faktoranalytischer Perspektive unbefriedigend, ist die Art, wie sich die Items des zivilen Ungehorsams darstellen. Es zeigt sich nämlich, daß dieser Bereich — dokumentiert durch jeweils positive Ladungen der Items auf *beiden* Faktoren — sowohl in Beziehung zu legaler direkter Partizipation als auch zu politischer Gewalt steht. Die

1.3 Das Partizipations- und Gewaltpotential in der Bundesrepublik

Verfasser interpretieren diesen Befund als Bestätigung der Verbindungen, die zwischen den drei Bereichen durch die Forschung postuliert worden sind.

Dieser Sachverhalt soll an den deutschen Daten noch weiter verdeutlicht werden. In der folgenden Tabelle 1.1 ist angegeben, wie hoch die *durchschnittliche* Korrelation (r = Pearson's Produkt-Moment-Koeffizient) zum einen unter den Items *innerhalb* eines Bereichs und zum anderen *zwischen* den drei Bereichen ist (in Klammern jeweils die Zahl der Korrelationen, die der Berechnung zugrundeliegen. Diese Zahl ergibt sich aus n [Zahl der Items] × [n − 1]/2).

Tabelle 1.1
Durchschnittliche Korrelationen innerhalb und zwischen Bereichen politischer Partizipation

Bereiche	Zahl der Korrelationen	Korrelationskoeffizient
1. Innerhalb der Bereiche		
Legale unverfaßte Partizipation	(6)	0.54
Illegale unverfaßte Partizipation	(6)	0.55
Politische Gewalt	(1)	0.57
2. Zwischen den Bereichen		
Legale unverfaßte Beteiligung und illegale unverfaßte Beteiligung	(16)	0.40
Legale unverfaßte Beteiligung und politische Gewalt	(8)	0.09
Illegale unverfaßte politische Beteiligung und politische Gewalt	(8)	0.28

Es ergeben sich deutliche Konturen. Erstens korrelieren die Partizipationsakte *innerhalb* eines Bereichs miteinander durchschnittlich jeweils in derselben Höhe. Dies kann als ein Beleg der inneren Kohärenz des Bereichs angesehen werden. Zweitens zeigt sich in der Betrachtung der Beziehung zwischen den Bereichen, daß Übergänge (im Sinne von kollektiven Wahrscheinlichkeiten) zwischen legaler und illegaler sowie — auf etwas geringerem Niveau — zwischen unverfaßter illegaler Partizipation und politischer Gewalt bestehen. Drittens ist eine Beziehung zwischen unverfaßter legaler Partizipation und politischer Gewalt fast nicht mehr existent.

Daraus ist zum einen zu folgern, daß der Gesamtbereich der unverfaßten politischen Beteiligung einschließlich der Bereitschaft zu Gewalt *eine Dimension* gleichsam als Aktionsrepertoire darstellt (so schon Barnes, Kaase et al. 1979). Innerhalb dieser Dimension lassen sich aber deutliche Untergliederungen in dem hier herausgearbeiteten Sinne erkennen. Zum anderen sind die Wege zwischen diesen drei Untergliederungen unterschiedlich lang. Wer sich seine Beteiligung an legalen Akten unverfaßter politischer Beteiligung vorstellen kann, für den existiert eine deutlich höhere Chance, sich auch für illegale Akte dieser Art zu erwärmen als für Akte der Gewalt in der Politik. Hat man erst den Schritt hinein in die Subdimension der unverfaßten illegalen Partizipation getan, dann allerdings besteht auch eine erhöhte — wenngleich nicht sehr hohe — Chance, sich ein Engagement bei Akten politischer Gewalt zumindest vorstellen zu können. Bereits Uehlinger (1988: S. 211-217) hatte für die Jugend- und Staat-Studie solche Beziehungen nachgewiesen. Gerade der Bereich des zivilen Ungehorsams ist also für das Auftreten von politischer Gewalt bedeutsam, und zwar in zweifacher Weise: als eine mögliche Voraussetzung im Einstellungsbereich, und als ein situationaler Faktor insofern, als diese Akte staatliche Interventionen herausfordern und sich damit die Chance von Gewalthandlungen als Ergebnis eines Interaktionsprozesses zwischen Bürgern und Polizei erhöht.

Insgesamt erweist es sich damit als notwendig, im folgenden alle drei Bereiche — politische Gewalt, illegale sowie legale unverfaßte Partizipation — in die Betrachtung einzubeziehen.

Für die Bewertung der gerade präsentierten Analyseergebnisse ist noch einmal darauf hinzuweisen, daß die Daten in erster Linie *Einstellungen* zu dem in Frage stehenden Verhalten abbilden und *nicht* das Verhalten selber. Diese Einstellungen beeinflussen, unter zusätzlichen Bedingungen, die *Wahrscheinlichkeit,* mit der ein Bürger sich an einem bestimmten Verhaltensakt beteiligt. Ob es schließlich aber wirklich zur Teilnahme kommt und unter welchen Umständen ein Übergang zur politischen Gewalt erfolgt, hängt von ganz anderen Faktoren vor allem situativer Art ab (siehe dazu das Erstgutachten der UK III in Band II der Kommissionsberichte).

1.3.3 Das Partizipations- und Gewaltpotential in der Bundesrepublik Deutschland 1974-1989

In einem ersten Schritt der deskriptiven Analyse werden zunächst einmal auf der Grundlage des dem Political-Action-Projekt entstammenden Erhebungsinstruments für die 10 Aktionen die Prozentverteilungen im zeitlichen Verlauf dargestellt. Die folgenden drei Tabellen enthalten die Verteilung der Befragten auf die vier Antwortoptionen pro Aktion. Tabelle 1.2 stellt die Angaben zu den beiden Elementen von Gewalt, Gewalt gegen Sachen und Gewalt gegen Personen, dar.

Für die Problemstellung der Gewaltkommission sind diese Ergebnisse besonders interessant. Hier zeigt sich nämlich der außerordentliche Tabucharakter, mit dem politische Gewalt in unserer Gesellschaft nach wie vor belegt ist. Zwischen 1974 und 1989 lehnen unverändert rund 95% der Bevölkerung politische Gewalt jeder Art ab. Fragt man — und das ist an anderer Stelle unserer Erhebungen geschehen (für Einzelheiten dazu siehe später in diesem

1.3 Das Partizipations- und Gewaltpotential in der Bundesrepublik

Tabelle 1.2
Entwicklung der Einstellungen zu Akten der politischen Gewalt in der Bundesrepublik Deutschland 1974-1989

	Gewalt gegen Sachen			Gewalt gegen Personen		
	1974	1980	1989	1974	1980	1989
Antwortkategorien	%	%	%	%	%	%
Habe micht bereits einmal beteiligt	0.3	0.1	0.3	0.3	0.1	0.2
Würde mich beteiligen, wenn es um eine wichtige Sache geht	0.7	0.5	0.8	0.7	0.7	0.7
Würde mich nur in einer ganz außergewöhnlichen Situation beteiligen	2.6	2.5	3.4	4.6	3.4	4.3
Würde mich unter keinen Umständen beteiligen	94.4	96.9	95.4	94.4	95.8	94.7
Summe (100%; N =)	2265	2036	967	2261	2037	967

Band) — nach prinzipiellen Möglichkeiten, Gewalt zu rechtfertigen, so zeigen die Antworten auf die offen gestellte Frage, daß hierbei häufig das in Artikel 20.4 Grundgesetz festgelegte Widerstandsrecht gegen eine undemokratische Machtübernahme assoziiert wird. Nach unseren Befunden kann von einer Erosion des politischen Gewalttabus insofern nicht gesprochen werden. Damit ist allerdings noch keinesfalls gesagt, daß entsprechend umfassend von Gewalthandeln unter demokratischen Verhältnissen tatsächlich Abstand genommen wird. Die Befunde weisen aber darauf hin, daß die nach wie vor umfassende Funktionsfähigkeit des Gewalttabus einen besonders hohen Begründungsaufwand für dessen Umgehung erzwingt; sie initiiert z. B. Prozesse der Umdefinition eines physisch orientierten Gewaltbegriffes, um eigenes Gewalthandeln gesellschaftlich zu rechtfertigen (— dazu mehr in Kapitel 3.4).

Tatsächliche Übergänge in Gewalthandeln könnten auch über die Ausprägung von Affinitäten zu zivilem Ungehorsam erfolgen, weil dies die Bereitschaft zu Konflikten signalisiert, die leicht eskalieren. Die diesen Handlungsbereich berührenden Daten in der Tabelle 1.3 geben insofern zu Sorge Anlaß, als offenbar der Konsens über die Ablehnung solcher Aktionen schon 1974 nicht ungeteilt war und bis 1989 eine noch leicht abnehmende Tendenz aufweist. Hier liegt wohl eine zentrale Vorfeldproblematik im Zusammenhang mit politischer Gewalt. Allerdings darf dabei nicht übersehen werden, daß die Zahl derjenigen,

1. Das Partizipations- und Gewaltpotential in der Bevölkerung

Tabelle 1.3

Entwicklung der Einstellungen zu Akten unverfaßter illegaler politischer Beteiligung in der Bundesrepublik Deutschland 1974–1989

Antwortkategorien	Mietstreik			Wilder Streik			Gebäudebesetzung			Verkehrsblockade		
	1974	1980	1989	1974	1980	1989	1974	1980	1989	1974	1980	1989
	%	%	%	%	%	%	%	%	%	%	%	%
Habe mich bereits einmal beteiligt	0.8	0.4	0.9	0.9	0.3	0.3	0.2	0.1	0.4	1.8	1.0	1.5
Würde mich beteiligen, wenn es um eine wichtige Sache geht	8.0	7.0	10.6	5.8	5.0	6.3	3.7	2.9	4.4	7.8	5.9	8.8
Würde mich nur in einer ganz außergewöhnlichen Situation beteiligen	21.4	19.9	31.7	16.2	12.6	19.7	13.4	10.9	14.9	17.7	17.0	22.0
Würde mich unter keinen Umständen beteiligen	69.8	72.1	56.9	77.1	82.1	73.8	82.7	86.1	80.3	72.7	76.1	67.7
Summe (100%; N =)	2204	1988	934	2242	2010	941	2245	2015	959	2256	2033	963

1.3 Das Partizipations- und Gewaltpotential in der Bundesrepublik 17

Tabelle 1.4
Entwicklung der Einstellungen zu Akten unverfaßter legaler politischer Beteiligung in der Bundesrepublik Deutschland 1974–1989

	Bürgerinitiative			Unterschriften-sammlung			Boykott			Demonstration		
Antwortkategorien	1974[1]	1980	1989	1974	1980	1989	1974	1980	1989	1974	1980	1989
	%	%	%	%	%	%	%	%	%	%	%	%
Habe mich bereits einmal beteiligt	–	6.7	14.1	31.1	18.0	30.2	4.6	1.4	5.0	8.8	4.7	8.6
Würde mich beteiligen, wenn es um eine wichtige Sache geht	–	48.7	39.9	40.7	44.3	37.0	25.0	15.7	19.1	33.4	22.3	25.0
Würde mich nur in einer ganz außergewöhnlichen Situation beteiligen	–	22.0	27.1	13.6	20.1	19.6	23.7	27.7	34.6	24.1	24.3	30.7
Würde mich unter keinen Umständen beteiligen	–	22.6	18.9	14.6	17.6	13.2	46.7	55.2	41.3	33.7	48.7	35.7
Summe (100 %; N =)	–	2033	966	2258	2051	988	2199	1990	944	2254	2037	973

[1] 1974 nicht erhoben

1. Das Partizipations- und Gewaltpotential in der Bevölkerung

die sich an illegalen politischen Aktionen bereits einmal beteiligt haben, um ein Vielfaches niedriger liegt als die Zahl derjenigen, die sich eine entsprechende Beteiligung für sich selbst vorstellen können.

Tabelle 1.4 bezieht sich auf den legalen Teil der Dimension unverfaßter politischer Beteiligung (Unterschriftensammlung, Demonstrationen, Bürgerinitiativen, Boykott). Hier wird nun offenkundig, in welchem Umfang die bundesrepublikanische Gesellschaft sich diesen Partizipationsformen bereits geöffnet hat, und zwar schon zu einem sehr frühen Zeitpunkt. Denn deren

Tabelle 1.5
Vergleich beabsichtigte politische Partizipation und politische Gewalt im Normalfall 1980-1989 bei 16-35jährigen sowie 1989 bei Personen im Alter ab 36 Jahren

Formen und konkrete Akte politischer Beteiligung	Normalfall			36 Jahre u. älter
	16-35 Jahre			
	1980 %	1989 %	Differenz 1989 ./. 1980 %-Punkte	1989 %
Staatsbürgerrolle				
Wählen	89	80	−9	77
Problemspezifische Partizipation				
Bürgerinitiative	52	51	−1	46
Unterschriftensammlung	52	56	+4	54
Genehmigte Demonstration[1]	40	40	±0	34
Öffentliche Diskussion	55	54	−1	47
Parteiorientierte Partizipation				
Parteieintritt/ Parteiarbeit	32	32	±0	33
Ziviler Ungehorsam				
Verbotene Demonstration[1]	6	8	+2	7
Wilder Streik	5	6	+1	4
Hausbesetzung	5	4	−1	4
Konfrontation Polizei	6	6	±0	7
Politische Gewalt				
Demonstrationsgewalt	2	3	+1	3
„Rechte" Gewalt	−[2]	3	entfällt	5
Gewalt gegen Personen	4	3	−1	3

[1] Das Item wurde in dieser Form abgefragt.
[2] 1980 nicht erfragt.

1.3 Das Partizipations- und Gewaltpotential in der Bundesrepublik

Ablehnung war schon 1974 in allen Fällen eine Minderheitenoption, und sie hat sich im großen und ganzen bis 1989 noch leicht weiter abgeschwächt (mit Ausnahme der Demonstrationen, die in ihrer Ablehnung in etwa gleich geblieben sind). Diese Daten bestätigen die Auffassung der Gewaltkommission, daß ein Schlüssel zur Verringerung politischer Gewalt in der Verbesserung und Institutionalisierung differenzierter politischer Partizipationsangebote liegt.

Im folgenden werden die Ergebnisse der Analysen dargestellt, die auf dem im Rahmen der 1980er Jugend- und Staat-Studie entwickelten Erhebungsinstru-

Tabelle 1.6
Vergleich tatsächliche politische Partizipation und politische Gewalt in der Vergangenheit 1980-1989 bei 16-35jährigen sowie 1989 bei Personen im Alter ab 36 Jahren

Formen und konkrete Akte politischer Beteiligung	Bereits getan			
	16-35 Jahre			36 Jahre u. älter
	1980 %	1989 %	Differenz 1989 ./. 1980 %-Punkte	1989 %
Staatsbürgerrolle				
Wählen	75	60	−15	82
Problemspezifische Partizipation				
Bürgerinitiative	11	12	+ 1	11
Unterschriftensammlung	26	21	− 5	15
Genehmigte Demonstration[1]	16	16	± 0	9
Öffentliche Diskussion	33	17	−16	15
Parteiorientierte Partizipation				
Parteieintritt/Parteiarbeit	7	6	− 1	10
Ziviler Ungehorsam				
Verbotene Demonstration[1]	2	4	+ 2	2
Wilder Streik	1	1	± 0	1
Hausbesetzung	1	1	± 0	X
Konfrontation Polizei	2	1	− 1	2
Politische Gewalt				
Demonstrationsgewalt	1	1	± 0	1
„Rechte" Gewalt	−[2]	X[3]	−	1
Gewalt gegen Personen	1	1	± 0	X

[1] Das Item wurde in dieser Form abgefragt.
[2] 1980 nicht erfragt.
[3] Weniger als 0.5%.

mentarium beruhen, das in den Untersuchungen vom Januar/Februar bzw. März/April 1989 für die Gewaltkommission erneut Verwendung gefunden hat. Zu beachten ist dabei, daß für den *Zeitvergleich* wegen der 1980 vollzogenen Begrenzung der Untersuchung nur die Gruppe der 16-35jährigen zur Verfügung steht. Tabelle 1.5 und 1.6 enthalten die notwendigen Angaben zu Teil 1 („Normalfall") und Teil 3 (Vergangenes Handeln) der Frage, wobei aus den weiter vorne angegebenen Gründen der Vergleich auf der Grundlage der Daten der März/April-Erhebung 1989 erfolgt.

Die Daten bestätigen in mehrfacher Hinsicht die bereits festgestellten Befunde. Zunächst ist festzuhalten, daß in bezug auf fast alle untersuchten Formen politischer Partizipation im Zeitvergleich der Eindruck hoher Stabilität dominiert. Wo — mit wenigen Ausnahmen — Veränderungen stattfinden, sind sie von so geringer Größenordnung, daß sie von statistisch bedingten Zufallsschwankungen nicht unterscheidbar sind. Insofern muß die zeitliche Konsistenz der Befunde erneut überraschen. Der deutliche Rückgang bei den Aktivitäten „Wählen" und „Teilnahme an öffentlichen Diskussionen" verstärkt allerdings die sich bereits aus der verringerten Wahlbeteiligung bei der Bundestagswahl 1987 und anderen Wahlen ergebende Befürchtung einer gewissen Entfremdung gerade von der allgemeinen, nicht problemspezifischen Politik und verdient insofern intensive zukünftige Beobachtung.

Zweitens zeigen auch diese Ergebnisse, inwieweit Akte legaler unverfaßter Beteiligung tatsächlich bereits zur Normalität unserer Gesellschaft geworden sind. Hierbei ist besonders interessant, daß zumindest in diesen Daten das Partizipationsgefälle zugunsten junger Bürger zwar nach wie vor vorhanden ist, gleichzeitig jedoch wesentlich geringer ausfällt als erwartet. Das spricht für gesellschaftliche Diffusions- und Lernprozesse, die in Zukunft auch von älteren Bürgern vielfältige politische Aktionen erwarten lassen.

Bedenkt man drittens, daß — in absoluten Zahlen hochgerechnet — zwischen 500000 und 1 Million junger Bürger verschiedene Akte zivilen Ungehorsams bereits als durchaus „normales" Mittel der politischen Auseinandersetzung begreifen, dann findet sich hier eine Bestätigung für die Auffassung der Gewaltkommission, daß in der Bundesrepublik eine kritische Debatte über heterogene Partizipations- und Demokratieverständnisse unabdingbar ist, selbst wenn sich diese Anteile in den hier untersuchten Altersgruppen in den vergangenen zehn Jahren nicht signifikant erhöht haben.

Schließlich ergibt sich aus den Daten zu vergangenem tatsächlichem Verhalten, daß in der Tat eine weite Kluft zwischen Verhaltensabsichten und tatsächlichem Verhalten klafft — und zwar der Tendenz nach um so mehr, je unkonventioneller und gewaltnäher das Verhalten ist. Der gruppenspezifisch z. T. recht ausgeprägten Einstellungsnähe zu Aktionen sowohl zivilen Ungehorsams als auch politischer Gewalt entspricht keinesfalls das Ausmaß tatsächlichen Engagements an solchen Verhaltensformen.

1.3.4 Das Partizipations- und Gewaltpotential im internationalen Vergleich: die Länder der EG

1.3.4.1 Vorbemerkung

Der internationale Vergleich ist ein klassisches Paradigma der Sozialwissenschaften. Erst die perspektivische Relativierung nationaler Gegebenheiten durch den Vergleich gestattet einerseits einen systematischen Zugang zu den allgemeineren Einflußgrößen, die gesellschaftliche und politische Prozesse steuern, und erlaubt andererseits grundsätzlich auch die Isolierung nationenspezifischer Faktoren. Nun kann für eine Problemstellung der Art, der sich die Gewaltkommission gegenüber sah, der mögliche Befund, daß andere Gesellschaften gleichermaßen mit gesellschaftlicher und politischer Gewalt konfrontiert sind, nicht hinreichen, um danach zur Tagesordnung überzugehen. Damit ist auch nicht gesagt, daß sich ein nationenübergreifendes Gewaltaufkommen als gleichsam „normale Krankheit" entwickelter Demokratien spezifischen Interventions- und Präventionsstrategien im nationalen Kontext verschließt. Dennoch ist für die Aufgabenstellung der Gewaltkommission durchaus von Bedeutung, daß man durch den internationalen Vergleich Beurteilungs- und Bewertungsmaßstäbe gewinnt, die Fehl- und Überreaktionen entgegenwirken können; sie ermöglichen ein besseres Augenmaß.

Allerdings muß das Instrument des internationalen Vergleichs, das zu den schwierigsten sozialwissenschaftlichen Forschungsverfahren zu zählen ist, bedachtsam eingesetzt werden. Ein Vergleich wird z. B. unkontrollierbar, wenn sich die zu vergleichenden Einheiten (= Nationen) in den für die abhängige Variable (= Partizipations- und Gewaltpotential) zentralen Bestimmungsgrößen (z. B. politische Ordnungsform, Stand der wirtschaftlich-technischen Entwicklung) allzu sehr unterscheiden. Die Voraussetzung einer hinreichenden Homogenität der Beobachtungseinheiten ist im Falle der zwölf EG-Mitgliedsländer nun aber durchaus gegeben, wenn auch nicht verkannt werden darf, daß diese Länder im Hinblick auf eine Reihe von Rahmenbedingungen auch voneinander abweichen (z. B. relativer wirtschaftlicher Entwicklungsstand, Verfassungssystem, politisch-gesellschaftlich-kulturelle Traditionen). Für die folgende Betrachtung wird von diesen Nationen als Einheiten ausgegangen, die man ohne grundsätzliche Abstriche tatsächlich vergleichen kann.

Stand im vorherigen Abschnitt 1.3.3 der Zeitvergleich, also ein dynamischer Blickwinkel, in nur *einem* Land — nämlich der Bundesrepublik — im Mittelpunkt, so geht es nun um den direkten Vergleich der zwölf EG-Mitgliedsstaaten. Neben den gerade angesprochenen forschungsmethodologischen Überlegungen gewinnt dabei auch das Problem der Verzwölffachung der Befunde, also ein darstellungstechnischer Gesichtspunkt, an Gewicht. Da eine Präsentation der Ergebnisse zu allen abgefragten Aktionsformen nach Auffassung der Verfasser vom Wesentlichen ablenken würde, wurde der Weg einer analytischen Datenreduktion gewählt, wobei das die Auswahl steuernde Prinzip in der im vorigen Abschnitt besprochenen Gliederung in die Bereiche der politischen Gewalt gegen Sachen und Personen, des zivilen Ungehorsams und der legalen unverfaßten Beteiligung lag.

1.3.4.2 Die Daten

Die Erfassung des Gewaltpotentials erfolgte mit dem Instrumentarium, das in Abschnitt 1.3 dieses Bandes bei der Analyse der Bundesrepublik Deutschland bereits im einzelnen dokumentiert worden ist. Die Tabelle 1.7 enthält zunächst einmal die entsprechenden Vergleichsinformationen für die 12 Länder der Europäischen Gemeinschaft für „Gewalt gegen Sachen" und „Gewalt gegen Personen".

Die Daten der Tabelle 1.7 bestätigen bei überwiegend so geringen Unterschieden zwischen den Ländern, daß eine inhaltliche Interpretation der Differenzen wegen des allen Stichproben eigenen statistischen Fehlers zumeist nicht vertretbar erscheint, im wesentlichen den bereits für die Bundesrepublik konstatierten Befund: *Politische Gewalt* besitzt einen umfassenden Tabucharakter, und zwar in beiden Erscheinungsformen. Wählt man die genauen Prozentangaben zum Maßstab, so nimmt die Bundesrepublik bei „Gewalt gegen Sachen", die übrigens durchgängig etwas stärker tabuisiert ist als „Gewalt gegen Personen", in der *Höhe der Ablehnung* unter den 12 Nationen den vierten Rang und bei „Gewalt gegen Personen" den fünften Rang ein; nur die Bürger von Irland, Dänemark und vor allem Luxemburg äußern ihre Ablehnung gegenüber Gewalt noch ausgeprägter. Gewalt als Mittel der normalen politischen Auseinandersetzung in einer Demokratie — die Fragestellung stellte mögliches Gewalthandeln ja ausdrücklich in diesen Kontext — ist, wenn überhaupt, dann nur bei sehr wenigen Menschen anerkannt.

Durch die Daten der Political-Action-Studie besteht über diese Querschnittsanalyse hinaus zumindest für drei weitere EG-Länder neben der Bundesrepublik die Möglichkeit, die Perspektive über den Zeitvergleich 1973 (Großbritannien)/1974 (Niederlande)/1975 (Italien) einerseits und 1989 andererseits zu dynamisieren. Hier weist die Bundesrepublik die größte Stabilität auf; Veränderungen über die fünfzehn Jahre finden, wie weiter vorne gesagt, praktisch nicht statt. Auch bei den drei anderen Ländern (Daten hier nicht einzeln ausgewiesen) dominiert der Eindruck der Stabilität, wenngleich dort ein *leichter* Trend zur höheren Gewaltakzeptanz nicht zu übersehen ist.

Zusammenfassend kann also für die Bundesrepublik wie für die anderen EG-Mitgliedsländer festgehalten werden, daß *auf der Ebene der direkten Orientierungen gegenüber politischer Gewalt* eine Erosion des Gewalttabus nicht zu verzeichnen ist. Insofern ist eine wichtige Voraussetzung für einen erfolgreichen Umgang mit politischer Gewalt in der Bundesrepublik und anderswo gegeben.

In bezug auf das Potential für *zivilen Ungehorsam* waren im *Eurobarometer* 31 insgesamt vier Aktionen behandelt worden: Miet- und Steuerstreik, wilder Streik, Verkehrsblockaden im Rahmen einer Demonstration, Hausbesetzungen. Im Interesse einer konzisen Darstellung wird im folgenden in Form eines Index lediglich der Anteil der Befragten, die sich mindestens einer der vier Aktionsformen bedienen wollten, dem Anteil derjenigen Befragten gegenübergestellt, die

Tabelle 1.7
Einstellungen zu Akten der politischen Gewalt im internationalen Vergleich 1989

Antwortkategorien	F %	GB %	D %	I %	NL %	DK %	B %	L %	IRL %	GR %	E %	P %
Gewalt gegen Sachen												
Habe mich bereits einmal beteiligt	1.6	2.6	0.3	0.5	1.2	1.1	1.2	0.4	0.2	0.5	0.9	0.8
Würde mich beteiligen, wenn es um eine wichtige Sache geht	1.7	1.4	0.8	0.7	0.9	0.1	2.2	0.4	0.3	1.5	0.6	1.1
Würde mich nur in einer ganz außergewöhnlichen Situation beteiligen	4.5	3.6	3.4	2.8	3.8	2.3	5.5	1.1	2.5	3.7	3.1	4.7
Würde mich unter keinen Umständen beteiligen	92.3	92.5	95.4	96.0	94.1	96.5	91.2	98.2	97.0	94.3	95.4	93.4
Summe (100%; N =)	965	861	967	973	938	972	862	274	920	942	890	895
Gewalt gegen Personen												
Habe mich bereits einmal beteiligt	1.9	1.0	0.2	0.5	0.4	0.4	0.6	0.4	0.1	1.1	1.0	0.8
Würde mich beteiligen, wenn es um eine wichtige Sache geht	2.0	1.0	0.7	2.1	1.5	0.3	1.6	0.4	1.0	2.2	0.6	1.5
Würde mich nur in einer ganz außergewöhnlichen Situation beteiligen	7.1	5.3	4.3	3.4	5.4	4.3	7.3	0.7	3.2	5.1	4.3	5.4
Würde mich unter keinen Umständen beteiligen	89.0	92.6	94.7	94.0	92.6	95.0	90.5	98.5	95.7	91.6	94.2	92.3
Summe (100%; N =)	966	861	967	974	936	977	861	271	924	939	890	882

sich an keiner dieser vier Formen beteiligen wollten. Dieser Index erscheint dabei in drei Ausprägungen:

Index I: solche Befragte, die sich mindestens an einer der vier Aktionen selbst schon einmal beteiligt (1) bzw. nicht beteiligt (0) hatten;

Index II: wie Index I, aber zusätzlich auch unter Einschluß von Befragten, die sich bei einer sehr wichtigen Sache beteiligen würden,

Index III: wie Index II, aber zusätzlich auch unter Einschluß von Befragten, die sich nur in einer außergewöhnlichen Situation beteiligen würden.

Von diesen drei Indices erfaßt also Index I *ausschließlich* vergangenes Verhalten, während, in dieser Reihenfolge, Index II und Index III zunehmend weniger verhaltensnah orientiert sind. Die Befunde können der folgenden Tabelle 1.8 entnommen werden. Die Ja-Kategorie enthält jeweils den Prozentsatz der Befragten, die mindestens *einen* Akt zivilen Ungehorsams positiv genannt haben (siehe oben).

Im unmittelbaren Ländervergleich jeweis *innerhalb* der Indices I, II und III zeigen sich, anders als bei den Gewaltorientierungen, nun doch größere Unterschiede zwischen den Ländern. Betrachtet man zunächst den Index I, so wird erkennbar, daß Akte zivilen Ungehorsams 1989 in allen einbezogenen Ländern mehr oder weniger eine *Minoritäten*angelegenheit sind. Diesen Sachverhalt explizit so festzuhalten, ist deswegen wichtig, weil — wie bereits vorne ausgeführt — die Forschung gezeigt hat, daß es unter bestimmten zusätzlichen Bedingungen durchaus einen Zusammenhang zwischen zivilem Ungehorsam und politischer Gewalt gibt, und zwar sowohl situativ als auch einstellungsbezogen gesehen.

Unter den zwölf Ländern sind Portugal mit 1,7%, die Bundesrepublik mit 2,5% und Luxemburg mit 4,9% die Schlußlichter im Bürgeraufkommen tatsächlicher Akte des zivilen Ungehorsams. Alle anderen Länder mit der Ausnahme Frankreichs, das mit 20,6% einen einsamen Spitzenplatz einnimmt, liegen mit Werten zwischen 8% und 12% im Mittelfeld.

An dieser Rangordnung ändert sich beim Wechsel zu Index II in den groben Konturen — von Verschiebungen im Detail abgesehen - nichts grundsätzliches, sieht man von der erwarteten Niveauerhöhung um EG-weit etwa 15 Prozentpunkte wegen der Einbeziehung der „härteren" der beiden Verhaltens*absichten* ab. Betrachtet man schließlich Index III, so nimmt die Bundesrepublik hier nunmehr mit 51,4% einen Mittelfeldplatz im Kreise der EG-Länder ein. Das bedeutet, daß sich immerhin unter außergewöhnlichen Umständen mehr als die Hälfte der Bevölkerung in der Bundesrepublik vorstellen kann, mindestens einen Akt zivilen Ungehorsams im politischen Konflikt als Handlungsoption ins Auge zu fassen; damit liegt die Bundesrepublik genau im EG-Durchschnitt.

Offensichtlich zeichnet sich die Bundesrepublik, das ist die erste Schlußfolgerung, *stärker als irgendein anderes EG-Land* durch eine erhebliche Differenz

1.3 Das Partizipations- und Gewaltpotential in der Bundesrepublik

Tabelle 1.8
Einstellungen zu Aktionen zivilen Ungehorsams im internationalen Vergleich 1989 nach Handlungsnähe (I, II, III)

Indices Ziviler Ungehorsam	F %	GB %	D %	I %	NL %	DK %	B %	L %	IRL %	GR %	E %	P %
Vergangenes Handeln (Index I)												
Ja	20.6	11.2	2.5	10.1	7.7	11.5	9.1	4.9	7.7	11.7	10.0	1.7
Nein	79.4	88.8	97.5	89.9	92.3	88.5	90.9	95.1	92.3	88.3	90.0	98.3
Summe (100%; N=)	979	885	1001	999	979	984	936	285	967	945	956	937
Mittlere Handlungsnähe (Index II)												
Ja	47.4	29.0	18.7	28.1	28.6	25.3	26.8	13.0	25.2	24.9	22.8	11.5
Nein	52.6	71.0	81.3	71.9	71.4	74.7	73.2	87.0	74.8	75.1	77.2	88.5
Summe (100%; N=)	979	885	1001	999	979	984	936	285	967	945	956	937
Geringe Handlungsnähe (Index III)												
Ja	67.9	60.7	51.4	51.7	57.0	54.6	51.8	40.4	55.3	44.7	43.3	36.9
Nein	32.1	39.3	48.6	48.3	43.0	45.4	48.2	59.6	44.7	55.3	56.7	63.1
Summe (100%; N=)	979	885	1001	999	979	984	936	285	967	945	956	937

zwischen tatsächlicher Beteiligung an zivilem Ungehorsam und intentionaler Nähe zu diesem Handeln aus. Es gibt hier im internationalen Maßstab eine durchschnittlich ausgeprägte Ungehorsamsphantasie und eine entsprechende Rhetorik, jedoch eine unterdurchschnittlich ausgeprägte Ungehorsamspraxis. Zum zweiten ist unverkennbar, daß auf breiter übernationaler Grundlage in den westlichen Demokratien eine Bereitschaft besteht, sich unter bestimmten, sicherlich extremen Umständen, aber eben doch *innerhalb* des demokratischen politischen Prozesses, auch illegaler Handlungsformen zu bedienen, um politische Ziele zu erreichen. Das grundsätzliche Problem besteht darin, daß die

Übergänge zwischen Gewalt, zivilem Ungehorsam und legaler unverfaßter Beteiligung fließend und fortwährenden gesellschaftlichen Definitionsprozessen unterworfen sind und dieser Übergang auch situationsspezifisch, z. B. von einer friedlichen Demonstration zu einer Verkehrsblockade im Rahmen dieser Demonstration bis hin zur gewaltsamen Auseinandersetzung zwischen Demonstranten und Ordnungskräften, erleichtert wird. Die im internationalen Vergleich auffallenden Unterschiede im Verhältnis von zivilen Ungehorsams- und Gewaltwerten (vgl. Tabelle 1.8 mit Tabelle 1.7) zeigen andererseits, daß dieser Zusammenhang sehr variabel ist. Es wäre wichtig, über die Bedingungen des Zusammenhangs genauere Aufschlüsse empirisch zu bestimmen.

Abschließend soll noch kurz der Bereich der *legalen unverfaßten politischen Beteiligung* behandelt werden, aus dem im *Eurobarometer* 31 vier Formen

Tabelle 1.9
Einstellungen zu Aktionen unverfaßter legaler politischer Partizipation im internationalen Vergleich 1989 nach Handlungsnähe (I, II, III)

Indices unverfaßte legale politische Partizipation	F	GB	D	I	NL	DK	B	L	IRL	GR	E	P
	%	%	%	%	%	%	%	%	%	%	%	%
Vergangenes Handeln (Index I)												
0	36.4	28.8	67.3	50.6	44.6	62.2	48.3	55.1	62.2	37.5	59.9	68.7
1-2	50.9	63.1	26.3	38.1	47.1	28.1	39.5	35.5	33.0	49.3	28.7	24.4
3-4	12.7	8.1	6.4	11.3	8.3	9.8	12.2	9.5	4.7	13.1	11.4	6.8
Summe (100%; N =)	980	885	1006	1001	1005	991	959	285	969	936	955	934
Mittlere Handlungsnähe (Index II)												
0	14.0	9.4	29.6	16.4	20.4	34.3	24.6	25.6	23.1	18.5	26.6	44.0
1-2	50.6	51.8	37.8	48.0	50.1	38.1	46.0	44.2	46.0	45.8	34.8	44.6
3-4	35.4	38.9	32.6	35.7	29.5	27.5	29.3	30.1	30.9	35.7	38.6	21.4
Summe (100%; N =)	980	885	1006	1001	1005	991	959	285	969	936	955	934
Geringe Handlungsnähe (Index III)												
0	5.7	2.6	12.3	8.9	11.0	15.5	15.8	16.5	8.6	12.3	16.6	31.9
1-2	35.2	32.0	21.7	34.2	36.5	27.9	33.3	29.4	32.4	32.1	28.3	24.4
3-4	59.1	65.4	66.0	56.9	52.5	56.6	50.9	54.1	59.0	55.7	55.1	33.7
Summe (100%; N =)	980	885	1006	1001	1005	991	959	285	969	936	955	934

1.3 Das Partizipations- und Gewaltpotential in der Bundesrepublik

abgefragt wurden: Bürgerinitiativen, Unterschriftensammlungen, Boykotte und gewaltlose (operationalisiert durch: genehmigte) Demonstrationen. Je nach Verhaltensnähe wurden, entsprechend dem gerade im Zusammenhang mit zivilem Ungehorsam erörterten Vorgehen, die Indices gebildet. Unterschiedlich, und zwar differenzierter, wurde insofern verfahren, als innerhalb jedes der drei Indices drei Kategorien gebildet wurden: keine der vier Formen gewählt (0), 1-2 der vier Formen gewählt (1) und 3-4 der vier Formen gewählt (2). Die Tabelle 1.9 enthält die entsprechenden Verteilungen der Befragten in den zwölf EG-Mitgliedsländern.

Diese Daten sollen hier nicht im einzelnen kommentiert werden, weil sie in ihrer Grundstruktur schon den Befunden zum zivilen Ungehorsam entsprechen. Herausgehoben werden soll lediglich noch einmal erstens die bereits häufig angesprochene Ausweitung des Beteiligungs*repertoires* von den verfaßten auch auf die unverfaßten legalen politischen Formen; hier fällt lediglich Portugal bei allen drei Indices wegen seines „Nachholbedarfs" aus dem Rahmen. Zweitens sticht erneut ins Auge, daß gerade bei den Bürgern der Bundesrepublik die umfassend geäußerten Partizipations*absichten* in starkem Gegensatz zu dem aus der Vergangenheit berichteten tatsächlichen Verhalten stehen. Man ist fast geneigt, diese Befunde so auf den Punkt zu bringen: Die Deutschen sind die Europameister im *Reden* über Partizipation, und zwar in allen Formen, während sie mit dem *Handeln,* vielleicht mangels Gelegenheiten, eher zurückhängen.

2. Bedingungen und Korrelate des Gewaltpotentials

2.1 Vorbemerkung

In Kapitel 1 wurden Gewalteinstellungen im Zusammenhang mit einem breiteren Spektrum politischer Partizipations- und Aktionsmöglichkeiten beschrieben, und es konnte (s. besonders Abschnitt 1.3.2) u. a. nachgewiesen werden, daß signifikante Zusammenhänge zwischen Einstellungen zu bestimmten Formen „zivilen Ungehorsams" und der Bereitschaft zu gewalttätigen Aktivitäten bestehen. Damit wurde ein erster Hinweis auf Bedingungskontexte des feststellbaren Gewaltpotentials möglich. Die Suche nach Erklärungsfaktoren soll nun systematisch fortgesetzt werden. Wir prüfen eine Reihe sozialstruktureller und ideologischer Bedingungen daraufhin, ob sie zur Erklärung individueller Gewaltneigungen beitragen. Bei der Darstellung der Ergebnisse unserer Analyse beschränken wir uns nicht auf den Bericht positiver Befunde und die Information über bedeutsame Zusammenhänge. Die Leistungen der Empirischen Sozialforschung bestehen nicht nur in der Bestätigung, sondern auch in der Falsifizierung vorhandener Hypothesen. Letzteres erscheint uns im vorliegenden Zusammenhang um so wichtiger, als der öffentliche Gewaltdiskurs eine Fülle von „Alltagstheorien" hervorgebracht hat, die nicht nur zur Erklärung von Gewalt, sondern auch zur Herstellung von Schuldkonstruktionen und zu Entwürfen über Gegenmaßnahmen genutzt werden. Lassen sich solche Alltagstheorien in der wissenschaftlichen Analyse nicht bestätigen, so sind auch solche Nicht-Befunde wichtige Ergebnisse.

2.2 Gewaltbereitschaft und Gewaltbilligung — zwei Indexkonstruktionen

Bei der Messung von individuellen Einstellungen und Dispositionen kann es zu „Ausreißern" und nachfolgend zu Fehlinterpretationen führen, wenn sich die Messung auf einzelne Items beschränkt. Es ist deshalb nicht nur aus Gründen kompakterer Materialdarstellung vorteilhaft, über Indexbildung mehrere Items zusammenzufassen, wenn angenommen werden kann, daß diese Items Ausprägungen ein- und derselben Dimension darstellen, also inhaltlich eindeutig zusammenhängen.

Für unsere Analyse von Bedingungszusammenhängen des Gewaltkomplexes haben wir die Daten der im Januar/Februar 1989 durchgeführten Kommissionsumfrage benutzt. Dies deshalb, weil bei der Kommissionsumfrage anders,

2.2 Gewaltbereitschaft und Gewaltbilligung

als es bei der im Fragenkatalog begrenzten international vergleichenden Eurobarometer-Einschaltung möglich war, ein breites Spektrum möglicher Gewaltbedingungen erfragt worden war. Entsprechende Analysen lassen sich deshalb allein mit dieser Umfrage relativ umfassend durchführen.

Für die Bildung eines Index „Gewaltbereitschaft" (GEBER) haben wir aus der Kommissionsumfrage die folgenden drei Items benutzt (vgl. Abschnitt 1.3.1):

(1) Bei einer Demonstration mal richtig Krach schlagen, auch wenn dabei einiges zu Bruch geht.

(2) Für Ruhe und Ordnung sorgen, auch wenn dazu Gewalt gegen andere Mitbürger notwendig ist.

(3) Für eine Sache kämpfen, auch wenn dazu Gewalt gegen politisch Verantwortliche notwendig ist.

Pro Item wurde der Wert 2 zugewiesen, wenn ein Befragter eine positive Antwort gab auf die Frage „Wenn Sie politisch in einer Sache, die Ihnen wichtig ist, Einfluß nehmen, Ihren Standpunkt zur Geltung bringen wollen: Welche der Möglichkeiten auf diesen Karten würden Sie dann nutzen, was davon kommt für Sie in Frage?" Der Wert 1 wurde zugerechnet, wenn nur mit der Folgefrage die mit dem Item dargestellte Option gewählt wurde: „Und wenn nun die von Ihnen angegebenen Maßnahmen und Aktionen nichts helfen, wenn der Staat und die Behörden einfach taub bleiben und auf nichts eingehen, welche Möglichkeiten kommen dann für Sie in Frage?" Die übrig bleibenden Fälle wurden mit dem Wert 0 gerechnet.

An anderer Stelle der Kommissionsumfrage wurde nicht nach eigenen Aktionsbereitschaften, sondern nach der individuellen Billigung bestimmter Handlungen gefragt. Im Anschluß daran wurde ausdrücklich nachgefragt, bei welchen dieser Handlungsfälle „man von Gewalt, von Gewaltanwendung sprechen kann". Die drei Fälle, in denen mehr als 75% der Befragten selber mit der Etikettierung „Gewalt" operierten, wurden von uns zu einem Index „Gewaltbilligung" (GEBIL) zusammengezogen. Es handelt sich dabei um folgende Items:

(1) Sich bei einer Demonstration gegen Übergriffe der Polizei mit Latten oder Steinen zur Wehr setzen.

(2) Wenn Bürger Asylanten handgreiflich klarmachen, daß sie in ihre Heimat zurückfahren sollen.

(3) Bei einer Demonstration mal richtig Krach schlagen, auch wenn dabei einiges zu Bruch geht.

Den Befragten waren die Antwortmöglichkeiten vorgegeben: „in Ordnung" (Indexwert 2), „hängt von den Umständen ab" (Indexwert 1) und „nicht in Ordnung" (Indexwert 0).

Wie im Falle des GEBER-Index weisen auch beim GEBIL-Index die Interkorrelationen zwischen den jeweils drei benutzten Items signifikante Werte auf, die andererseits aber nicht so hoch waren, daß im Index Redundanz entstehen würde. In beiden Fällen können die Indexwerte zwischen 0 und 6 variieren.

2. Bedingungen und Korrelate des Gewaltpotentials

Bei der Interpretation der empirisch ermittelten Indexausprägungen wird es nicht darauf ankommen, das in den Randverteilungen zum Ausdruck kommende Niveau von gemessener Gewaltbereitschaft bzw. Gewaltbilligung zu beurteilen und irgendwelche Rückschlüsse auf die in Kapitel 1 behandelte Größe des Gewaltpotentials zu ziehen. Zu bedenken ist, daß in den Gesamtwert beider Indizes jeweils drei Eventualfälle möglicher Eskalationen mit dem Wert 1 einbezogen wurden, die von den Befragten selber nicht als aktuell betrachtet werden (sonst hätten sie bei der vorgeschalteten Hauptfrage schon reagiert). Das Meßinstrument ist bewußt „weich" gemacht mit dem Ziel, für Bedingungsanalysen hinreichende Varianzen verfügbar zu haben. Ihren Sinn erhalten diese Verfahren eben deshalb nur für den Nachweis möglicherweise kausaler Zusammenhänge, die für Erklärungs-, nicht für Deskriptionszwecke genutzt werden können.

Betrachtet man mit diesem Vorbehalt die Werte der Tabelle 2.1, so ist (1) leicht erkennbar, allerdings auch nicht überraschend, daß es einen statistisch sehr signifikanten Zusammenhang zwischen Gewaltbereitschaft und Gewaltbilligung gibt (r = .38). Menschen streben danach, nur das zu tun, was sie auch für „in Ordnung" halten. Andererseits ist (2) nun aber auch deutlich, daß der angesprochene Zusammenhang keineswegs perfekt ist; die Korrelation für die in Tabelle 2.1 ausgewiesenen Daten liegt weit unter dem erreichbaren Maximum von 1.0. Fragt man nach dem Grund für diese geringe Übereinstimmung, so dürfte durchaus plausibel sein, daß ein erheblicher Teil (genau 37,1 %) derer, die Gewalt billigen, selbst nicht bereit sind, gewalttätig zu werden. Dürfen sie insofern nicht dem eigentlichen Gewaltpotential zugeschlagen werden, sind sie andererseits doch prädestiniert, dem Unterstützungspotential akuter Gewalt-

Tabelle 2.1
Zusammenhänge zwischen Gewaltbereitschaft (GEBER) und Gewaltbilligung (GEBIL); (Zeilenprozente)

Gewalt-billigung	Gewaltbereitschaft							Alle Befragten (N)	
	keine	1	2	3	4	5	hoch		
keine	85.2	4.6	4.0	4.4	0.9	0.4	0.6	54.7	(1054)
1	71.0	11.8	7.8	6.1	1.7	0.9	0.7	22.0	(424)
2	61.3	14.6	13.0	5.5	2.4	1.6	1.6	13.1	(253)
3	45.3	15.4	8.5	12.8	12.0	2.6	3.4	6.1	(117)
4	37.5	6.3	12.5	12.5	12.5	10.4	8.3	2.5	(48)
5	13.3	13.3	13.3	13.3	20.0	26.7	–	0.8	(15)
hoch	6.7	13.3	20.0	20.0	–	13.3	26.7	0.8	(15)
Alle Befragten (N)	74.1	8.3	6.7	5.8	2.4	1.3	1.3	100.0	(1926)
	(1428)	(160)	(129)	(112)	(46)	(26)	(25)		

vorgänge zuzugehören. Es wird im folgenden interessant sein zu fragen, durch welche Merkmale die Differenz zwischen Gewalt- und Unterstützungspotential mitbestimmt ist. Anzunehmen ist, daß hierbei individuelle Unterschiede im Hinblick auf Ressourcenausstattung und Kostenvorstellungen ausschlaggebend sind.

2.3 Der Einfluß soziodemographischer Variablen

Um eine übersichtliche Darstellung zu erreichen, verzichten wir bei den folgenden Bedingungsanalysen auf die Präsentation der vollständigen Statistiken (siehe dazu im Anhang — Teil 6.2 — die Tabellen A 2.1 ff.). In Kenntnis der sehr differenzierten Varianzen fassen wir in den Tabellen des Haupttextes die Indexausprägungen 1-6 zu einem einzigen Wert zusammen. Dieser Wert repräsentiert jeweils alle Befragten, die *mindestens eine Nennung* zugunsten von Gewaltbereitschaft bzw. Gewaltbilligung abgegeben haben. Das Meßinstrument ist auf diese Weise sehr empfindlich gemacht; die ausgewiesenen Werte sind entsprechend höher, als sie bei strengerer Messung ausfallen würden. Sie sollten daher nicht isoliert, sondern nur im Rahmen von Vergleichen interpretiert werden.

Beginnen wir die Prüfung möglicher Korrelate von Gewalteinstellungen mit der Variablen *Alter,* so ist von der landläufigen Beobachtung auszugehen, daß sich an gewalttätigen Auseinandersetzungen im politischen Umfeld weit überwiegend junge Leute beteiligen. Dies gibt Anlaß zu der Hypothese, daß das Gewaltpotential offenkundig mit zunehmendem Alter deutlich absinkt.

Die Werte der Tabelle 2.2 zwingen dazu, diese Annahme in zweifacher Weise zu differenzieren. Einerseits zeigt sich, daß die Zusammenhänge zwischen Alter und Gewaltbereitschaft bzw. -billigung nicht streng linear verlaufen. Die unter 18jährigen sind zurückhaltender als die unmittelbar über ihnen liegenden Altersgruppen, die in politischen Kontexten überdurchschnittlich gewaltnah sind. Andererseits wird aber auch deutlich, daß der Rückgang an Gewaltaffinität, der jenseits der Kohorte der 20jährigen spürbar einsetzt, zwar im Sinne der Hypothese signifikant, aber doch nicht so durchgreifend ist, wie man annehmen könnte. Das trifft besonders auf die Variable Gewaltbilligung zu. Instruktiv ist in dieser Hinsicht der Habitus der über 60jährigen. Ihr GEBER-Wert sinkt mit 15,1% auf die Hälfte des Spitzenwerts der 18- bis 21jährigen; und daß dies der Fall ist, hat sicher auch mit der altersbedingten Rückentwicklung der physischen Voraussetzungen gewalttätigen Handelns zu tun. Der davon unbeeinflußte GEBIL-Wert sinkt dagegen nur um weniger als ein Viertel. Hier bleibt ein erstaunlich großes Unterstützungspotential erhalten.

Ähnliche Zusammenhänge offenbart Tabelle 2.2 auch im Hinblick auf das Merkmal *Geschlecht.* Wieder läuft die Tendenz im Sinne des common sense: Männer sind im Durchschnitt gewaltnäher als Frauen. Wieder aber sind — vor

Tabelle 2.2
Zusammenhänge zwischen sozialen Merkmalen (I) und Gewaltbereitschaft (GEBER)[1] sowie Gewaltbilligung (GEBIL)[1]

Soziale Merkmale I	GEBER %	GEBIL %	GEBIL/ GEBER Index
Alter			
14–17 Jahre	26.8	50.0	1.87
18–21 Jahre	32.1	52.8	1.64
22–30 Jahre	30.4	52.5	1.70
31–45 Jahre	30.2	42.3	1.40
46–65 Jahre	22.6	43.0	1.90
66 Jahre und älter	15.1	41.6	2.75
Geschlecht			
männlich	30.0	48.2	1.60
weiblich	22.0	42.5	1.93
Gesamtbevölkerung	23.8	45.2	1.75

[1] Ausgewiesen ist der Prozentanteil der Befragten pro Kategorie, der in dem jeweiligen Index einen größeren Wert als „0" aufweist.

allem auf der GEBIL-Dimension — die Differenzen nicht so groß, wie sie im Lichte herkömmlicher Geschlechterrollendifferenzierungen erwartbar wären. Es ist wohl ein Bestandteil weiblicher Emanzipationsprozesse, daß Frauen sich zumindest in der Politik auch dem Aggressionsniveau der Männer annähern.

2.4 Sozialstrukturelle Bedingungszusammenhänge

Auf der weiteren Suche nach Einflußfaktoren des Gewaltphänomens prüfen wir im folgenden die Bedeutung sozialstruktureller Umstände. Ein interessanter Nichtbefund zeigt sich mit den Angaben der Tabelle 2.3 im Hinblick auf die Variable *Schicht,* eine klassische Strukturvariable der Sozialwissenschaften. Es mag sein, daß eine Messung von Schichtzugehörigkeit, die nicht — wie die hier präsentierten Daten — auf subjektiver Selbsteinschätzung der Befragten beruht, stärkere Varianzen erzeugt hätte. Unwahrscheinlich aber ist, daß die jetzt vorhandenen Beziehungen mit anderen Meßverfahren wesentlich verschoben würden: Das Gewaltpotential in der Bundesrepublik Deutschland ist nicht schichten- und klassenmäßig konzentriert. Eine militante Klassenkampfstimmung macht sich nicht bemerkbar. Bei insgesamt nicht-signifikanten Schichtunterschieden (vgl. Tabelle A 2.3 a und b im Anhang 6.2) kann man im Gegenteil davon sprechen, daß Gewaltstimmungen im Schichtungssystem ungefähr

Tabelle 2.3
Zusammenhänge zwischen sozialen Merkmalen (II) und Gewaltbereitschaft (GEBER) sowie Gewaltbilligung (GEBIL)

Soziale Merkmale II	GEBER %	GEBIL %	GEBIL/GEBER Index
Schicht (Selbsteinstufung)			
Unterschicht	27.8	46.4	1.67
untere Mittelschicht	24.8	47.4	1.91
mittlere Mittelschicht	24.6	40.2	1.63
obere Mittelschicht	23.6	43.2	1.83
Bildung			
niedrig	23.8	43.0	1.81
mittel	26.3	41.8	1.59
hoch	28.2	54.0	1.91
Ausbildungsstatus			
unter 30 Jahre mit berufl. Ausbildung	21.6	48.6	2.25
keine Ausbildung	27.3	50.0	1.83
Lehrabschluß	29.1	48.7	1.67
noch Schüler/Student	45.8	63.3	1.38

gleichverteilt sind. Dieser Sachverhalt läßt sich als eine restriktive Bindung hinsichtlich der Organisierbarkeit manifester kollektiver Gewalt verstehen.

Zu einem grundsätzlich ähnlichen Ergebnis führt die Analyse der Daten über *Bildung*. Auch hier sind die Differenzen zwischen den verschiedenen Bildungsschichten nicht sehr groß. Auffällig ist allerdings, daß die leicht ausgeprägten Tendenzen in eine andere Richtung gehen als im Falle des über Selbsteinstufung gemessenen allgemeinen Schichtsystems: Zunehmende Bildung erhöht eher die Wahrscheinlichkeit größerer Gewaltnähe.

In einer Hinsicht läßt sich dieser Zusammenhang mit unseren Daten noch vertiefen. Aus Tabelle 2.3 ergibt sich, daß *Schüler* und *Studenten* im Vergleich mit (ungefähr) Altersgleichen ein stark überdurchschnittliches Gewaltpotential aufweisen. Dies wird nicht nur die Folge abweichender Bildungsinhalte, sondern auch ein Reflex auf die relativ wenig kontrollierte und im übrigen vergleichsweise unsichere Sozialsituation von Schülern und Studenten sein. Im übrigen kann instruktiv sein, daß die bei Schülern und Studenten relativ geringe Differenz zwischen den GEBIL- und GEBER-Werten (vgl. den niedrigen Quotienten von 1.38) bei grundsätzlich hohem Gewaltbilligungsniveau eine relativ geringe Aktivierungs- und Mobilisierungshemmung anzeigt. Zur Erklärung dieses

Umstands könnte die Hypothese fruchtbar sein, daß im sozialen Netzwerk von Schülern und Studenten mit größerer Wahrscheinlichkeit Gleichgesinnte sind, so daß strukturelle Voraussetzungen für eine hohe Mobilisierbarkeit dieser Netzwerke auch in Richtung militanter Aktionen vorhanden ist. Wir können diese Hypothese mit unserem Material leider nicht prüfen. Es war im Rahmen der Kommissionsumfrage nicht möglich, umfangreiche Netzwerkerhebungen durchzuführen.

2.5 Allgemeine psychische Dispositionen

Zu den Alltagstheorien, mit denen in der Öffentlichkeit unliebsame Ereignisse, darunter auch Gewaltausbrüche, erklärt werden, gehört der schnelle Rekurs auf Psychopathologien. Damit drückt sich ein grundsätzlicher Zweifel an der Rationalität von Akteuren sozialer Abweichungen aus; man unterstellt ihnen psychische Störungen — und das erübrigt, wenn man es dabei beläßt, Deutungsanstrengungen, die z. B. auf soziale Probleme und politische Kontexte verweisen.

Wir haben solche Mutmaßungen im Rahmen der Kommissionsumfrage aufgreifen und, so weit dies mit Fragebogentechniken möglich ist, prüfen wollen. Benutzt wurde dazu ein Instrument, das aus Schweizer Jugenduntersuchungen von Gerhard Schmidtchen stammt.

Im Fragebogen wurde folgender Stimulus eingesetzt:

„Jeder Mensch hat ja auch negative Empfindungen, mit denen er fertig werden muß. Ich lese Ihnen jetzt einige vor. Könnten Sie mir jedesmal sagen, ob es Ihnen häufiger, manchmal, selten oder nie so geht."

Abgefragt wurde dann mit den folgenden Items:

Fühle eine innere Leere
Fühle mich niedergeschlagen, unglücklich
Habe Gewissensbisse
Bin nervös
Fühle mich unausgefüllt
Finde das Leben eintönig
Bin leicht reizbar, könnte aus der Haut fahren
Bin rastlos, finde keine Ruhe
Fühle mich von meiner Arbeit gelangweilt
Fühle mich überfordert, gestreßt
Habe das Gefühl, daß mir gar nichts mehr gelingt.

Wieder wurde bei der Datenanalyse die Fülle der Einzelangaben mit einem Index aggregiert, indem bei jeder Nennung der Antwortkategorie „häufiger" der Wert 1 eingetragen wurde. Bei 11 Items konnte die psychische Belastungsskala also zwischen 0 und 11 variieren. Kreuztabelliert man diese Skala mit dem GEBER-Index (Gewaltbereitschaft), so erhält man eine Verteilung, die Tabelle A 2.5 im Anhang 6.2 im Detail dokumentiert.

Faßt man die in Tabelle A 2.5 im Anhang wiedergegebenen Daten auf ein handliches Format zusammen, so ergeben sich folgende Befunde: Bei einem psychischen Belastungswert von 0 sind 20% der Befragten gewaltbereit, bei Belastungswerten von 1-2: 23,8%, 3-5: 25,8%, 6-11: 37,2%. Es ergibt sich ein statistischer signifikanter Zusammenhang. Mit zunehmender (selbstberichteter) psychischer Belastung steigt also Gewaltbereitschaft. Die Korrelation liegt allerdings deutlich unter 0.2, ist also gering. Psychische Befindlichkeiten stehen mit der Gewaltfrage offenbar durchaus in einem Zusammenhang, der bei Erklärungen des Gewaltpotentials berücksichtigt werden muß. Sie markieren allerdings keine zentrale Einflußgröße, auf die sich die Erklärung des Gewaltpotentials beschränken oder auch nur umfassend stützen könnte.

2.6 Politische Orientierungen

Viele Forschungsarbeiten haben belegt (für Einzelheiten siehe das Erstgutachten der UK III), daß im Hinblick auf die Entwicklung politisch orientierter Gewaltsyndrome weniger allgemeine Befindlichkeiten als speziell politische Orientierungen die relevanten Einflußgrößen darstellen. Wir können diese Annahme in mehrfacher Hinsicht überprüfen.

Folgenreiche politische Orientierungen lassen sich bis in die neueste Zeit hinein auf einer *Links/Rechts-Skala* gut erfassen (Inglehart und Klingemann 1976; Fuchs und Klingemann 1990). In der Tat zeigt sich auch in unserem Fall, daß signifikante Zusammenhänge vor allem mit Gewaltbereitschaft, allerdings weniger mit Gewaltbilligung, vorliegen. Befragte, die ihre politischen Einstellungen selbst als (mehr oder weniger) links angeben, sind gewaltaffiner als Befragte,

Tabelle 2.4
Zusammenhänge zwischen politischen Orientierungen und Gewaltbereitschaft (GEBER) sowie Gewaltbilligung (GEBIL)

Politische Orientierungen	GEBER %	GEBIL %	GEBIL/ GEBER Index
Links/Rechts-Selbsteinschätzung			
Links	32.9	49.9	1.52
Mitte	22.2	43.3	1.95
Rechts	21.8	41.3	1.89
Wertorientierung			
Materialisten	21.2	35.6	1.68
Mischtyp	23.7	43.1	1.82
Postmaterialisten	29.7	50.2	1.69

die sich rechts einordnen. Wieder aber ist der Zusammenhang nicht sehr stark, so daß es falsch wäre, das in der Bundesrepublik vorhandene *Gewaltpotential* als eindeutig „links" zu bezeichnen.

Die zweite Orientierungsdimension, die sich für eine Vielzahl von Analysen des sozialen und politischen Wandels in modernen Industriegesellschaften als sehr fruchtbar erwiesen hat, sind Wertorientierungen in der Konzeptualisierung durch Ronald Inglehart (1971; 1977; 1989). Im wesentlichen erfolgt dabei eine Aufgliederung der Bevölkerung nach einerseits einer Prioritätensetzung auf wirtschaftliche Belange sowie die Befriedigung eines Sicherheitsbedürfnisses (Materialisten) und andererseits auf nichtwirtschaftliche Belange wie Beteiligungschancen und Möglichkeiten der Selbstverwirklichung (Postmaterialisten).

Eine grobe, aus diesem Schema abgeleitete Gruppierung nach drei Werttypen ergibt in Tabelle 2.4 eine deutlich stärkere Beziehung zur *Billigung* politischer Gewalt als im Falle der Links-Rechts-Selbsteinstufung und eine ähnlich starke Beziehung zu Gewaltbereitschaft. In der folgenden Tabelle 2.5 wird diese Beziehung in einer *Kombination* von Links-Rechts-Selbsteinstufung und Wertprioritäten einerseits und den beiden Gewaltindices näher untersucht.

Auch hier zeigt sich, daß in jeder Kategorie Gewaltbilligung höher als Gewaltbereitschaft ausgeprägt ist und daß die linken Postmaterialisten auf beiden Dimensionen am gewaltfreundlichsten eingestellt sind. Es fällt aber auf, daß die *Distanz* zwischen Gewaltbereitschaft und Gewaltbilligung unabhängig vom Werttyp bei den Linken stets *geringer* als bei den Rechten ist, wobei die „alte" *Linke,* die sich im Typ der linken Materialisten verkörpert, über die mit Abstand höchste Übereinstimmung von Gewaltbilligung und -bereitschaft verfügt (Indexwert von 1.17).

Tabelle 2.5
Zusammenhang zwischen einer Kombination aus Werten und Ideologie sowie Gewaltbereitschaft (GEBER) und Gewaltbilligung (GEBIL)

Werte und Ideologie	GEBER %	GEBIL %	GEBIL/ GEBER Index
Rechte Materialisten	22.3	41.3	1.85
Materialisten der Mitte	22.5	44.8	1.99
Linke Materialisten	38.4	45.1	1.17
Rechter Mischtyp	21.2	41.6	1.96
Mischtyp der Mitte	21.7	41.7	1.92
Linker Mischtyp	30.9	43.3	1.40
Rechte Postmaterialisten	23.8	39.7	1.67
Postmaterialisten der Mitte	23.2	45.8	1.97
Linke Postmaterialisten	32.7	56.6	1.73

2.6 Politische Orientierungen 37

Schaubild 2.1

Legale unverfaßte Partizipation III, Werte und Ideologie

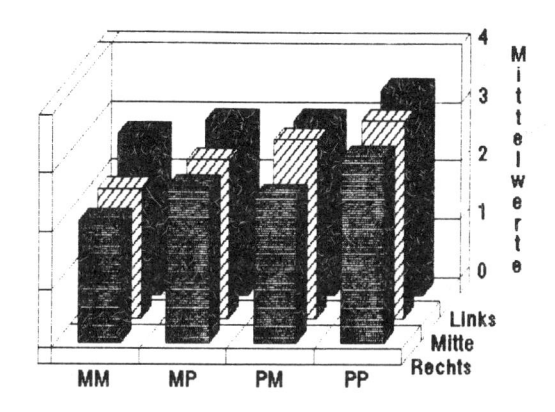

MM = reine Materialisten
MP = eher Materialisten
PM = eher Postmaterialisten
PP = reine Postmaterialisten

Ziviler Ungehorsam III, Werte und Ideologie

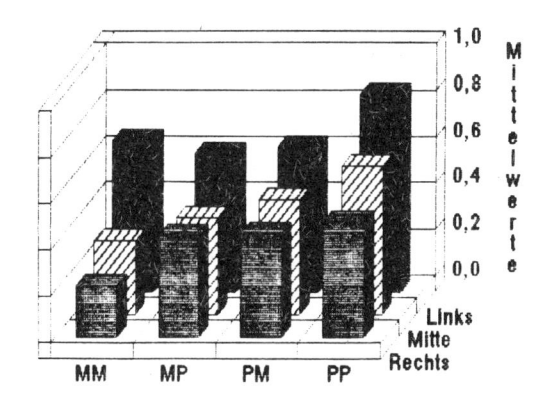

Diese Akzentuierung ist aber nur ein Ausschnitt des Gesamtbildes. Insgesamt entsprechen die Unterschiede auf diesen beiden Dimensionen nach Wertprioritäten und Ideologien nämlich keinesfalls denen, die z. B. aus der Analyse legaler unverfaßter politischer Beteiligung und zivilen Ungehorsams bekannt sind (siehe dazu ausführlich das Erstgutachten der UK III). Das folgende Schaubild 2.1 verdeutlicht diesen Sachverhalt noch einmal auf der Grundlage der

Eurobarometer-Daten für die Bundesrepublik vor allem für den Bereich der Nähe zum zivilen Ungehorsam.

Es bleibt also als besonders wichtiges Ergebnis dieser Analyse wie auch der Analysen zum Zusammenhang zwischen Sozialstruktur und Gewaltorientierung festzuhalten, daß das Ausmaß an Billigung von und Bereitschaft zu politischer Gewalt zwar vor allem von politischen Voreinstellungen durchaus beeinflußt wird, daß aber diese Beziehungen weitaus weniger ausgeprägt sind, als man das z. B. auf der Grundlage der Analyse der Orientierungen gegenüber zivilem Ungehorsam hätte erwarten können. In ihren Bedingungskonstellationen ist politische Gewalt in der Bundesrepublik gegenwärtig tendenziell amorph; das bedeutet, daß stets die Spezifika einer konkreten Handlungssituation wesentlich mitbeeinflussen, ob es zu Gewaltanwendung kommt. In diesem Sinne gibt es heutzutage in der Bundesrepublik keine klare Präponderanz von Einstellungspotentialen linker oder rechter Gewalt. Da sich allerdings der im Vorfeld liegende Bereich des zivilen Ungehorsams in seinen Aktionen ganz besonders aus dem Sektor des linken Postmaterialismus speist, wird verständlich, warum zur Zeit politische Gewalt ideologisch eher links als rechts geprägt ist.

Im Zusammenhang damit steht, daß sich der linke Postmaterialismus im Spektrum der *politischen Parteien* mit dem Aufkommen der *Grünen* organisieren konnte. Es überrascht insofern nicht, daß Tabelle 2.6 für die Grünen eindeutig überdurchschnittliche Gewaltwerte ausweist. Bemerkenswert finden wir allerdings die Stärke dieser Überdurchschnittlichkeit. Bei etwa der Hälfte derer, die sich mit der Partei der Grünen identifizieren, liegt ein zumindest ambivalentes Verhältnis zur Gewaltfrage vor. Fragt man nach sozialen Kristallisationspunkten des Gewaltpotentials in unserem Lande, so fällt neben den Universitäten vor allem die Partei der Grünen auf. Ohne Dauerkommunikation mit ihnen wird die Gewaltfrage nicht lösbar sein.

Die Grünen gelten als „Bewegungspartei". Man könnte daraus sowie aus der Tatsache, daß gewalttätige Auseinandersetzungen im politischen Sektor der

Tabelle 2.6
Zusammenhang zwischen Parteiidentifikation und Gewaltbereitschaft (GEBER) sowie Gewaltbilligung (GEBIL)

Parteiidentifikation	GEBER %	GEBIL %	GEBIL/ GEBER Index
SPD	25.7	41.6	1.62
CDU/CSU	18.5	39.5	2.13
F.D.P.	27.4	36.1	1.32
Grüne	45.7	64.5	1.41

2.6 Politische Orientierungen

Tabelle 2.7
Einstellung der Bevölkerung zu sozialen Bewegungen

Einstellung	Bewegungen			
	Anti-Kernkraftb. %	Friedensb. %	Umweltb. %	Frauenb. %
sehr positiv	22.8	32.2	47.1	18.0
positiv	33.7	36.1	37.0	26.2
neutral	30.0	23.1	12.8	39.4
negativ	11.2	7.2	2.7	11.7
sehr negativ	2.2	1.3	0.3	4.7
Summe	100.0 %	100.0 %	100.0 %	100.0 %

Bundesrepublik vor allem im Aktionsbereich sozialer Bewegungen stattgefunden haben, schließen, daß die Bewegungsanhängerschaft ein deutlich überhöhtes Gewaltpotential ausweist.

Wir sind dieser Frage nachgegangen und haben in der Kommissionsumfrage nach den Einstellungen der Bevölkerung zu diversen sozialen Bewegungen (Anti-Kernkraft-, Friedens-, Umwelt-, Frauenbewegung) gefragt. Dabei zeigte sich zuerst einmal (s. Tabelle 2.7), daß es den sozialen Bewegungen in den vergangenen Jahren gelungen ist, in der Bevölkerung eine erstaunlich positive Resonanz zu erreichen. Sieht man von der Frauenbewegung ab, so rechnet sich weit über die Hälfte der bundesrepublikanischen Bevölkerung zu den Sympathisanten sozialer Bewegungen. Wichtiger noch ist, daß es im Hinblick darauf kaum Anzeichen für eine Polarisierung in der Bevölkerung gibt. „Sehr negativ" reagieren nur außerordentlich wenige. Das Potential für Gegenbewegungen ist also verschwindend gering.

Tabelle 2.8
Zusammenhang zwischen Einstellungen zur Anti-Kernkraftbewegung und Gewaltbereitschaft (GEBER) sowie Gewaltbilligung (GEBIL)

Einstellung zur Anti-Kernkraftbewegung	GEBER %	GEBIL %	GEBIL/ GEBER Index
sehr positiv	33.6	57.3	1.70
positiv	26.8	42.4	1.58
neutral	18.6	42.9	2.30
negativ	25.1	34.8	1.39
sehr negativ	28.6	47.7	1.67

Fragt man nun nach dem Zusammenhang zwischen Bewegungsanhängerschaft und Gewaltdispositionen, so ergibt sich am Beispiel der Bewegung, deren Militanz am höchsten einzuschätzen ist, nämlich der Anti-Kernkraftbewegung, ein doppelter Befund. Einerseits zeigt sich, daß Bewegungsanhängerschaft mit überhöhten Werten für Gewaltbilligung und Gewaltbereitschaft einhergeht. Im Gesamtspektrum der Bewegungsskala ist dieser Zusammenhang aber nicht linear, sondern U-kurvenförmig ausgeprägt. Mit zunehmender Gegnerschaft wächst das Gewaltpotential wieder an (s. Tabelle 2.8). Es bleibt allerdings unterhalb des Militanzniveaus der Bewegungsanhängerschaft. Nimmt man hinzu, daß das Potential für Gegenbewegungen zahlenmäßig verschwindend gering ist, so ist gegenwärtig nicht zu befürchten, daß die vorhandenen sozialen Bewegungen in der Bevölkerung selbst zum Gegenstand eskalierender sozialer Konflikte geraten werden. Allerdings nehmen wir angesichts der Existenz radikaler „antifaschistischer" Gruppierungen an, daß dies bei Aufkommen „rechter" Bewegungen anders wäre.

3. Zum Begriff der Gewalt

3.1 Vorbemerkung

Angesichts der in den Gewaltkommissions-Bänden ausführlich dokumentierten Probleme, die hinsichtlich einer einheitlichen Bestimmung des Gewaltbegriffes bestehen, kann nicht vermutet werden, daß in der Bevölkerung ein homogenes Begriffsverständnis von Gewalt vorhanden ist. Leider lagen zur empirischen Klärung dieser Frage für die Bundesrepublik bisher keine Angaben auf repräsentativer Grundlage vor, so daß hier Neuland betreten werden mußte. Dabei waren mehrere Gesichtspunkte zu berücksichtigen.

Erstens konnte nicht davon ausgegangen werden, daß die Begriffe von *allgemeiner* und *politischer* Gewalt weitgehend deckungsgleich sind. Aus diesem Grunde wurde entschieden, daß zunächst die Konnotationen des allgemeinen Gewaltbegriffes zumindest in Ansätzen bestimmt werden sollten, und zwar aus Gründen der Vergleichbarkeit in standardisierter Form. Zu diesem Zweck wurde von den Verfassern ein semantisches Differential entwickelt (siehe dazu Osgood, Suci und Tannenbaum 1957; eine Anwendung für den deutschen Sprachraum wurde vorgeschlagen von Schäfer 1975) und den Befragten sowohl im Rahmen der nationalen wie auch der international vergleichenden Untersuchung vorgelegt.

Zweitens erschien es uns unabdingbar, bei der Feststellung des Gewaltverständnisses der Bevölkerung die Bürger selbst zu Wort kommen zu lassen. Dies erforderte den Einsatz des Instruments der offenen, nicht durch Vorgabe von festen Antwortalternativen eingegrenzten Frage. Antworten auf offene Fragen sind allerdings besonders bei komplexen, nur wenig standardisierten Objekten schwer zu systematisieren und auf eine theoretisch sinnvoll begrenzte Zahl von Dimensionen zu kondensieren.[5]

3.2 Gewaltassoziationen der Bevölkerung 1989 — das Semantische Differential

An dieser Stelle kann darauf verzichtet werden, theoretische Hintergründe, methodische Umsetzungen und vorhandene empirische Befunde zu Konzept und Instrument des Semantischen Differentials zu erläutern (siehe z. B. Bergler

---

[5] Die Erhebungsinstrumente zum Gewaltbereich wurden in enger Zusammenarbeit mit dem Zentrum für Umfragen, Methoden und Analysen (ZUMA) e.V. in Mannheim mehreren Vortests unterzogen, um die optimale Frageformulierung zu finden.

3. Zum Begriff der Gewalt

1975). Es mag genügen, darauf zu verweisen, daß es dabei um die mehrdimensionale Verortung von Einstellungsobjekten im psychologischen Raum geht. Osgood, Suci und Tannenbaum haben wie viele der nach ihnen mit diesem Instrument befaßten Wissenschaftler argumentiert, daß interindividuell beliebig wiederholbar stets mit drei Dimensionen zu rechnen sei: Bewertung (evaluation), Kraft (potency) und Aktivität (activity).

Gegenüber der hohen Komplexität dieses Forschungsbereichs (davon zeugen die in Bergler abgedruckten Beiträge) sind die hier berichteten Forschungsbemühungen ganz pragmatisch auf das Ziel gerichtet gewesen, einen ersten Beitrag zum besseren Verständnis des Objektes „Gewalt" zu leisten. Dazu sind in Zukunft noch vielfältige weitere Arbeiten erforderlich.

Sehr früh im Fragebogen, und zwar bevor noch in irgendeiner Weise auf Gewalt Bezug genommen worden war, wurde den Interviewten die folgende Frage vorgelegt:

„Hier stehen acht Paare von gegensätzlichen Eigenschaften, z.B. ‚stark und schwach' oder ‚schön und häßlich'. Im folgenden geht es darum, den Begriff ‚Gewalt' zu beschreiben. Bitte tragen Sie für jedes der acht Wortpaare in den Fragebogen ein, was Sie persönlich mit dem Begriff ‚Gewalt' verbinden. Wenn Sie den Begriff ‚Gewalt' voll und ganz mit einer der auf der linken Seite stehenden Eigenschaften verbinden, dann vergeben Sie bitte den Wert ‚7', wenn Sie es voll und ganz mit einer der auf der rechten Seite stehenden Eigenschaft verbinden, den Wert ‚1'. Mit den Werten dazwischen können Sie Ihre Meinung jeweils abgestuft äußern."

Vorgelegte Gegensatzpaare

nötig	(7)	— unnötig	(1)
stark	(7)	— schwach	(1)
schlecht	(7)	— gut	(1)
häßlich	(7)	— schön	(1)
aufregend	(7)	— langweilig	(1)
links	(7)	— rechts	(1)
unwirksam	(7)	— wirksam	(1)
gefährlich	(7)	— ungefährlich	(1)

Die folgende Tabelle 3.1 weist die Mittelwerte für die von 1 bis 7 reichenden Einstufungsskalen aus. Dieser Tabelle vorauszuschicken ist die Information, daß im EG-Durchschnitt zwischen 3% und 20% der Befragen je nach Eigenschaftspaar die neutrale Kategorie ‚4' der Skala gewählt haben, mit einer gravierenden, nicht ganz überraschenden Ausnahme: Das Links-Rechts-Gegensatzpaar, das mit dem Ziel der politisch-ideologischen Plazierung von Gewalt durch die Bevölkerung aufgenommen worden war, zog durchschnittlich 56% neutrale Nennungen auf sich (übrigens am wenigsten in Portugal mit 28% und am höchsten mit 69% in Großbritannien).

Die Gruppierung der Antworten erfolgt auf der Grundlage einer *Faktorenanalyse* mit orthogonaler Rotation (Varimax) der deutschen Gewaltstudie, welche die beiden „klassischen" Differentialdimensionen „Bewertung" und

3.2 Gewaltassoziationen der Bevölkerung 1989

Tabelle 3.1

Mittelwerte der Gegensatzpaare im Semantischen Differential zu Gewalt im internationalen Vergleich 1989

Begriffspaare	D1	D2	F	GB	I	NL	DK	B	L	IRL	GR	E	P	EG insgesamt
Bewertungs-Dimension														
nötig (7) – unnötig (1)	2.06	1.97	1.87	1.67	1.63	1.95	1.44	1.92	2.50	1.71	1.82	1.42	1.83	1.76
schlecht – gut	6.29	6.25	6.32	6.39	6.67	6.32	6.79	6.32	6.18	6.71	6.55	6.64	6.49	6.44
häßlich – schön	6.41	6.39	6.48	6.69	6.80	6.60	6.90	6.41	6.35	6.80	6.59	6.72	6.56	6.60
gefährlich – ungefährlich	6.47	6.49	6.57	6.67	6.79	6.51	6.85	6.44	6.51	6.76	6.66	6.78	6.61	6.64
Kraft-Dimension														
stark – schwach	3.96	3.63	4.37	2.94	4.69	2.83	3.12	3.88	4.74	3.16	4.89	4.64	5.06	3.95
aufregend – langweilig	4.50	4.30	2.90	2.69	3.30	2.04	2.16	2.14	3.80	2.75	3.19	2.39	3.78	3.15
unwirksam – wirksam	4.51	4.62	5.48	5.04	5.70	5.40	5.51	5.59	4.59	5.56	5.49	6.14	5.58	5.33
Ideologie-Dimension														
rechts – links	3.58	3.91	4.14	3.71	4.27	3.82	3.75	3.93	3.87	3.21	4.22	4.16	4.05	3.99

„Kraft" trennscharf reproduzierte; für eine Erfassung der „Aktivitäts"-Dimension waren keine Eigenschaftspaare vorgesehen gewesen. Die Ideologie-Dimension „Links-Rechts" erschien als dritter, unabhängiger Faktor (mit einem Eigenwert von 1.01) und wird entsprechend getrennt ausgewiesen. Diese Faktorenstruktur findet sich übrigens auch in der Mehrzahl der anderen EG-Länder, obgleich dort andererseits durchaus Unterschiede zu verzeichnen sind. Als besonders problematisch erwies sich das Eigenschaftspaar „wirksam — unwirksam", das in einigen Fällen dem Bewertungs- und in anderen Fällen dem Kraft-Faktor zugerechnet wurde.

Inhaltlich gesehen sind die Befunde unter mehreren Gesichtspunkten von Interesse. Die der *Bewertungs-Dimension* zuzurechnenden Eigenschaftspopularitäten zeichnen sich durch hochkonsensuale, fast stereotype Urteile aus, die sämtlich negativ ausfallen (unnötig, schlecht, häßlich, gefährlich) und sich zwischen den Ländern wenig unterscheiden. Der *allgemein-gesellschaftliche* Begriff von Gewalt in den untersuchten westlichen Demokratien ist also umfassend negativ etikettiert; auf diesem Hintergrund kann die weiter vorne berichtete Distanz zu Gewalt als Mittel der *politischen* Konfliktaustragung auch nicht überraschen (vgl. Blumenthal et al. 1972, S. 80-82).

Demgegenüber sind die Urteile auf der zweiten Differentialdimension — *Kraft*—stärker umstritten, und zwar sowohl innerhalb als auch zwischen den 12 EG-Mitgliedsländern. Bezüglich des Paars „stark — schwach" ergeben sich eindeutige Unterschiede zwischen den romanisch-südeuropäischen Ländern sowie Luxemburg einerseits und den anderen Ländern (einschließlich der Bundesrepublik) andererseits insofern, als in der erstgenannten Ländergruppe Gewalt signifikant mehr als „stark" erlebt wird. Es fällt schwer, hier nicht an kulturspezifische Besonderheiten (Machismo) zu denken. Bemerkenswert ist das Ergebnis, daß in der Bundesrepublik mehr als in einem anderen EG-Land Gewalt als aufregend gilt; gleiches trifft übrigens auch für die Einschätzung der Wirksamkeit zu. Gerade die Tatsache der Unterschiedlichkeit der Gewaltbeurteilung auf der Kraft-Dimension *innerhalb* der einzelnen Länder, die ihren statistischen Ausdruck in hohen Varianzen findet, signalisiert Einbruchstellen in das auf der Bewertungs-Dimension so ausgeprägte Gewalttabu. Gewalt entspricht in seiner situativen Einbettung offenbar in weiten Bereichen geltenden Aufmerksamkeitsregeln und Handlungslogiken unserer Gesellschaft; dabei besitzt in der Bundesrepublik offenbar die Vorstellung, Gewalt sei wirksam und man könne mit ihr einiges erreichen, ein überdurchschnittlich großes Gewicht.

Bezüglich der angesprochenen Ideologiedimension spielen vermutlich historische Erfahrungen eine große Rolle für die Entscheidung, Gewalt eher „rechts" als „links" zu assoziieren. Die Verbindung zu „rechts" wird vor allem in Griechenland, Spanien, Frankreich und Italien hergestellt, während umgekehrt Gewalt in der Bundesrepublik, Irland, Großbritannien und in den Niederlanden eher als links gilt.

Erwähnenswert ist noch, daß in der Bundesrepublik von denjenigen Befragten, die im Januar/Februar 1989 Gewalt als links oder rechts einstuften, 20% derjenigen, die sich selbst als „links" sahen, Gewalt „rechts", hingegen 42% der Rechten Gewalt als „links" klassifizierten: Umgekehrt stuften 15% der Linken Gewalt als „links" und 6% der Rechten Gewalt als „rechts" ein. Zum einen besteht also die klare Tendenz, Gewalt eher den „Anderen" zuzurechnen; dies kann wegen der negativen Konnotationen dieses Begriffes auch nicht überraschen. Allerdings hat darüber hinaus sowohl im Bevölkerungsdurchschnitt als auch innerhalb der ideologischen Lager in der Bundesrepublik Gewalt offenbar eher einen leicht linken Anstrich.

Zusammenfassend zeigt sich, und zwar nationenübergreifend, daß auf der Bewertungs-Dimension Gewalt hoch negativ tabuisiert ist. Hinsichtlich der Zuordnung von Gewalt zu der Macht-Dimension sind die Bürger in den untersuchten Ländern allerdings unterschiedlicher Auffassung. Offenbar birgt Gewalt in seiner Anwendung emotional wie instrumentell durchaus auch positive Anreize, die in der umfassenden Reichweite, Direktheit und Fähigkeit zur situativen Außerkraftsetzung sozialer Regeln liegen dürften, von der Luhmann (1972) in bezug auf Gewalt gesprochen hat. Gewalt gilt als schlecht, aber wo sie ausgeübt wird, erscheint sie auch als interessant und spannend, und nicht wenige meinen, daß sich ihre Anwendung auch bezahlt macht.

3.3 Zum Verständnis von politischer Gewalt in der Bundesrepublik

Weiter vorne war gesagt worden, daß für die Bundesrepublik keine *repräsentativen* Daten zum Gewaltverständnis der Bevölkerung vorliegen. Allerdings waren im Rahmen der Political-Action-Studie 100 Personen unter Verwendung eines *Frageleitfadens* aus der Stichprobe derjenigen, die 1974 zum ersten und 1980 zum zweiten Mal befragt worden waren, 1982 noch einmal nachuntersucht worden, um die quantitativen Befunde dieser Studie auch qualitativ in umfassenden Einzelgesprächen zu validieren (siehe dazu im einzelnen Bauer 1989; für den Aspekt der politischen Gewalt vgl. Kaase 1987, S. 14-17).

Diesen 100 zufällig ausgewählten, für die Bevölkerung der Bundesrepublik aber *nicht* repräsentativen Befragten, war 1982 u.a. die folgende Frage vorgelegt worden:

„Was verstehen Sie persönlich unter Gewalt in der Politik?"

Von den 100 Befragten vermochte rund ein Drittel zunächst nicht, die Frage überhaupt zu beantworten. Gewalt in einem physischen Sinne wurde nur von 11 Personen genannt, Krieg, Terrorismus usw. kam 16 Personen in den Sinn, und Demonstrationen assoziierten 10 Befragte unmittelbar mit Gewalt. Schließlich wurde die Staatsgewalt als ein etabliertes, wenn auch (im Sinne von potestas) anders gelagertem Gewaltelement noch von weiteren 11 Befragten genannt. Insgesamt zeigte sich ein eher diffuses Gewaltverständnis, das erst nach sorgfältigem und intensiven Nachfragen durch die Interviewer eine Konkretisierung einseitig in eine Richtung erfuhr: Gewalt wurde nun in der Hälfte der Fälle situationsspezifisch mit Demonstrationen in Verbindung gebracht; die Zahl der Befragten ohne Angabe sank auf vier (von 100).

Zusammenfassend ließ im ausführlichen Spiel von Frage und Antwort zwar fast jeder Befragte schließlich irgendeine Vorstellung von politischer Gewalt erkennen, wobei offenbleiben muß, inwieweit diese Präzisierung auch ohne den Dialog mit dem Interviewer überhaupt zustandegekommen wäre. Insgesamt legten diese Daten aber die Vermutung nahe, daß „für einen großen Teil der Bevölkerung der Begriff der politischen Gewalt keine scharfen, ereignisunabhängigen Konturen aufweist" (Kaase 1987: S. 17).

Die Untersuchung im Auftrag der Gewaltkommission vom Januar/Februar 1989 eröffnete nunmehr die Möglichkeit, die nur qualitativen Befunde der Political-Action-Nachbefragung repräsentativ zu quantifizieren. Zu diesem Zweck wurde den Befragten im Anschluß an das Semantische Differential die folgende Frage vorgelegt:

> Im Fernsehen, in den Zeitungen und in der Öffentlichkeit ist gelegentlich von „Gewalt in der Politik" die Rede. Was verstehen Sie persönlich eigentlich unter Gewalt in der Politik?

Aus der Art und Anlage der Untersuchung ergab sich zwingend, daß ein in die Tiefe gehendes Gespräch zwischen Interviewern und Befragten nicht möglich war. Die entsprechend eher knappen Angaben der Interviewten auf diese offene Frage wurden verschriftet und in ein für das Inhaltsanalyse-Programmpaket TEXTPACK verwendbares Datenformat überführt. Im folgenden werden die Hauptergebnisse der Analyse dieser Texte berichtet.

Bei der Grobverschlüsselung nach einem vorgegebenen Kategorienschema ergab sich diese Verteilung:

Gewalt als körperlicher Angriff	5%
Psychische Gewalt, Intoleranz	7%
Krieg, Bürgerkrieg	2%
Diktatur, Terror, Terrorismus, Revolution	13%
Herrschaft, Macht, Gesetze	10%
Verbale Konflikte, Stil der politischen Auseinandersetzung, Aktionen von Politikern, Parteien, Interessengruppen, Versprechungen, Affären	17%
Demonstrationen	16%
Hausbesetzungen	1%
Staatsgewalt	2%
Polizeigewalt	3%
Sonstiges	4%
Keine Angabe, weiß nicht	20%
	100%

Diese Befunde bestätigen in ihrem Kern die Ergebnisse der zuvor genannten qualitativen Studie. Als erstes bleibt festzuhalten, daß von einem klaren Gewaltverständnis im Sinne der Kommission nicht die Rede sein kann. Gewalt verdeutlicht sich erstens *strukturell* offenbar zum einen in Gestalt totalitärautoritärer politischer Herrschaftsformen als sichtbares Repressionsinstrument sowie als kriegerische Auseinandersetzung zwischen und innerhalb von Staaten. Auch das ist jedoch, bezogen auf die Gesamtbevölkerung, mit rund einem Siebtel nur eine Minderheitenperspektive, deren Gewaltverständnis überwiegend *nach außen* gerichtet ist und nicht die innere Lage der Bundesrepublik in den Blickwinkel nimmt.

Daneben tritt zweitens bei knapp einem Fünftel eine ereignisbezogene assoziative Sichtweise in den Vordergrund, die Gewalt, wohl nicht zuletzt wegen der diesbezüglich hochselektiven Medienberichterstattung, mit Demonstrationen und Hausbesetzungen in Verbindung bringt. Die Selektivität dieser Wahrnehmung läßt sich leicht daran ermessen, daß, wie bekannt, der ganz überwiegende Teil aller Demonstrationen ja gewaltlos verläuft.

Drittens fällt ins Auge, daß der zentrale Aspekt des staatlichen Gewaltmonopols, wie er z. B. seinen Niederschlag in dem Begriff der Staatsgewalt findet, systematisch fast überhaupt nicht aufscheint. Damit entfällt natürlich ein Argumentationsansatz, der gerade in den Überlegungen der Gewaltkommission als ein Dreh- und Angelpunkt für den Umgang mit dem Gewaltphänomen herausgearbeitet worden ist: das Gewaltmonopol des modernen demokratischen Rechtsstaates.

Bemerkenswert ist schließlich viertens, daß ein knappes *Drittel* der Befragten den Gewaltbegriff auch auf verbale Konflikte, den als unerfreulich wahrgenommenen Stil der politischen Auseinandersetzung und auf die schiere Existenz gesellschaftlicher und politischer Machtverhältnisse (d.h. fast im Sinne der strukturellen Gewalt à la Galtung) anwendet, also auf wichtige Elemente der demokratischen Herrschafts- und Lebensform sowie ihrer symbolischen Politik. Hier wird besonders deutlich, daß der Gewaltbegriff offenbar tatsächlich der Gefahr ausgesetzt ist, zum Allerweltsetikett für alles Negative in der Politik zu werden. Es liegt auf der Hand, daß auf dieser Grundlage eine abstrakt an „Gewalt" orientierte politische und gesellschaftliche Auseinandersetzung mit der Erscheinungsform körperlicher Gewalt nicht erfolgreich geführt werden kann.

3.4 Mechanismen der Gewaltetikettierung

Eine problematische Seite des umfassenden Gewalttabus, das sich in erster Linie der Bewertungs-Dimension verdankt, dürfte nach den im vorigen Abschnitt vorgelegten Ergebnissen unter anderem darin bestehen, daß angesichts der Diffusität des Gewaltbegriffes die Tendenz gefördert wird, alle oder zumindest viele dem Bereich der Politik im Gewaltkontext assoziierbaren *Negativerscheinungen* als Gewalt zu bezeichnen. Sicherlich können die hier vorgelegten Ergebnisse nur erste Erkenntnisschritte zur Erhellung solcher komplexen Zusammenhänge sein. Dennoch liegen durchaus in diese Richtung deutende Befunde vor.

In einer Gewaltuntersuchung in den USA aus dem Jahr 1969 (Blumenthal et al. 1972; 1975) hatte sich ebenfalls gezeigt, daß Gewalt nicht nur auf den Einsatz körperlicher Mittel begrenzt wird, sondern für viele amerikanische Männer auch illegale Protestaktivitäten einschließt (z. B. die während des Vietnamkriegs häufig öffentlich zelebrierte Verbrennung von Einberufungskarten — draft card burning). Die Autoren vermuten insofern, daß Gewalt als *Oberbegriff* für solche politischen Handlungen gewählt wird, die Bürger als illegal und/oder illegitim ansehen. Damit ist ein wichtiger Hinweis auf das Phänomen gewonnen, daß angesichts der kognitiven Diffusität des Gewaltbegriffes bei gleichzeitig zunehmender begrifflicher Unklarheit im Rechtssystem, auf die Neidhardt (1986) hingewiesen und die auch die Gewaltkommission vielfältig beschäftigt hat, das sich aus der ausgeprägt negativen emotionalen Besetzung des Gewaltbegriffes ergebende Dilemma für gewaltaffine Gruppen relativ „elegant" gelöst werden kann. Objektiv gewaltsame Aktionen können nämlich auf diese Weise subjektiv als gewaltlos gedeutet werden. Der Erleichterung dieser Deutung dienen systematische Versuche, diese Sichtweise gesellschaftlich durchzusetzen und damit die Hemmschwelle für objektiv gewaltsame Handlungen weiter zu reduzieren.

Mit solchen interindividuellen und kollektiven Mechanismen der Umdeutung von Gewalt wäre eine der nach Mummendey et al. (1982) notwendigen Voraussetzungen erfüllt, um gewaltsame Interaktionssequenzen zu initiieren:

> „Da Normen und Werte keinen kontinuierlichen Einfluß auf Interaktionsverhalten ausüben, sondern situationsspezifische Aktivierungen erfahren ... und für Interaktionssituationen konkurrierende Sets von Normen Gültigkeit und Relevanz besitzen bzw. innerhalb eines Systems von Verhaltenserwartungen Interpretationsspielräume für verschiedene Situationen oder Personen bestehen..., sind je nach Zusammenhang, in den eine kritische Handlung eingebettet ist, *divergierende Beurteilungen der Angemessenheit einer Handlung* möglich" (Mummendey et al. 1982: S. 186; Heraushebung im Original).

In welchem Umfang solche Divergenzen, und zwar systematisch, auftreten, zeigt die Analyse der Ergebnisse der folgenden Fragen, die der Kommissionsstudie vom Januar/Februar 1989 entstammen (hinter den Aktionen stehen jeweils zwei Prozentangaben: zunächst der Anteil der Befragten, der die gegebene Aktion *nicht* in Ordnung findet, und dann der Anteil derjenigen, welche die Aktion als „Gewalt" kennzeichnet).

> „Auf diesem Kartenspiel steht eine Reihe von Handlungen und Situationen. Bitte ordnen Sie die Karten auf dem Vorlagenblatt danach ein, ob Sie das in Ordnung finden, nicht in Ordnung finden oder ob es von den Umständen abhängt, wie Sie das finden."

> „Wenn Sie die Karten nun bitte noch einmal durchsehen und mir danach sagen, in welchem Fall man von Gewalt, von Gewaltanwendung sprechen kann. Legen Sie mir alle Karten heraus, wo Sie denken, das zählt zu Gewalt."

3.4 Mechanismen der Gewaltetikettierung

		„nicht in Ordnung"	„ist Gewalt"
A	Parolen auf Häuserwände sprühen	79%	29%
B	Wenn Hausbesetzer sich verbarrikadieren und bewaffnen	82%	75%
C	Sich bei einer Demonstration gegen Übergriffe der Polizei mit Latten oder Steinen zur Wehr setzen	74%	81%
D	Leerstehende Häuser besetzen	47%	32%
E	Durch einen Sitzstreik den Zugang zu einer Kaserne versperren, weil dort Atomwaffen sind	35%	23%
F	Wenn Bürger Asylanten handgreiflich klarmachen, daß sie in ihre Heimat zurückfahren sollen	78%	76%
G	Bei einer Bürgerwehr mitmachen, um Chaoten in die Schranken zu weisen	41%	44%
H	Wenn Leute von Greenpeace mit Schlauchbooten und eigenen Schiffen einen Frachter daran hindern, mit giftigen Abfällen in die Nordsee auszulaufen	15%	17%
I	Wenn Polizeikräfte nach mehrmaliger vergeblicher Aufforderung eine unfriedliche Demonstration auflösen	15%	34%
J	Wenn Bauern mit ihren Traktoren den Verkehr blockieren, um gegen die Landwirtschaftspolitik zu protestieren	24%	20%
K	Wenn werksfremde Streikposten arbeitswillige Kollegen daran hindern, ihre Arbeit aufzunehmen	60%	48%
L	Wenn Polizisten den Zugang zu einer Kaserne sperren, um Leute daran zu hindern, dort zu demonstrieren	37%	27%
M	Bei einer Demonstration mal richtig Krach schlagen, auch wenn dabei einiges zu Bruch geht	79%	79%

Betrachtet man zunächst lediglich die Ergebnisse der Frage, inwieweit die hier abgefragten Aktionen als gewaltsam angesehen werden, so zeigt sich einerseits, daß relativ hohe Übereinstimmung darüber besteht, daß der aktive Angriff auf und die physische Beschädigung von Personen oder Sachen als Gewalt begriffen werden muß. Dies trifft z. B. zu auf Aktionen wie „Sich bei einer Demonstration gegen Übergriffe der Polizei mit Latten oder Steinen zur Wehr setzen" (81%), „Bei einer Demonstration mal richtig Krach schlagen, auch wenn dabei einiges zu Bruch geht" (79%) und „Wenn Bürger Asylanten handgreiflich klar machen, daß sie in ihre Heimat zurückfahren sollen" (76%). Andererseits ergeben sich erhebliche Meinungsverschiedenheiten bei der Etikettierung von Aktivitäten, die als bloß passive Hinderung anderer Personen begriffen werden können. Sitzblockaden werden z. B. nur von 23% der Bevölkerung als Gewalt verstan-

Tabelle 3.2

Parteipolitische Polarisierung von Gewaltetikettierungen: Prozentpunktdifferenzen zwischen den Parteipräferenzgruppen (Rangfrage) und dem Durchschnitt aller Befragten

Aktionen	Aktion in Ordnung Parteipräferenz (Rang 1)					Aktion ist Gewalt Parteipräferenz (Rang 1)				
	Grüne	SPD	F.D.P.	CDU	CSU	Grüne	SPD	F.D.P.	CDU	CSU
A. Parolen auf Häuserwände sprühen	+11	−1	−4	−3	−2	−12	0	−2	+3	+2
B. Wenn Hausbesetzer sich ... bewaffnen	+9	−1	−4	−1	0	−13	−1	+9	+8	−3
C. Sich gegen Polizei zur Wehr setzen	+9	−1	+2	−2	+1	−2	0	−4	+1	−5
D. Leerstehende Häuser besetzen	+24	−1	0	−7	−9	−17	−3	+6	+7	+9
E. Zugang zur Kaserne versperren	+39	+3	−5	−11	−21	−14	−3	−4	+5	+11
F. Bürger gegen Asylanten	−1	0	−5	0	+2	+8	−2	+5	0	−7
G. Bürgerwehr gegen Chaoten	−3	−2	+4	+3	+9	+15	−2	+10	−6	−8
H. Greenpeace gegen giftige Abfälle	+23	+4	0	−10	−17	−6	−2	+2	+4	+5
I. Polizei gegen unfriedliche Demonstration	−17	−3	+11	+6	+6	+22	−2	+9	−8	−3
J. Bauern mit Traktoren gegen Verkehr	+19	+2	+4	−7	−13	−6	0	0	+2	+3
K. Streikposten gegen Arbeitswillige	+4	0	−2	−1	−3	+3	−2	+6	+4	−3
L. Polizisten gegen Demonstration	−14	−5	−5	+9	+13	+10	−1	+1	+2	−7
M. Krach bei Demonstration	+11	−1	−4	−3	−2	+7	−1	−1	+2	−6

den. Fragt man, wie diese Minderheit zusammengesetzt ist, so ergeben sich Hinweise auf einen beachtlichen Grad der Politisierung des Gewaltverständnisses.

Diese Politisierung steht in einem Zusammenhang mit der Parteipräferenz der Befragten. Damit geraten die kollektiven Akteure der Politik ins Blickfeld, die in parlamentarischen Demokratien das hauptsächliche Bindeglied zwischen Bürgern und der Politik darstellen. Die folgende Tabelle 3.2 zeigt in Form von Prozentpunktabweichungen der Parteipräferenzgruppen vom Durchschnitt aller Befragten, inwieweit Gewaltbewertungen und -etikettierungen durch die parteipolitische Brille beeinflußt werden.

Diese Daten erlauben drei Schlußfolgerungen. Erstens verlaufen Bewertung von Aktionen und ihre Etikettierung als Gewalt tendenziell jeweils in die entgegengesetzte Richtung. Diejenigen, die eine Aktion akzeptieren, halten sie seltener für gewaltsam als diejenigen, welche die Aktion nicht in Ordnung finden. Darauf wird gleich noch einmal im einzelnen zurückgekommen werden. Zweitens beurteilen Grünen- und CSU-Anhänger, die gemäß ihrer Selbsteinschätzung die Pole des Links-Rechts-Spektrums besetzen (Anhänger der Republikaner sind in dieser Untersuchung noch nicht zum Vorschein gekommen), staatliche Handlungen mit dem Ziel der sozialen Kontrolle bzw. Bürgeraktionen als Ausdruck politischer Ziele unterschiedlich positiv und unterschiedlich gewaltsam. Wie man Staat und Politik gegenüber allgemein eingestellt ist, beeinflußt in bedeutsamer Weise den bewertenden und etikettierenden Umgang mit Erscheinungen politischer Gewalt und politischen Ungehorsams. Und drittens schließlich wirkt die parteipolitisch geprägte selektive Wahrnehmung deutlich stärker bei Aktionen des zivilen Ungehorsams als bei Aktionen unmittelbarer Gewaltanwendung. Oder anders gesagt: Der Konsens ist am höchsten bei solchen Aktionen, die eindeutig physische Gewalt beinhalten, und verliert sich tendenziell bei Aktionen, die in dieser Hinsicht eher einer Grauzone zuzurechnen sind. An dieser Stelle entfaltet die Nähe zu einer bestimmten politischen Partei ihre stärkste Wirkung.

Wie divergent die Einschätzung der Gewalthaftigkeit der hier untersuchten Handlungen tatsächlich ist und über welche Mechanismen sie vermutlich zustandekommt, erschließt die folgende Analyse. In Schaubild 3.1 sind für einzelne Aktionen gegenübergestellt die Anteile derjenigen, die diese Aktionen als „Gewalt" einstufen je nachdem, ob sie sie in Ordnung finden (vorderer Block) oder nicht in Ordnung finden (hinterer Block).

Durchgängig besteht ein erheblicher Zusammenhang zwischen einer positiven Bewertung einer Handlung („in Ordnung") und deren Einschätzung als nicht gewaltsam. Natürlich spielt der objektive Gewaltstatus von Handlungen hier ebenfalls eine Rolle, doch wirkt sich dieser Faktor vor allem auf das Gesamtniveau der gesehenen Gewalthaftigkeit aus. An der beschriebenen Grundlogik der Beziehungen ändert dies jedoch nichts.

Schaubild 3.1

Akzeptanz und Gewaltetikettierung von politischen Aktionen

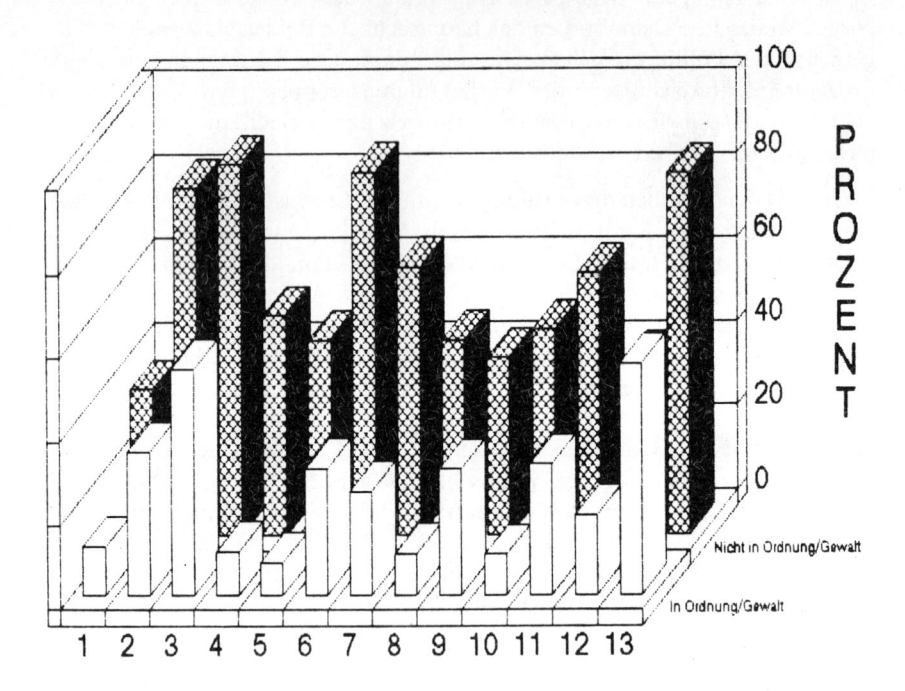

1 = Parolen sprühen
2 = Hausbesetzer bewaffnen sich
3 = gegen Polizeiübergriffe
4 = Häuser besetzen
5 = mit Sitzstreik versperren
6 = Bürger gegen Asylanten
7 = bei Bürgerwehr mitmachen
8 = Greenpeace gegen Frachter
9 = Polizei gegen unfriedliche Demo
10 = Bauern blockieren Verkehr
11 = Streikposten gegen Kollegen
12 = Polizei sperrt Kasernenzugang
13 = bei Demo Krach schlagen

Nun besteht sicherlich das Problem, welche Kausalstruktur diesen Beziehungen unterliegt. Mit Querschnittsdaten läßt sich diese Frage nicht zuverlässig beantworten. Dennoch spricht angesichts der kognitiven Diffusität des Gewaltbegriffs vieles dafür, daß es die Richtung der Bewertung einer *Aktion* ist, die vor allem bestimmt, ob einer Handlung ein Gewaltstatus zuerkannt wird oder nicht. Damit wird einerseits akzentuiert und andererseits nachvollziehbar, warum politische Parteien als signifikante Akteure einen so starken Einfluß auf die Bewertung von Aktionen haben, wie das oben belegt worden ist.

Neben dem eben beschriebenen Mechanismus zur Dissonanzreduktion bei Gewaltaffinität wegen der umfassenden gesellschaftlichen Ächtung von Gewalt wirkt ein zweiter Begründungszusammenhang in Richtung einer erhöhten Chance des Auftretens von politischer Gewalt in einer Gesellschaft, der im folgenden analysiert werden soll: die gesellschaftlich-politische Rechtfertigung von politischer Gewalt.

3.5 Die gesellschaftliche Rechtfertigung politischer Gewalt

Man mag normativ durchaus der Auffassung sein, es seien keinerlei Gründe vorstellbar, welche die Ausübung von Gewalt seitens der Bürger rechtfertigen könnten. Tatsächlich sind aber immer auch Umstände denkbar, unter denen sich selbst der gewaltfeindlichste Bürger gezwungen sehen mag, politische Gewalt anzuwenden. Die klassische Denkfigur des Tyrannenmordes markiert einen solchen Umstand, der mit hoher Wahrscheinlichkeit sogar die überwiegende Zustimmung der demokratischen Staatsbürger finden würde.

Die Gewaltumfrage bot nun die Chance, das Problem der Rechtfertigung politischer Gewalt in einiger Hinsicht genauer zu untersuchen. Diesem Zweck diente eine Frage, die im Fragebogen der Frage nach dem Gewaltverständnis unmittelbar folgte:

„Können Sie persönlich sich Umstände vorstellen, unter denen es gerechtfertigt ist, daß Bürger Gewalt in der Politik anwenden?"

Falls ja:

„Welche Umstände sind das?"

36% der Befragten geben an, sich solche Umstände vorstellen zu können. Bedeutsam für die Bewertung dieses Ergebnisses ist, daß bei der Formulierung der Frage sorgfältig darauf geachtet worden war, daß zwar die persönliche Einschätzung des Interviewten verlangt wurde, sich diese Einschätzung aber nicht auf ihn, sondern auf die Bürger, also auf die Kollektivität, bezog.

Eine Bewertung der positiv antwortenden 36% hat einmal das bereits diskutierte diffuse Gewaltverständnis zu berücksichtigen; hier darf nicht nur auf körperliche Gewalt rückgeschlossen werden. Zum zweiten ist für die Ergebnisdeutung natürlich entscheidend, welche konkreten Begründungen die Befragten für ihre affirmative Antwort in der offen gestellten Nachfrage gaben. Die entsprechende Analyse führte zu den folgenden Antwortdimensionen:

Widerstand gegen Unterdrückung, Diktatur, Unrechtsregime	33%
Widerstand gegen politische Entscheidungen in der Bundesrepublik	26%
Gewalt allgemein als Ausdruck des Bürgerwillens, als ultima ratio	22%
Sonstiges	13%
Keine Angabe, weiß nicht	6%

3. Zum Begriff der Gewalt

Aus datenanalysetechnischen Gründen ist die systematische Verbindung zwischen den Angaben zu dieser Frage und denen zum allgemeinen Gewaltverständnis im Rahmen dieses Berichts nicht möglich. Um Aufschlüsse zumindest in bezug auf die Richtung zu gewinnen, in der Zusammenhänge vorhanden sind, wird zunächst noch einmal auf die geschlossene Frage nach möglichen Gewaltrechtfertigungen zurückgegriffen, die ja 36% der Befragten positiv beantwortet hatten.

Ein erster Blick auf solche Merkmale, die Befragte an unterschiedlichen Stellen der Sozialstruktur (im weitesten Sinne) plazieren, deutet zwar auf gewisse Unterschiede in dem Ausmaß an Gewaltrechtfertigung hin; so wiesen z. B. besser Gebildete und Konfessionslose eine höhere Rechtfertigungstendenz auf. Dennoch sind diese Unterschiede in ihrer Größenordnung weit von denen entfernt, die sich in der Differenzierung nach Parteipräferenz, Ideologie und vor allem nach Wertprioritäten ergeben. So sehen 58% der Grünen, aber nur 25% der CSU-Anhänger Gewaltrechtfertigungen. Dementsprechend liegen die Werte bei den Linken bei 46%, bei den Rechten bei 32%. Der größte Graben trennt jedoch die nach Inglehart gebildeten *Werttypen:* 19% der reinen Materialisten (die Materialisten machen rund 13% aller Befragten aus), aber 52% der reinen Postmaterialisten (gut ein Viertel der Befragten kann in dieser Weise klassifiziert werden) und 32% des Mischtyps können sich Umstände vorstellen, die eine Gewaltanwendung rechtfertigen. In einer Kreuzklassifizierung von Werten und Ideologie zeigt sich schließlich noch eine weitere Verschärfung in den Konturen des gezeichneten Bildes: Während für die Materialisten die Links/Rechts-Plazierung in bezug auf die untersuchte Frage zu keiner Differenzierung führt, sieht das bei den Postmaterialisten ganz anders aus: 63% der linken, aber nur 37% der rechten Postmaterialisten können sich Umstände vorstellen, die eine Anwendung von Gewalt in der Politik rechtfertigen würden. Mit den linken Postmaterialisten ist im Hinblick auf Gewaltrechtfertigungen die Gruppe bestimmt, die nicht nur politisch besonders engagiert ist, sondern auch hohe Affinitäten zur Systemkritik und zum zivilen Ungehorsam aufweist.

Dieser Befund, zusammen mit der Erkenntnis einer großen Reichweite dessen, was Gewalt in den Augen der Bürger ist, macht die konkreten Angaben weiter vorne zu den Rechtfertigungsgründen für politische Gewalt verständlich. Wenn Gewalt tatsächlich, wie die Verfasser argumentieren, zum Generaletikett für Negatives in der Politik geworden ist und die konkrete inhaltliche Bestimmung sehr stark von der eigenen ideologischen Position des Befragten abhängt, dann ergibt sich daraus die komplexe Etikettierungslogik von Gewalt in der politischen Auseinandersetzung in der Demokratie: Man betrachtet, mehr oder weniger unabhängig vom objektiven Gewaltstatus, jeweils das als negativ bewertete Handeln der „anderen Seite" als Gewalt, das als positiv erlebte Handeln der eigenen Seite als gewaltlos und rechtfertigt dann das eigene Handeln als Reflex auf das von der Gegenseite zu vertretende Malum (vgl. Neidhardt 1986). Damit kann die Gewaltdiskussion sehr wohl in die typische

Logik der Auseinandersetzung zwischen politischen Polaritäten eingebettet werden, der der große Teil der politisch weniger Interessierten im mittleren Bereich zwischen den Polen relativ informationslos, ideologielos und damit verständnislos gegenübersteht.

4. Politische Repression

4.1 Vorbemerkung

Der Begriff der politischen Repression ist umgangssprachlich überwiegend negativ besetzt; er wird insbesondere geprägt durch die Assoziation zu politischer Unterdrückung in autoritären und totalitären Systemen. In rechtsstaatlichen Demokratien hingegen ließe sich Repression allerdings mit Bezug auf das staatliche Gewaltmonopol und bei der Unterstellung der Rechtmäßigkeit staatlichen Handelns wenn nicht generell positiv, so doch neutral als Inbegriff notwendiger staatlicher Mittel und Reaktionen auf illegale Akte gegen Staat und Gesellschaft bezeichnen, die der Aufrechterhaltung des öffentlichen Friedens dienen; in diesem Sinne wird der Repressionsbegriff denn auch in Rechtspflege und Rechtsprechung verwendet.

Zunächst einmal ist Repression also ein Begriff, der im Prinzip ähnlich wie „Gewalt" zu negativen und positiven Etikettierungen geeignet ist und häufig in der politischen Auseinandersetzung entsprechend kontrovers verwendet wird. Es ist also genau zu bestimmen, welche konkreten Aktionen jeweils mit diesem Begriff verbunden werden. Die hier vor allem gemeinte Begriffsfassung ergibt sich aus folgendem Kontext: Es ist vor allem aus Analysen des politischen Terrorismus und Extremismus sowie der Reaktionen darauf bekannt, daß Bürger je nach eigenem Standort selbst in demokratisch verfaßten Politien Aktionen von Ordnungskräften auch *unabhängig vom Legalitätsstatus der Aktionen* entweder ablehnen oder unterstützen. Das Ausmaß der Unterstützung von illegalen staatlichen Aktionen ist aber von besonderem Interesse, weil es Rückschlüsse auf das inhaltliche Demokratieverständnis der Bevölkerung zuläßt. Folgenreich unter der Aufgabenstellung der Gewaltkommission ist dies insofern, weil die Einstellungen zu Gewalt wie zu Repression den Verlauf von tatsächlichen Gewaltinteraktionen entscheidend bestimmen (siehe dazu vor allem Neidhardt 1989; ferner de Nardo 1985).

In der Literatur haben erstmals Blumenthal et al. (1972: S. 179-210) den Zusammenhang zwischen positiven Einstellungen gegenüber Gewalthandeln (G) einerseits und staatlicher Ordnungsgewalt (O) andererseits in Form einer auf das Individuum bezogenen Typologie konzeptualisiert. Dabei bildeten sie neben fünf Zwischentypen vier *Extremtypen* (G hoch − O niedrig = Anarchisten [3%]; G hoch − O hoch = Krieger [4%]; G niedrig − O niedrig = Pazifisten [6%]; G niedrig − O hoch = Vigilanten [13%]; die Prozentangaben beziehen sich auf eine Repräsentativstichprobe von 16-64jährigen amerikanischen Männern aus dem Sommer 1969). Bei der Feinanalyse dieser Typen zeigten sich sozialpsychologische Faktoren im Vergleich zu sozialstrukturellen Einflußgrößen als deutlich erklärungsfähiger (Blumenthal et al. 1972: S. 207-210). Ferner erwiesen sich die im Kontext dieses Kapitels besonders interessanten — weil am stärksten repressionsorientierten — *Vigilanten* als weit überdurchschnittlich polizistenfreundlich, unterstützten eine retributive Justiz („Auge um Auge, Zahn um Zahn"), reklamierten das Recht auf Selbstjustiz und etikettierten Gewalthandeln von Ordnungskräften gegen gesellschaftliche Gruppen unterdurchschnittlich häufig, hingegen gesellschaftliche Gewalt gegen Ordnungskräfte überdurchschnittlich häufig als „Gewalt" (Blumenthal et al. 1972: S. 192-203). In diesen Orientierungen waren die Vigilanten das genaue Gegenbild der *Anarchisten,* also der Gruppe, die ausschließlich *gesellschaftliche* Gewalt befürwortet hatte.

Dieser Typus von Analyse kann mit den für die Gewaltkommission erhobenen Daten, die den Repressionsbereich nur begrenzt abdecken konnten, nicht repliziert werden. Sie wurde hier dennoch verhältnismäßig ausführlich berichtet, weil Profil und quantitative Verteilung der von Blumenthal et al. konzipierten Typen eine wichtige gesamtgesellschaftliche Größe für Häufigkeit, Art, Verlauf und Folgen von Gewaltkonfrontationen zwischen gesellschaftlichen Gruppierungen und staatlichen Ordnungskräften in demokratisch verfaßten Staaten sein dürfte. Ferner bestehen so enge Bezüge zur Thematik der Gewaltkommission, daß, wo immer sachlich gerechtfertigt, eine Verbreiterung der analytischen Grundlage über die deutschen Daten von 1989 sinnvoll erschien, zumal, wie noch gezeigt werden wird, durchaus Zusammenhänge bestehen.

4.2 Das Repressionspotential in der Bundesrepublik Deutschland 1974-1989 und im internationalen Vergleich

4.2.1 Datenbasis

Einstellungen zu politischer Repression gehören nicht zu den Fragen, die theoriegeleitet und regelmäßig Gegenstand der Empirischen Sozialforschung sind. Insofern kann für die wichtigen Dimensionen des *Zeitvergleichs* und des *internationalen Vergleichs* nur auf vier Items zurückgegriffen werden, für die erstmals 1974, dann 1980 im Rahmen der Political-Action-Studie und schließlich 1989 im 31. *Eurobarometer* Antworten erfragt worden waren. Zusätzlich stehen noch zwei Meßzeitpunkte aus dem Januar und Februar 1988 zur Verfügung; diese Daten wurden vom Mannheimer Institut für praxisorientierte Sozialforschung (IPOS) im Auftrage des Presse- und Informationsamtes der Bundesregierung erhoben.

Diese letztgenannten beiden Untersuchungen von 1988 sind von Interesse, weil sie eine Reaktion auf eine Veröffentlichung in der Zeitschrift „Wiener" vom Januar 1988 darstellen, in der einem großen Teil der deutschen Bevölkerung undemokratische, repressionsorientierte Einstellungen zuerkannt worden waren. Die in diesem Zusammenhang in Zusammenarbeit zwischen IPOS und einem der beiden Verfasser des vorliegenden Bandes IV neu entstandenen neutralen Frageformulierungen zu dem vom „Wiener" behaupteten Sachverhalt wurden teilweise in die Umfrage für die Gewaltkommission im Januar/Februar 1989 übernommen.

Aus der Political-Action-Studie wurden zu Zwecken des internationalen Vergleichs wie auch der Längsschnittbetrachtung für die Bundesrepublik folgende Repressionsitems in das *Eurobarometer* 31 eingeschaltet:

„Was halten Sie von den folgenden Verhaltensweisen? Sagen Sie mir bitte zu jeder, ob Sie diese Verhaltensweise voll befürworten, im großen und ganzen befürworten, ob Sie sie im großen und ganzen ablehnen oder entschieden ablehnen?"

A Wenn Polizisten mit Schlagstöcken gegen Demonstranten vorgehen

B Wenn Gerichte harte Strafen über solche Protestierer verhängen, die sich gegen Anweisungen der Polizei zur Wehr setzen

C Wenn die Regierung zur Aufrechterhaltung von Sicherheit und Ordnung jede öffentliche Demonstration verbietet

D Wenn die Bundesregierung den Bundesgrenzschutz oder die Bundeswehr einsetzt, um einen Streik zu beenden.

In der nationalen Erhebung für die Gewaltkommission können die folgenden Fragen analytisch dem Repressionsbereich zugeordnet werden (dahinter in Klammern der Prozentanteil für die jeweilige Antwortkategorie).

„Wenn es um gewalttätige Demonstranten geht: Sollte sich die Polizei bei der Verfolgung der Täter unbedingt an die bestehenden Gesetze halten (74%) oder sollte sich die Polizei dabei auch über bestehende Gesetze hinwegsetzen (24%) dürfen?" (so auch in IPOS, 2-1988).

„Sollte die Polizei das Recht haben, Personen vorübergehend festzunehmen, wenn zu vermuten ist, daß diese sich an Demonstrationen beteiligen wollen, bei denen mit Gewalttätigkeiten zu rechnen ist (56%) oder sollte die Polizei dieses Recht nicht (43%) haben?" (so auch in IPOS, 2-1988).

„Sind Sie für (30%) oder gegen (69%) die Einführung der Todesstrafe?" (so auch in IPOS, 2-1988).

„Und wenn es sich um Mord aus politischen Gründen handelt: Sind Sie dann für (30%) oder gegen (70%) die Todesstrafe?

„Wenn Teile einer politischen Partei die Sicherheit des Staates gefährden, sollte diese Partei dann verboten werden (77%) oder sollte sie nicht verboten (22%) werden?" (so auch in IPOS, 2-1988).

4.2.2 Das Repressionspotential in der Bundesrepublik Deutschland 1974-1989

Für die Analyse der *zeitlichen* Entwicklung der Befürwortung von staatlichen Repressionsmitteln stehen lediglich die Daten der Political-Action-Studie zur Verfügung. Bei der Interpretation der Befunde ist zu bedenken, daß es hier nicht so sehr um die einzelnen Frageinhalte geht, an denen die Einstellungen zur Repression festgemacht worden sind. Vielmehr ist das Ziel, die den Daten unterliegende Dimension „Einstellung zu staatlicher Repression" einigermaßen zuverlässig zu erfassen.

Eine Schwierigkeit besteht darin, daß ohne Kenntnis der hinter den Antworten stehenden Überlegungen und ohne eine klare theoretische Einbettung der Fragen schwer zu bewerten ist, was diese Angaben nun eigentlich für das politische System der Bundesrepublik zu bedeuten haben. Eine verfügbare Bewertungsdimension — der internationale Vergleich — wird im nächsten Abschnitt behandelt werden. Eine zweite Bewertungsdimension liegt im zeitlichen Vergleich. Die entsprechenden Angaben finden sich in der folgenden Tabelle 4.1.

Tabelle 4.1
Entwicklung der Einstellungen zu repressiven Akten staatlicher Stellen in der Bundesrepublik Deutschland 1974-1989

Repressive Akte	1974 %	1980 %	1-1988 %	2-1988 %	1989 %
Wenn Polizisten mit Schlagstöcken gegen Demonstranten vorgehen					
Zustimmung	48.4	42.4	43.4	40.3	25.1
Ablehnung	51.6	57.6	56.6	59.7	74.9
Wenn Gerichte harte Strafen über solche Protestierer verhängen, die sich gegen Anweisungen der Polizei zur Wehr setzen					
Zustimmung	77.2	66.7	69.9	66.2	60.2
Ablehnung	22.8	33.3	30.1	33.8	39.8
Wenn die Regierung zur Aufrechterhaltung von Sicherheit und Ordnung jede öffentliche Demonstration gesetzlich verbietet					
Zustimmung	53.5	52.4	27.2	30.7	40.1
Ablehnung	46.5	47.6	72.8	69.3	59.9
Wenn die Bundesregierung den Bundesgrenzschutz oder die Bundeswehr einsetzt, um einen Streik zu beenden					
Zustimmung	37.6	43.5	28.6	32.6	30.7
Ablehnung	62.4	56.5	71.4	67.4	69.3

Dieser Tabelle kann entnommen werden, daß sich über die letzten 15 Jahre in der Bundesrepublik die Tendenz, repressiven staatlichen Maßnahmen zur Aufrechterhaltung des öffentlichen Friedens zuzustimmen, insgesamt leicht abgeschwächt hat. Bemerkenswert erscheint in diesem Zusammenhang der Umgang der Bevölkerung mit dem Demonstrationsphänomen. Ganz allgemein vermitteln die Antworten zunächst einmal den Eindruck, daß Demonstrationen zunehmend ihren Platz in der politischen „Normalität" der Bundesrepublik finden: Die Statements, die sich in der einen oder anderen Weise mit Demonstrationen und darauf bezogenen repressiven Maßnahmen befassen, verzeichnen überwiegend eine abnehmende Akzeptanz. Andererseits ist man offenbar mehrheitlich nach wie vor bereit, harte Sanktionen der *Gerichte* gegen Spielregelverstöße bei Demonstrationen mehrheitlich zu stützen. Daß sich die Zustimmung zu repressiven Maßnahmen insgesamt deutlich verringert hat, ergibt sich auch bei einer Zusammenfassung der vier Statements zu einem Repressionsindex mit den Werten von 0 (keinem Statement zugestimmt) bis 4 (allen Statements zugestimmt). Die entsprechenden Mittelwerte im zeitlichen Verlauf sind: 1974: 2,16; 1980: 2,01; 1988-1: 1,63; 1988-2: 1,67; 1989: 1,49.

Die in die Gewaltumfrage vom Januar/Februar 1989 übernommenen Fragen zum Repressionsbereich sind insofern den Political-Action-Statements vorzuziehen, als sie auf der Legalitätsdimension eine klarere Zuordnung gestatten. Entsprechende Analysen auf der Grundlage der beiden IPOS-Studien von 1988, in denen im Gegensatz zur Untersuchung im Auftrag der Gewaltkommission sämtliche hier diskutierten, den Repressionsbereich betreffenden Fragen gestellt worden waren, zeigen allerdings, daß in allen Fällen hohe Korrelationen bestehen. Mit anderen Worten: Auch die „neuen" Fragen können der durch den Repressionspotential-Index definierten Dimension „Repressionsbefürwortung" zugerechnet werden.

Insgesamt ist es bei allen Fragen, bei kleineren fragespezifischen Abweichungen, jeweils etwa ein Drittel der Befragten, und zwar offenbar unabhängig vom Legalitätsstatus der in Frage stehenden staatlichen Aktion, das eine repressionsfreundliche Antwort gibt. Faßt man drei Fragen (Gesetzesübertretung der Polizei bei Täterverfolgung im Umfeld von gewalttätigen Demonstrationen/vorbeugende Polizeihaft bei vermutlichen Gewalttätern/Befürwortung der Todesstrafe) zu einem einfachen, von 0 (= keine der drei Aktionen befürwortet) bis 3 (= alle drei Aktionen befürwortet) reichenden Index zusammen, so ergibt sich, daß rund 8% der Befragten allen drei und 23% der Befragten zwei der drei Fragen zustimmen. Auch diese Berechnung führt also wieder zu dem bereits genannten Drittel der Bevölkerung mit einer ausgeprägten Repressionsunterstützung. Eine Bewertung der Implikationen dieser Einstellungsverteilung bedarf allerdings weiterführender Analysen der sozialstrukturellen, wertmäßigen und ideologischen Verortung des Repressionspotentials (s. Kapitel 5). Diesen Analysen wird als weitere Fundierung zunächst noch der internationale Vergleich der Einstellungen gegenüber staatlicher Repression gegenübergestellt.

4.2.3 Das Repressionspotential im internationalen Vergleich

Im Interesse einer verdichteten, übersichtlichen Darstellung wird in diesem Abschnitt auf die Präsentation der Ergebnisse zu den vier Political-Action

Schaubild 4.1
Repressionspotential 1989 im internationalen Vergleich
(Mittelwerte des Repressionsindex)

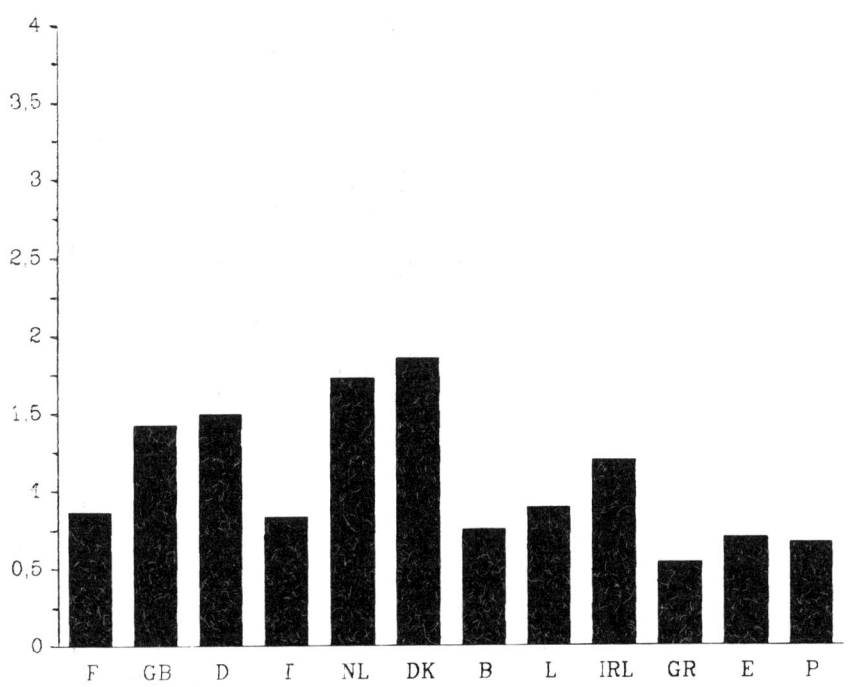

Einzelitems verzichtet, zugunsten des Mittelwertvergleichs zwischen den Ländern auf dem Repressionsindex.

Der Ländervergleich führt zu sehr interessanten Befunden. Nicht gerade überraschend erweisen sich mit Griechenland, Spanien und Portugal die drei Länder als besonders repressionsfeindlich, die in ihrer jüngsten Geschichte einen Übergang von einem autoritär/totalitär verfaßten zu einem demokratisch-parlamentarisch verfaßten politischen System erfahren haben. Hier sitzt die Erfahrung mit repressiven Maßnahmen des Staates offenkundig noch so tief, daß daraus ein großes Mißtrauen gegenüber allen Ordnungsmaßnahmen des Staates resultiert, selbst wenn dieser Staat nunmehr demokratischer Natur ist. Nur um ein geringes repressionsfreundlicher als in den drei genannten Ländern zeigen sich die Bürger von Belgien, Italien, Frankreich, Luxemburg und, schon mit einem kleinen Abstand, Irland. Von den verbleibenden vier EG-Mitgliedsländern weisen Dänemark und — bemerkenswerterweise — die Niederlande die höchsten Indexwerte auf, während die Bundesrepublik und Großbritannien im Vergleich zu diesen Ländern schon etwas weniger repressionsfreundlich sind, aber noch der Spitzengruppe zugehören.

Durch die Political-Action-Studie besteht zusätzlich für einige Länder die Möglichkeit, auch eine Aussage über die *Veränderung* der Zustimmung zu staatlichen Akten der Repression vorzunehmen. Dabei hat zwischen 1974 und 1989 in drei Ländern die Zustimmung *abgenommen,* und zwar in der Größenordnung von jeweils ca. 0,7 Indexpunkten: in Großbritannien, in der Bundesrepublik und in Italien. Lediglich die Niederlande haben eine deutliche Zunahme der Zustimmung zu staatlichen repressiven Maßnahmen zu verzeichnen, möglicherweise ein Reflex des hohen Niveaus gesellschaftlicher Konfrontation in den siebziger Jahren in diesem Lande — vielleicht auch eine Reaktion der Bevölkerung auf das außerordentliche Ausmaß an staatlicher Toleranz in diesen Konfrontationen.

Zusammenfassend muß auch an dieser Stelle noch einmal auf das Problem hingewiesen werden, daß diese Ergebnisse nicht leicht zu bewerten sind. Als Mindestbefund für den ersten, deskriptiven Teil der Analysen zum Zustimmungspotential für staatliche repressive Aktionen kann jedenfalls festgehalten werden, daß die Bevölkerung der Bundesrepublik sich in diesen Einstellungen dem europäischen Durchschnitt stärker angenähert hat, immer aber noch der Gruppe der repressionsfreudigeren Länder angehört.

5. Bedeutungen und Bedingungen hoher Repressionsneigung

5.1 Vorbemerkung

In Kapitel 4 wurde das in unserer Gesellschaft vorhandene Repressionspotential mit internationalen Vergleichen und in seiner zeitlichen Entwicklung beschrieben. Dabei wurde unter Repression im politischen Kontext ein Verhalten (überwiegend staatlicher Ordnungskräfte) verstanden, mit dem eine harte (auch über das gesetzlich Zulässige hinausgehende) Sanktionierung bestimmter gesellschaftlicher Gruppen (Demonstranten, Protestierer, Streikende etc.) ausgeübt wird. Die Frage ist, was die Bevölkerung in dieser Hinsicht erwartet und unterstützt. Damit thematisieren wir die andere Seite der gesellschaftlichen Konflikte, in deren Zusammenhang die früher beschriebenen kollektiven Gewalttätigkeiten überwiegend vorkommen. Uns interessiert, ob und in welchem Maße in den Einstellungsreaktionen des Publikums eine Bindung an die Prinzipien liberaler Rechtsstaatlichkeit zum Ausdruck kommt. Wir gehen davon aus, daß von den in dieser Hinsicht vorhandenen kollektiven Meinungen und Stimmungen das tatsächliche Verhalten staatlicher Sicherheitskräfte auf Dauer nicht unbeeinflußt bleiben kann. Natürlich können wir dieses Verhalten mit den Mitteln einer Umfrage nicht unmittelbar erfassen — und deshalb wird davon im folgenden auch nicht die Rede sein. Es geht um Bevölkerungseinstellungen als Hintergrundsgröße manifester Konfliktprozesse.

5.2 Das „Repressionssyndrom"

Es ist für die Validität der nachfolgenden Interpretationen entscheidend, welche Indikatoren für repressive Einstellungen in der empirischen Analyse eingesetzt werden. Die Kommissionsumfrage aus dem Jahre 1989 bietet dafür mehrere Möglichkeiten (vgl. dazu Abschnitt 4.2.1).

In den von den Verfassern durchgeführten Analysen mit den Daten der Untersuchung vom Januar/Februar 1989 hat es sich bewährt, aus der größeren Zahl einschlägiger Items der Kommissionsumfrage für die Konstruktion eines Index zur Erfassung der Repressionsneigung der Bevölkerung folgende drei Fragen zu benutzen:

(1) „Wenn es um gewalttätige Demonstrationen geht: Sollte sich die Polizei bei der Verfolgung der Täter unbedingt an die bestehenden Gesetze halten, oder sollte sich die Polizei dabei auch über bestehende Gesetze hinwegsetzen dürfen?"

5. Bedeutungen und Bedingungen hoher Repressionsneigung

(2) „Sollte die Polizei das Recht haben, Personen vorübergehend festzunehmen, wenn zu vermuten ist, daß diese sich an Demonstrationen beteiligen wollen, bei denen mit Gewalttätigkeiten zu rechnen ist, oder sollte die Polizei dieses Recht nicht haben?"

(3) „Sind Sie für oder gegen die Einführung der Todesstrafe?"

Versucht man das Einstellungssyndrom, das mit hoher Repressionsneigung verbunden ist, mit zusätzlichen Merkmalen zu charakterisieren, so ist aufschlußreich, daß die Repressiven selber keine überdurchschnittliche Gewaltbereitschaft zeigen. Die Korrelationen zwischen dem Repressivitätsindex und dem früher eingeführten Index für Gewaltbereitschaft (GEBER) liegen nahe Null (siehe Tabelle A 5.1 im Anhang 6.2). Das Charakteristikum der Repressiven besteht (nicht in jedem Fall, wohl aber in der gegenwärtigen Situation in unserem Lande) nicht darin, daß sie dazu tendieren, selber gewalttätig zu werden, sondern darin, daß sie eine strenger, z. T. auch rabiater durchgreifende Staatsgewalt fordern und dafür auch bereit sind, Gesetzesverletzungen der Polizei in Kauf zu nehmen.

Wir finden in unserem Material keine Hinweise darauf, daß dieser Anspruch einer hoch repressiven Minderheit den Anlaß zu einer eigenen „rechten" sozialen Bewegung abgeben könnte. Diese Minderheit besitzt im Hinblick auf die verschiedenen Möglichkeiten „unverfaßter" Bürgerpartizipation ein unterdurchschnittliches Mobilisierungspotential, ist im übrigen auch politisch weniger interessiert als der Durchschnittsbürger (siehe Tabelle A 5.2 im Anhang 6.2). Die Repressiven sind überdurchschnittlich negativ zu den vorhandenen sozialen Bewegungen eingestellt (siehe z. B. Tabelle A 5.3), aber die Voraussetzungen dafür, daß aus dieser Abneigung eine Gegenbewegung entstehen könnte, sind gegenwärtig sehr gering.

Auf welche Weise sich repressive Einstellungen dennoch sozial geltend machen können, läßt sich am Beispiel dreier Fragen illustrieren, die wir in der Kommissionserhebung gestellt hatten, um die Reaktionen der Befragten auf gewaltsame Auseinandersetzungen während einer Demonstration bestimmen zu können. Repressive unterscheiden sich von anderen Gruppen der Bevölkerung in einem erheblichen Maße darin, daß sie zu hohen Anteilen einerseits den Demonstranten pauschal die Schuld an solchen gewalttätigen Auseinandersetzungen zuweisen und darüber hinaus andererseits die Polizei „irgendwie unterstützen" würden (siehe Tabelle A 5.4 und 5.5 im Anhang 6.2). Ein dritter Befund, der in diesem Zusammenhang erhoben wurde, soll ausführlicher vorgestellt werden. Gefragt war:

„Wenn Sie eine solche gewaltsame Auseinandersetzung zwischen Polizisten und Demonstranten genau beobachtet hätten und es käme darüber später zu einem Gerichtsverfahren, würden Sie sich dann als Zeuge zur Verfügung stellen?" Als Antwortmöglichkeiten waren vorgegeben: (1) nur als Zeuge der Polizei, (2) nur als Zeuge der Demonstranten, (3) als Zeuge für beide Seiten, (4) auf keinen Fall.

Tabelle 5.1
Zeugenbereitschaft in Abhängigkeit von Repressionswerten

Zeugenbereitschaft	Repressivitätsindex				Alle Befragten	(N)
	niedrig %	1 %	2 %	hoch %	%	
Zeuge der Polizei	1.3	7.9	15.0	26.0	9.1	(177)
Zeuge der Demonstranten	11.1	3.0	2.9	1.2	5.3	(103)
Zeuge für beide	61.4	44.7	38.4	28.4	47.0	(913)
Kein Zeuge	26.2	44.3	43.8	44.4	38.6	(751)
Alle Befragten %	30.7	37.6	23.0	8.7	100.0	
(N)	(596)	(731)	(448)	(169)		(1944)

Tabelle 5.1 zeigt die Ergebnisse dieser Frage und differenziert die Antworten mit Hilfe des Repressivitätsindex.

Bei der Interpretation dieser Tabelle läßt sich (1) ein Befund erkennen, der nach dem oben Gesagten nicht mehr überraschen kann: Die relativ geringe Partizipations- und Mobilisierungsbereitschaft der Repressiven drückt sich auch darin aus, daß sie in einem geringeren Maße überhaupt bereit sind, zur gerichtlichen Wahrheitsfindung durch ihr eigenes Zeugnis beizutragen. 44.4% der Hochrepressiven (Repressionswert 3) würden überhaupt nichts sagen wollen. (2) Von denjenigen, die aussagebereit sind (Daten in der Tabelle nicht ausgewiesen), sind deutlich weniger Hochrepressive als Nichtrepressive (51.1% versus 83.4%) unbefangen und „neutral" in dem Sinne, daß sie grundsätzlich beiden Seiten, also sowohl der Polizei als auch den Demonstranten, als Zeuge zur Verfügung ständen. (3) In der Art ihrer prinzipiellen Parteinahme unterscheiden sich Repressive von Nichtrepressiven darüber hinaus auch darin, daß ihre Befangenheit fast ausnahmslos der Polizei zugute kommt. (Für die Nichtrepressiven trifft zugunsten der Demonstranten das Gegenteil zu — dies aber auf einem quantitativ deutlich geringeren Befangenheitsniveau.)

An Beispielen wie diesen zeigt sich, daß die mit unserem Index gemessene Repressionsbereitschaft eine bedeutsame Variable in dem Sinne ist, daß sie als wirksamer Teil umfassenderer Einstellungszusammenhänge erkennbar wird. Um so wichtiger ist dann die Frage nach den Bedingungen ihrer eigenen Varianz.

5.3 Bedingungen politischer Repressivität

Für die Durchführung von Bedingungsanalysen individueller Repressionsneigung stehen uns aus der Kommissionsumfrage dieselben Variablen zur Verfügung wie bei der Analyse des Gewaltpotentials (s. Kapitel 2). Es ist deshalb möglich, beide Bedingungsprofile systematisch zu vergleichen.

5. Bedeutungen und Bedingungen hoher Repressionsneigung

Dabei zeigt sich im Hinblick auf soziale Merkmale derer, die auf der Repressivitätsskala stark belastet sind, daß — ähnlich wie beim Gewaltpotential — der Faktor Geschlecht ebenso wenig wie (über Selbsteinstufung gemessene) Schichtunterschiede eine signifikante Rolle spielen. In anderer Hinsicht aber ergeben sich instruktive Varianzen.

Tabelle 5.2 belegt einerseits, daß die Variable *Alter* mit dem Repressivitätsindex deutlich korreliert ist: Die älteren Jahrgänge erweisen sich im Umgang mit abweichenden Protestgruppierungen als überdurchschnittlich repressiv. Ähnlich signifikante Zusammenhänge (vgl. dazu auch die Tabellen A 5.6 und A 5.7 im Anhang 6.2) ergeben sich bei dem Faktor *Bildung:* Je höher der Bildungsgrad der Befragten, um so geringer ausgeprägt ist politische Repressivität. In beiden Fällen verweist der Vergleich mit den früher analysierten Korrelaten des Gewaltpotentials auf zwei Besonderheiten. (a) Die statistischen Zusammenhänge mit Alter und Bildung sind beim Repressivitätsindex stärker ausgeprägt als bei den Gewaltindices; die Korrelationskoeffizienten liegen entsprechend deutlich höher. Das Gewaltpotential ist insofern diffuser strukturiert als das Repressivitätspotential. Hinzu kommt (b), daß es im gesellschaftlichen Raum an anderer Stelle konzentriert ist. Gewaltaffin erscheinen am ehesten junge Leute höherer Bildungsschichten, repressionsfreundlich am ehesten ältere Leute mit niedriger Bildung.

Tabelle 5.2

Zusammenhänge zwischen sozialen Merkmalen und individueller Repressionsneigung

Soziale Merkmale	Repressivitäts- wert = 0 %	Repressivitäts- index[1]
Alter		
14–17 Jahre	46.3	81.5
18–21 Jahre	38.7	84.8
22–30 Jahre	44.5	82.5
31–45 Jahre	33.3	105.3
46–65 Jahre	21.6	128.3
66 Jahre und älter	18.9	134.4
Bildung		
niedrig	24.2	123.4
mittel	28.2	112.3
hoch	49.3	74.2

[1] Der Index kann Werte von 0 bis 300 annehmen. 300 bedeutet, daß alle Befragten der jeweiligen Kategorien den Wert 3 aufweisen, 0 bedeutet, daß alle Befragten der Kategorie den Wert 0 aufweisen. Je höher der Wert des Index ist, desto ausgeprägter stellt sich die Repressivitätsneigung der Befragten in den Kategorien dar.

5.3 Bedingungen politischer Repressivität

Was diese soziale Distanz zwischen den konfligierenden Potentialen im Hinblick auf tatsächliche Konfliktwahrscheinlichkeiten bedeutet, läßt sich an dieser Stelle nur vermuten. Einerseits kann man annehmen, daß diametrale Einstellungen sich um so eher radikalisieren und weiter polarisieren können, je weniger sie über soziale Beziehungen miteinander in Kontakt stehen und dann auch sozial vermittelt werden können. Andererseits ist die Annahme plausibel, daß sich vorhandene Gegensätze um so unwahrscheinlicher zu manifesten Konflikten entwickeln, je stärker sie sich sozial voneinander isoliert halten. Wir können an dieser Stelle nicht entscheiden, was diese allgemeinen Überlegungen für den konkreten Fall bedeuten. Zusätzliche Bedingungen müssen in die Analysen einbezogen werden.

Wichtig ist in diesem Zusammenhang die Frage, in welcher Weise sozial divergierende Einstellungskomplexe politisch artikuliert und organisiert werden. Auch dazu liegen aus der Kommissionsumfrage Daten vor, die sich wiederum auf die Gewaltpotentialanalyse des Kapitels 2 beziehen lassen. Die Tabellen 5.3 und 5.4 repräsentieren die auffälligsten Befunde (vgl. auch die Tabellen A 5.8 und A 5.9 im Anhang 6.2).

Es entspricht dem Muster, das bei den Variablen Alter und Bildung erkennbar wurde, daß hohe Repressivitätswerte auch auf der *Links / Rechts-Skala* „seitenverkehrt" zum Gewaltpotential und mit höherer Korrelation anfallen. Auffälliger als beim Gewaltpotential (das eine deutliche, aber nur schwach ausgeprägte Linksladung enthält) artikuliert sich Repressionsneigung auf der Links / Rechts-Skala — und zwar auf der rechten Seite. Fast die Hälfte (genau 45,5%) der Hochrepressiven (Repressivitätswert = 3) ordnet sich selber als „rechts" ein, nur etwa 10% (genau 9,8%) als „links".

Ein Blick auf die Beziehung zwischen Wertorientierung und Repressivitätsindex läßt erkennen, daß auch Werte einen klaren Zusammenhang zu repressiven Einstellungen aufweisen: Die Chance, auf dem niedrigsten Indexwert 0 einen Postmaterialisten zu finden, ist fast fünfmal so groß wie die, dort einen Materialisten anzutreffen.

Verbindet man, wie schon in Kapitel 2, Wertorientierungen und Links-Rechts-Selbsteinstufung und prüft dann die Beziehung zum Repressivitätsindex, entsteht erneut das bereits bekannte Bild: Ideologie (Rechts) und Werte (Materialismus) besitzen jeweils einen unabhängigen Einfluß auf die Befürwortung politischer Repression, doch erst in der Gegenüberstellung der Extremtypen der rechten Materialisten und linken Postmaterialisten wird die ganze Reichweite der Einstellungsdifferenzen in bezug auf politische Repression augenfällig.

Angesichts der relativ eindeutigen politischen Orientierung des Repressivitätspotentials kann es nicht sonderlich überraschen, daß im *Parteien*spektrum die individuellen Repressionsneigungen weit überdurchschnittlich bei den Anhängern der CDU/CSU vorkommen (und umgekehrt bei den Grünen kaum

5. Bedeutungen und Bedingungen hoher Repressionsneigung

Tabelle 5.3
Zusammenhänge zwischen politischen Orientierungen und individueller Repressionsneigung

Politische Orientierungen	Repressivitäts-wert = 0 %	Repressivitäts-index
Links/Rechts-Selbsteinstufung		
Links	50.1	69.0
Mitte	27.2	113.4
Rechts	15.6	148.2
Wertorientierung		
Materialisten	12.0	143.9
Mischtyp	20.5	129.7
Postmaterialisten	57.3	57.4

Tabelle 5.4
Zusammenhänge zwischen einer Kombination aus Werten und Ideologie und individueller Repressionsneigung

Werte und Ideologie	Repressivitäts-wert = 0 %	Repressivitäts-index
Rechte Materialisten	10.6	168.6
Materialisten der Mitte	12.8	121.4
Linke Materialisten	35.7	97.7
Rechter Mischtyp	12.5	155.5
Mischtyp der Mitte	22.1	125.9
Linker Mischtyp	30.3	99.6
Rechte Postmaterialisten	37.1	98.6
Postmaterialisten der Mitte	50.3	90.6
Linke Postmaterialisten	70.5	35.7

auftauchen). 55,3% der Hochrepressiven (s. Tabelle A 5.9 im Anhang) identifizieren sich mit der CDU/CSU (0% bei den Grünen).

Liegt die Verantwortung der Grünen vor allem darin, auf das in unserem Lande vorhandene Gewaltpotential zivilisierend einzuwirken, besteht die Aufgabe der CDU/CSU vor allem darin, auf das auf dem rechten Spektrum starke Repressionspotential Einfluß zu nehmen und die hier erkennbare Neigung zu eindeutigen „Überreaktionen" politisch abzublocken. Ob diese Aufgabe mit dem Aufkommen der sogenannten Republikaner leichter oder

Tabelle 5.5
Zusammenhang zwischen Parteiidentifikation und individueller Repressionsneigung

Parteiidentifikation	Repressivitäts-wert = 0 %	Repressivitäts-index
SPD	32.0	101.2
CDU/CSU	15.1	149.7
F.D.P.	33.3	110.3
Grüne	77.7	29.5

schwerer geworden ist, wollen wir nicht beurteilen. Einerseits ist anzunehmen, daß die Republikaner, die zum Zeitpunkt der Kommissionsumfrage in der öffentlichen Meinung noch keine Rolle spielten, einen Teil der Hochrepressiven auf sich konzentrieren und andere Parteien (vor allem die CDU/CSU) entsprechend entlastet haben. In der Konkurrenz mit diesen Republikanern besteht andererseits die Gefahr, daß andere Parteien (vor allem die CDU/CSU) repressiver werden, um deren Stimmen zurückzugewinnen. Es würde den Empfehlungen der Gewaltkommission nicht gerecht werden, wenn es dabei an politischem Augenmaß mangeln würde. Der mehrfach angesprochene Zusammenhang aggressiver und repressiver Orientierungen ist ein Tatbestand, der die Eskalation politischer Konflikte ganz außerordentlich befördern kann.

6. Anhang

6.1 Literatur

Barnes, Samuel H., Max *Kaase* et al.: Political Action. Mass Participation in Five Western Democracies, Beverly Hills 1979.

Bauer, Petra: Der ideologische Unterbau politischer Beteiligung in der Bundesrepublik Deutschland. Eine empirische Untersuchung politischer Überzeugungssysteme, Dissertation, Fakultät für Sozialwissenschaften, Universität Mannheim 1989.

Bergler, Reinhold (Hrsg.): Das Eindrucksdifferential. Theorie und Technik, Bern/Stuttgart/Wien 1975.

Blumenthal, Monica, Frank M. *Andrews* und Kendra B. *Head:* Justifying Violence. Attitudes of American Men, Ann Arbor 1972.

— Letha *Chadiha,* Gerald *Cole* u. a.: More About Justifying Violence. Methodological Studies of Attitudes and Behavior, Ann Arbor 1975.

Dalton, Russel J.: Citizen Politics in Western Democracies. Public Opinion and Political Parties in the United States, Great Britain, West Germany and France, Chatham/New Jersey 1988.

Fuchs, Dieter: Die Aktionsformen der neuen sozialen Bewegungen, in: Jürgen W. Falter, Christian Fenner und Michael Th. Greven (Hrsg.), Politische Willensbildung und Interessenvermittlung, Opladen 1984, S. 621-634.

— und Hans-Dieter *Klingemann:* The Left-Right-Schema, in: M. Kent Jennings, Jan van Deth et al., Continuities in Political Action: A Longitudinal Study of Political Orientations in Three Western Democracies, Berlin 1990, S. 203-234.

Inglehart, Ronald: The Silent Revolution in Europe: Intergenerational Change in Post-Industrial Societies, in: American Political Science Review, 65, 1971, S. 991-1017.

— The Silent Revolution, Princeton 1977.

— Kultureller Umbruch. Wertwandel in der westlichen Welt, Frankfurt/New York 1989.

— und Hans Dieter *Klingemann:* Party Identification, Ideological Preference and the Left-Right-Dimension among Western Mass Publics, in: Ian Budge, Ivor Crewe und Dennis Farlie (Hrsg.), Party Identification and Beyond. London 1976, S. 243-273.

Jennings, M. Kent, Jan *van Deth* et al.: Continuities in Political Action: A Longitudinal Study of Political Orientations in Three Western Democracies, Berlin 1990.

Kaase, Max: Partizipatorische Revolution — Ende der Parteien?, in: Joachim Raschke (Hrsg.), Bürger und Parteien. Ansichten und Analysen einer schwierigen Beziehung, Opladen 1982, S. 173-187.

— Politisch motivierte Gewaltanwendung junger Menschen in der Bundesrepublik Deutschland. Gutachten für den Bundesminister für Jugend, Familie, Frauen und Gesundheit, Mannheim 1987 (als Manuskript vervielfältigt).

Luhmann, Niklas: Rechtssoziologie Band 1, Reinbek bei Hamburg 1972.

Mummendey, Amélie, Manfred *Bornewasser*, Gabi *Löpscher* und Volker *Linneweber:* Aggressiv sind immer die anderen. Plädoyer für eine sozialpsychologische Perspektive in der Aggressionsforschung, in: Zeitschrift für Sozialpsychologie, 13, 1982, S. 177-193.

De Nardo, James: Power in Numbers. The Political Strategy of Protest and Rebellion, Princeton 1985.

Neidhardt, Friedhelm: Gewalt — Soziale Bedeutungen und sozialwissenschaftliche Bestimmung des Begriffs, in: Bundeskriminalamt (Hrsg.), Was ist Gewalt? Auseinandersetzungen mit einem Begriff, Band 1, Wiesbaden 1986, S. 109-147.

— Gewalt und Gegengewalt. Steigt die Bereitschaft zu Gewaltaktionen mit zunehmender staatlicher Kontrolle und Repression?, in: Wilhelm Heitmeyer, Kurt Möller und Heinz Sünker (Hrsg.), Jugend — Staat — Gewalt. Politische Sozialisation von Jugendlichen, Jugendpolitik und politische Bildung, Weinheim/München 1989, S. 233-243.

Osgood, Charles E., George J. *Suci* und Percy H. *Tannenbaum:* The Measurement of Meaning, Urbana 1957.

Schäfer, Bernd: Konstruktion eines Eindrucksdifferentials zur Erfassung der ideologiespezifischen Bewertung politischer Schlüsselwörter, in: Reinhold Bergler (Hrsg.), Das Eindrucksdifferential. Theorie und Technik, Bern/Stuttgart/Wien 1975, S. 139-156.

Schmidtchen, Gerhard. Jugend und Staat. Übergänge von der Bürger-Aktivität zur Illegalität. Eine empirische Untersuchung zur Sozialpsychologie der Demokratie (in Zusammenarbeit mit Hans-Martin Uehlinger), in: Ulrich Matz und Gerhard Schmidtchen, Gewalt und Legitimität, Band 4/1 der Analysen zum Terrorismus, Opladen 1983, S. 105-437.

Uehlinger, Hans-Martin: Politische Partizipation in der Bundesrepublik, Opladen 1988.

6.2 Kapitelspezifische Tabellen

Tabelle A 1
Technische Dokumentation zum EUROBAROMETER 31

Länder	Durchführendes Institut	Zahl der Befragten	Zeitraum der Feldarbeit
Belgien	DIMARSO N.V. Brüssel	1.002	20. März–31. März
Bundesrepublik Deutschland	EMNID-INSTITUT GmbH Bielefeld	1.024	17. März– 5. April
Dänemark	GALLUP MARKEDS-ANALYSE A.S. Kopenhagen	1.014	17. März–30. März
Frankreich	INSTITUT DE SONDAGES LAVIALLE Issy-les-Moulineaux	1.005	13. März–10. April
Großbritannien	SOCIAL SURVEYS (GALLUP POLL) London	1.276	21. März–19. April
Griechenland	ICAP HELLAS S.A. Athen	1.000	17. März– 5. April
Irland	IRISH MARKETING SURVEYS Ltd Dublin	1.006	16. März– 5. April
Italien	DOXA Mailand	1.022	20. März– 8. April
Luxemburg	ILRES Luxemburg	303	21. März–17. April
Niederlande	NIPO Amsterdam	1.025	18. März–29. März
Portugal	NORMA Lissabon	1.000	17. März– 5. April
Spanien	INTERGALLUP Madrid	1.001	17. März– 5. April

Kapitelspezifische Tabellen

Tabelle A 2.1a: Zusammenhang von Gewaltbereitschaft (GEBER) und Alter

GEBER-INDEX JGANG	Count Row Pct Col Pct	1.00	2.00	3.00	4.00	5.00	6.00	Row Total
14-17 JAHRE	41 73.2 2.8	4 7.1 2.4	4 7.1 3.1	1 1.8 .9	2 3.6 4.3		4 7.1 16.0	56 2.9
18-21 JAHRE	72 67.9 4.9	15 14.2 9.1	10 9.4 7.8	5 4.7 4.3	1 .9 2.1	3 2.8 11.5		106 5.4
22-30 JAHRE	279 69.1 19.2	41 10.1 25.0	32 7.9 24.8	31 7.7 27.0	14 3.5 29.8	4 1.0 15.4	3 .7 12.0	404 20.6
31-45 JAHRE	360 69.8 24.7	53 10.3 32.3	40 7.8 31.0	39 7.6 33.9	11 2.1 23.4	6 1.2 23.1	7 1.4 28.0	516 26.3
46-65 JAHRE	445 77.4 30.6	38 6.6 23.2	33 5.7 25.6	26 4.5 22.6	15 2.6 31.9	10 1.7 38.5	8 1.4 32.0	575 29.3
66+ JAHRE	258 84.9 17.7	13 4.3 7.9	10 3.3 7.8	13 4.3 11.3	4 1.3 8.5	3 1.0 11.5	3 1.0 12.0	304 15.5
Column Total	1455 74.2	164 8.4	129 6.6	115 5.9	47 2.4	26 1.3	25 1.3	1961 100.0

Statistic	Value	Significance
Cramer's V	.08483	
Kendall's Tau C	-.06703	.0000
Pearson's R	-.07655	.0003
Gamma	-.16591	

Number of Missing Observations = 51

Tabelle 2.1b: Zusammenhang Gewaltbilligung (GEBIL) und Alter

GEBIL-INDEX	Count Row Pct Col Pct	.00	1.00	2.00	3.00	4.00	5.00	6.00	Row Total
JGANG									
14-17 JAHRE	1.00	28 50.0 2.6	10 17.9 2.3	10 17.9 3.9	5 8.9 4.0	1 1.8 2.1	2 3.6 13.3		56 2.8
18-21 JAHRE	2.00	51 47.2 4.7	23 21.3 5.3	24 22.2 9.4	9 8.3 7.3	1 .9 2.1			108 5.5
22-30 JAHRE	3.00	191 47.5 17.7	106 26.4 24.4	51 12.7 20.0	36 9.0 29.0	11 2.7 22.9	4 1.0 26.7	3 .7 20.0	402 20.4
31-45 JAHRE	4.00	303 57.7 28.1	108 20.6 24.8	71 13.5 27.8	29 5.5 23.4	8 1.5 16.7	3 .6 20.0	3 .6 20.0	525 26.6
46-65 JAHRE	5.00	329 57.0 30.5	125 21.7 28.7	59 10.2 23.1	32 5.5 25.8	19 3.3 39.6	6 1.0 40.0	7 1.2 46.7	577 29.3
66+ JAHRE	6.00	178 58.6 16.5	63 20.7 14.5	40 13.2 15.7	13 4.3 10.5	8 2.6 16.7		2 .7 13.3	304 15.4
Column Total		1080 54.8	435 22.1	255 12.9	124 6.3	48 2.4	15 .8	15 .8	1972 100.0

Statistic	Value	Significance
Cramer's V	.07164	
Kendall's Tau C	-.05323	.0004
Pearson's R	-.06079	.0035
Gamma	-.09056	

Number of Missing Observations = 40

Tabelle A 2.2a: Zusammenhang Gewaltbereitschaft (GEBER) und Geschlecht

GEBER-INDEX -> V411	Count Row Pct Col Pct	.00	1.00	2.00	3.00	4.00	5.00	6.00	Row Total
MANN	1	655 70.0 45.0	93 9.9 56.7	77 8.2 59.7	60 6.4 52.2	27 2.9 57.4	12 1.3 46.2	12 1.3 48.0	936 47.7
FRAU	2	800 78.0 55.0	71 6.9 43.3	52 5.1 40.3	55 5.4 47.8	20 2.0 42.6	14 1.4 53.8	13 1.3 52.0	1025 52.3
Column Total		1455 74.2	164 8.4	129 6.6	115 5.9	47 2.4	26 1.3	25 1.3	1961 100.0

Statistic	Value	Significance
Cramer's V	.10023	
Kendall's Tau C	-.07709	.0001
Pearson's R	-.06158	.0032
Gamma	-.17621	

Number of Missing Observations = 51

Tabelle A 2.2b: Zusammenhang Gewaltbilligung (GEBIL) und Geschlecht

GEBIL-INDEX->	Count Row Pct Col Pct	.00	1.00	2.00	3.00	4.00	5.00	6.00	Row Total
V411 MANN	1	483 51.8 44.7	222 23.8 51.0	132 14.1 51.8	55 5.9 44.4	26 2.8 54.2	9 1.0 60.0	6 .6 40.0	933 47.3
FRAU	2	597 57.5 55.3	213 20.5 49.0	123 11.8 48.2	69 6.6 55.6	22 2.1 45.8	6 .6 40.0	9 .9 60.0	1039 52.7
Column Total		1080 54.8	435 22.1	255 12.9	124 6.3	48 2.4	15 .8	15 .8	1972 100.0

Statistic	Value	Significance
Cramer's V	.07115	
Kendall's Tau C	-.05286	.0124
Pearson's R	-.03728	.0490
Gamma	-.08384	

Number of Missing Observations = 40

Tabelle A 2.3a: Zusammenhang Gewaltbereitschaft (GEBER) und soziale Schicht

```
GEBER-         Count  :
INDEX ->       Row Pct:                                                                      :  Row
               Col Pct:    .00:   1.00:   2.00:   3.00:   4.00:   5.00:   6.00:  Total
V447          ---------+-------+-------+-------+-------+-------+-------+-------+
                     1 :   39  :    5  :    5  :    2  :    2  :    1  :       :     54
UNTERSCHICHT           : 72.2  :  9.3  :  9.3  :  3.7  :  3.7  :  1.9  :       :    2.8
                       :  2.7  :  3.0  :  3.9  :  1.7  :  4.3  :  4.0  :       :
              ---------+-------+-------+-------+-------+-------+-------+-------+
                     2 :  242  :   27  :   24  :   17  :    5  :    1  :    6  :    322
UNTR. MITTELSCHI       : 75.2  :  8.4  :  7.5  :  5.3  :  1.6  :   .3  :  1.9  :   16.5
                       : 16.7  : 16.5  : 18.6  : 14.8  : 10.9  :  4.0  : 24.0  :
              ---------+-------+-------+-------+-------+-------+-------+-------+
                     3 :  753  :   74  :   67  :   58  :   21  :   12  :   14  :    999
MITLR. MITTELSCH       : 75.4  :  7.4  :  6.7  :  5.8  :  2.1  :  1.2  :  1.4  :   51.1
                       : 51.9  : 45.1  : 51.9  : 50.4  : 45.7  : 48.0  : 56.0  :
              ---------+-------+-------+-------+-------+-------+-------+-------+
                     4 :  198  :   23  :   14  :   10  :    9  :    3  :    2  :    259
OBR. MITTELSCH         : 76.4  :  8.9  :  5.4  :  3.9  :  3.5  :  1.2  :   .8  :   13.2
                       : 13.6  : 14.0  : 10.9  :  8.7  : 19.6  : 12.0  :  8.0  :
              ---------+-------+-------+-------+-------+-------+-------+-------+
                     5 :   23  :       :    1  :       :       :       :       :     24
OBERSCHICHT            : 95.8  :       :  4.2  :       :       :       :       :    1.2
                       :  1.6  :       :   .8  :       :       :       :       :
              ---------+-------+-------+-------+-------+-------+-------+-------+
                     6 :   22  :    3  :    1  :    4  :    1  :    1  :       :     32
KEINER DIESR SCH       : 68.8  :  9.4  :  3.1  : 12.5  :  3.1  :  3.1  :       :    1.6
                       :  1.5  :  1.8  :   .8  :  3.5  :  2.2  :  4.0  :       :
              ---------+-------+-------+-------+-------+-------+-------+-------+
                     7 :   83  :   12  :    6  :   13  :    2  :    1  :    1  :    118
WEISS NICHT            : 70.3  : 10.2  :  5.1  : 11.0  :  1.7  :   .8  :   .8  :    6.0
                       :  5.7  :  7.3  :  4.7  : 11.3  :  4.3  :  4.0  :  4.0  :
              ---------+-------+-------+-------+-------+-------+-------+-------+
                     8 :   91  :   20  :   11  :   11  :    6  :    6  :    2  :    147
VERWEIGERT             : 61.9  : 13.6  :  7.5  :  7.5  :  4.1  :  4.1  :  1.4  :    7.5
                       :  6.3  : 12.2  :  8.5  :  9.6  : 13.0  : 24.0  :  8.0  :
              ---------+-------+-------+-------+-------+-------+-------+-------+
                Column   1451     164     129     115      46      25      25     1955
                Total     74.2     8.4     6.6     5.9     2.4     1.3     1 3    100.0


                 Statistic             Value        Significance
                 ---------             -----        ------------

             Cramer's V                .06568
             Kendall's Tau C           .02185           .0406
             Pearson's R               .06003           .0040
             Gamma                     .06235

             Number of Missing Observations =       57
```

Tabelle A 2.3b: Zusammenhang Gewaltbilligung (GEBIL) und soziale Schicht

GEBIL-INDEX-> Count Row Pct Col Pct	.00	1.00	2.00	3.00	4.00	5.00	6.00	Row Total
V447								
1 UNTERSCHICHT	30 / 53.6 / 2.8	14 / 25.0 / 3.2	5 / 8.9 / 2.0	6 / 10.7 / 4.9	1 / 1.8 / 2.1			56 / 2.8
2 UNTR. MITTELSCHI	170 / 52.6 / 15.8	75 / 23.2 / 17.3	40 / 12.4 / 15.7	22 / 6.8 / 17.9	11 / 3.4 / 22.9	2 / .6 / 13.3	3 / .9 / 20.0	323 / 16.4
3 MITLR. MITTELSCH	605 / 59.8 / 56.1	199 / 19.7 / 46.0	119 / 11.8 / 46.9	52 / 5.1 / 42.3	20 / 2.0 / 41.7	8 / .8 / 53.3	9 / .9 / 60.0	1012 / 51.5
4 OBR. MITTELSCH	146 / 56.8 / 13.5	63 / 24.5 / 14.5	32 / 12.5 / 12.6	7 / 2.7 / 5.7	6 / 2.3 / 12.5	1 / .4 / 6.7	2 / .8 / 13.3	257 / 13.1
5 OBERSCHICHT	9 / 37.5 / .8	7 / 29.2 / 1.6	5 / 20.8 / 2.0	3 / 12.5 / 2.4				24 / 1.2
6 KEINER DIESR SCH	6 / 20.0 / .6	6 / 20.0 / 1.4	8 / 26.7 / 3.1	8 / 26.7 / 6.5	2 / 6.7 / 4.2			30 / 1.5
7 WEISS NICHT	57 / 47.9 / 5.3	26 / 21.8 / 6.0	17 / 14.3 / 6.7	14 / 11.8 / 11.4	2 / 1.7 / 4.2	3 / 2.5 / 20.0		119 / 6.1
8 VERWEIGERT	55 / 37.9 / 5.1	43 / 29.7 / 9.9	28 / 19.3 / 11.0	11 / 7.6 / 8.9	6 / 4.1 / 12.5	1 / .7 / 6.7	1 / .7 / 6.7	145 / 7.4
Column Total	1078 / 54.8	433 / 22.0	254 / 12.9	123 / 6.3	48 / 2.4	15 / .8	15 / .8	1966 / 100.0

Statistic	Value	Significance
Cramer's V	.08925	
Kendall's Tau C	.04369	.0015
Pearson's R	.08942	.0000
Gamma	.08530	

Number of Missing Observations = 46

Tabelle A 2.4a: Zusammenhang Gewaltbereitschaft (GEBER) und Bildung

GEBER-INDEX -> BILDUNG	Count Row Pct Col Pct	.00	1.00	2.00	3.00	4.00	5.00	6.00	Row Total
NIEDRIG	1.00	773 76.2 53.5	60 5.9 36.8	69 6.8 53.9	65 6.4 57.5	27 2.7 57.4	5 .5 20.0	15 1.5 62.5	1014 52.2
MITTEL	2.00	355 73.7 24.6	47 9.8 28.8	30 6.2 23.4	27 5.6 23.9	6 1.2 12.8	12 2.5 48.0	5 1.0 20.8	482 24.8
HOCH	3.00	310 71.8 21.5	52 12.0 31.9	25 5.8 19.5	20 4.6 17.7	14 3.2 29.8	7 1.6 28.0	4 .9 16.7	432 22.2
AND.ABSCHLUSS	8.00	6 37.5 .4	4 25.0 2.5	4 25.0 3.1	1 6.3 .9		1 6.3 4.0		16 .8
Column Total		1444 74.3	163 8.4	128 6.6	113 5.8	47 2.4	25 1.3	24 1.2	1944 100.0

Statistic	Value	Significance
Cramer's V	.09670	
Kendall's Tau C	.02715	.0272
Pearson's R	.03451	.0641
Gamma	.07479	

Number of Missing Observations = 68

Tabelle A 2.4b: Zusammenhang Gewaltbilligung (GEBIL) und Bildung

BILDUNG	Count Row Pct Col Pct	GEBIL-INDEX-> .00	1.00	2.00	3.00	4.00	5.00	6.00	Row Total
NIEDRIG	1.00	588 57.0 55.0	213 20.6 49.3	123 11.9 48.8	66 6.4 53.7	25 2.4 52.1	7 .7 46.7	10 1.0 66.7	1032 52.8
MITTEL	2.00	279 58.2 26.1	92 19.2 21.3	67 14.0 26.6	25 5.2 20.3	12 2.5 25.0	2 .4 13.3	2 .4 13.3	479 24.5
HOCH	3.00	197 46.0 18.4	121 28.3 28.0	60 14.0 23.8	30 7.0 24.4	11 2.6 22.9	6 1.4 40.0	3 .7 20.0	428 21.9
AND.ABSCHLUSS	8.00	6 37.5 .6	6 37.5 1.4	2 12.5 .8	2 12.5 1.6				16 .8
Column Total		1070 54.7	432 22.1	252 12.9	123 6.3	48 2.5	15 .8	15 .8	1955 100.0

Statistic	Value	Significance
Cramer's V	.07116	
Kendall's Tau C	.04477	.0035
Pearson's R	.04269	.0296
Gamma	.08599	

Number of Missing Observations = 57

Tabelle A 2.5: Zusammenhang von Gewaltbereitschaft (GEBER) und Ausmaß (Zahl) psychischer Belastungen (Index PSYCH)

PSYCH-INDEX	Count / Row Pct / Col Pct	.00	1.00	2.00	3.00	4.00	5.00	6.00	Row Total
.00		376 / 80.0 / 26.3	21 / 4.5 / 12.9	21 / 4.5 / 16.8	34 / 7.2 / 30.1	8 / 1.7 / 17.4	5 / 1.1 / 19.2	5 / 1.1 / 20.0	470 / 24.4
1.00		247 / 79.2 / 17.3	24 / 7.7 / 14.7	14 / 4.5 / 11.2	17 / 5.4 / 15.0	4 / 1.3 / 8.7	1 / .3 / 3.8	5 / 1.6 / 20.0	312 / 16.2
2.00		196 / 72.9 / 13.7	33 / 12.3 / 20.2	15 / 5.6 / 12.0	10 / 3.7 / 8.8	6 / 2.2 / 13.0	6 / 2.2 / 23.1	3 / 1.1 / 12.0	269 / 13.9
3.00		170 / 74.6 / 11.9	26 / 11.4 / 16.0	16 / 7.0 / 12.8	5 / 2.2 / 4.4	6 / 2.6 / 13.0	4 / 1.8 / 15.4	1 / .4 / 4.0	228 / 11.8
4.00		137 / 74.9 / 9.6	17 / 9.3 / 10.4	13 / 7.1 / 10.4	7 / 3.8 / 6.2	2 / 1.1 / 4.3	4 / 2.2 / 15.4	3 / 1.6 / 12.0	183 / 9.5
5.00		104 / 72.7 / 7.3	11 / 7.7 / 6.7	7 / 4.9 / 5.6	12 / 8.4 / 10.6	7 / 4.9 / 15.2	1 / .7 / 3.8	1 / .7 / 4.0	143 / 7.4
6.00		81 / 64.3 / 5.7	12 / 9.5 / 7.4	12 / 9.5 / 9.6	11 / 8.7 / 9.7	8 / 6.3 / 17.4		2 / 1.6 / 8.0	126 / 6.5
7.00		42 / 54.5 / 2.9	6 / 7.8 / 3.7	17 / 22.1 / 13.6	4 / 5.2 / 3.5	3 / 3.9 / 6.5	4 / 5.2 / 15.4	1 / 1.3 / 4.0	77 / 4.0
8.00		34 / 65.4 / 2.4	6 / 11.5 / 3.7	3 / 5.8 / 2.4	7 / 13.5 / 6.2	1 / 1.9 / 2.2		1 / 1.9 / 4.0	52 / 2.7
9.00		15 / 51.7 / 1.0	5 / 17.2 / 3.1	3 / 10.3 / 2.4	3 / 10.3 / 2.7	1 / 3.4 / 2.2	1 / 3.4 / 3.8	1 / 3.4 / 4.0	29 / 1.5
10.00		12 / 63.2 / .8	2 / 10.5 / 1.2	2 / 10.5 / 1.6	2 / 10.5 / 1.8			1 / 5.3 / 4.0	19 / 1.0
11.00		17 / 81.0 / 1.2		2 / 9.5 / 1.6	1 / 4.8 / .9			1 / 4.8 / 4.0	21 / 1.1
Column Total		1431 / 74.2	163 / 8.4	125 / 6.5	113 / 5.9	46 / 2.4	26 / 1.3	25 / 1.3	1929 / 100.0

Statistic	Value	Significance
Cramer's V	.10848	
Kendall's Tau C	.07106	.0000
Pearson's R	.10620	.0000
Gamma	.16082	

Number of Missing Observations = 83

Tabelle A 2.6a: Zusammenhang von Gewaltbereitschaft (GEBER) und Links/Rechts-Selbsteinstufung (LIRE)

GEBER-INDEX ->	Count Row Pct Col Pct	.00	1.00	2.00	3.00	4.00	5.00	6.00	Row Total
LIRE									
LINKS	1.00	348 / 67.1 / 27.7	58 / 11.2 / 42.0	42 / 8.1 / 39.3	43 / 8.3 / 43.0	18 / 3.5 / 42.9	4 / .8 / 22.2	6 / 1.2 / 26.1	519 / 30.8
MITTE	2.00	571 / 77.8 / 45.5	54 / 7.4 / 39.1	36 / 4.9 / 33.6	36 / 4.9 / 36.0	14 / 1.9 / 33.3	9 / 1.2 / 50.0	14 / 1.9 / 60.9	734 / 43.6
RECHTS	3.00	337 / 78.2 / 26.8	26 / 6.0 / 18.8	29 / 6.7 / 27.1	21 / 4.9 / 21.0	10 / 2.3 / 23.8	5 / 1.2 / 27.8	3 / .7 / 13.0	431 / 25.6
Column Total		1256 / 74.6	138 / 8.2	107 / 6.4	100 / 5.9	42 / 2.5	18 / 1.1	23 / 1.4	1684 / 100.0

Statistic	Value	Significance
Cramer's V	.09930	
Kendall's Tau C	-.06862	.0000
Pearson's R	-.07067	.0019
Gamma	-.16268	

Number of Missing Observations = 328

Tabelle A 2.6b: Zusammenhang von Gewaltbilligung (GEBIL) und Links/Rechts-Selbsteinstufung (LIRE)

GEBIL INDEX-> LIRE	Count Row Pct Col Pct	.00	1.00	2.00	3.00	4.00	5.00	6.00	Row Total
LINKS	1.00	257 / 50.1 / 27.4	142 / 27.7 / 36.8	65 / 12.7 / 30.8	29 / 5.7 / 29.6	12 / 2.3 / 30.8	4 / .8 / 30.8	4 / .8 / 30.8	513 / 30.2
MITTE	2.00	419 / 56.7 / 44.7	145 / 19.6 / 37.6	95 / 12.9 / 45.0	47 / 6.4 / 48.0	23 / 3.1 / 59.0	4 / .5 / 30.8	6 / .8 / 46.2	739 / 43.5
RECHTS	3.00	262 / 58.7 / 27.9	99 / 22.2 / 25.6	51 / 11.4 / 24.2	22 / 4.9 / 22.4	4 / .9 / 10.3	5 / 1.1 / 38.5	3 / .7 / 23.1	446 / 26.3
Column Total		938 / 55.2	386 / 22.7	211 / 12.4	98 / 5.8	39 / 2.3	13 / .8	13 / .8	1698 / 100.0

Statistic	Value	Significance
Cramer's V	.07899	
Kendall's Tau C	-.05010	.0072
Pearson's R	-.04628	.0283
Gamma	-.08220	

Number of Missing Observations = 316

Tabelle A 2.7a: Zusammenhang von Gewaltbereitschaft (GEBER) und Parteiidentifikation (V 269)

GEBER-INDEX1-> V269	Count Row Pct Col Pct	.00	1.00	2.00	3.00	4.00	5.00	6.00	Row Total
SPD	1	508 74.3 41.3	54 7.9 39.4	40 5.8 39.6	55 8.0 55.0	14 2.0 37.8	8 1.2 53.3	5 .7 27.8	684 41.8
CDU-CSU	2	383 81.5 31.1	31 6.6 22.6	17 3.6 16.8	19 4.0 19.0	11 2.3 29.7	5 1.1 33.3	4 .9 22.2	470 28.7
F.D.P.	3	45 72.6 3.7	6 9.7 4.4	7 11.3 6.9	2 3.2 2.0	1 1.6 2.7		1 1.6 5.6	62 3.8
GRUENE	4	76 54.3 6.2	25 17.9 18.2	19 13.6 18.8	9 6.4 9.0	5 3.6 13.5	1 .7 6.7	5 3.6 27.8	140 8.5
ANDERE	5	7 50.0 .6	1 7.1 .7	1 7.1 1.0	2 14.3 2.0	1 7.1 2.7		2 14.3 11.1	14 .9
KEINE	6	211 78.7 17.2	20 7.5 14.6	17 6.3 16.8	13 4.9 13.0	5 1.9 13.5	1 .4 6.7	1 .4 5.6	268 16.4
Column Total		1230 75.1	137 8.4	101 6.2	100 6.1	37 2.3	15 .9	18 1.1	1638 100.0

Statistic	Value	Significance
Cramer's V	.10954	
Kendall's Tau C	.00389	.3921
Pearson's R	.00407	.4367
Gamma	.01070	

Number of Missing Observations = 374

Tabelle A 2.7b: Zusammenhang von Gewaltbilligung (GEBIL) und Parteiidentifikation (V 269)

GEBIL-INDEX->	Count Row Pct Col Pct	.00	1.00	2.00	3.00	4.00	5.00	6.00	Row Total
V269									
SPD	1	396 58.4 43.4	161 23.7 42.8	67 9.9 32.2	35 5.2 38.0	8 1.2 23.5	4 .6 36.4	7 1.0 53.8	678 41.2
CDU-CSU	2	294 60.5 32.2	98 20.2 26.1	60 12.3 28.8	18 3.7 19.6	7 1.4 20.6	4 .8 36.4	5 1.0 38.5	486 29.5
F.D.P.	3	39 63.9 4.3	7 11.5 1.9	13 21.3 6.3	2 3.3 2.2				61 3.7
GRUENE	4	49 35.5 5.4	45 32.6 12.0	24 17.4 11.5	13 9.4 14.1	5 3.6 14.7	1 .7 9.1	1 .7 7.7	138 8.4
ANDERE	5	5 35.7 .5	5 35.7 1.3	3 21.4 1.4		1 7.1 2.9			14 .9
KEINE	6	130 48.1 14.2	60 22.2 16.0	41 15.2 19.7	24 8.9 26.1	13 4.8 38.2	2 .7 18.2		270 16.4
Column Total		913 55.4	376 22.8	208 12.6	92 5.6	34 2.1	11 .7	13 .8	1647 100.0

Statistic	Value	Significance
Cramer's V	.09733	
Kendall's Tau C	.07316	.0000
Pearson's R	.11139	.0000
Gamma	.13654	

Number of Missing Observations = 365

Tabelle A 5.1: Zusammenhang der Indices von Gewalt- und Repressionsbereitschaft (GEBER bzw. REP)

GEBER-INDEX ->	Count Row Pct Col Pct	.00	1.00	2.00	3.00	4.00	5.00	6.00	Row Total
REPINDEX	.00	420 / 71.7 / 29.7	69 / 11.8 / 43.7	45 / 7.7 / 36.3	27 / 4.6 / 23.7	15 / 2.6 / 32.6	3 / .5 / 11.5	7 / 1.2 / 30.4	586 / 30.8
	1.00	552 / 77.4 / 39.1	49 / 6.9 / 31.0	42 / 5.9 / 33.9	39 / 5.5 / 34.2	13 / 1.8 / 28.3	10 / 1.4 / 38.5	8 / 1.1 / 34.8	713 / 37.5
	2.00	325 / 73.0 / 23.0	29 / 6.5 / 18.4	30 / 6.7 / 24.2	36 / 8.1 / 31.6	9 / 2.0 / 19.6	10 / 2.2 / 38.5	6 / 1.3 / 26.1	445 / 23.4
	3.00	115 / 72.3 / 8.1	11 / 6.9 / 7.0	7 / 4.4 / 5.6	12 / 7.5 / 10.5	9 / 5.7 / 19.6	3 / 1.9 / 11.5	2 / 1.3 / 8.7	159 / 8.4
Column Total		1412 / 74.2	158 / 8.3	124 / 6.5	114 / 6.0	46 / 2.4	26 / 1.4	23 / 1.2	1903 / 100.0

Statistic	Value	Significance
Cramer's V	.08080	
Kendall's Tau C	-.00408	.3922
Pearson's R	-.04324	.0297
Gamma	-.00994	

Number of Missing Observations = 109

Tabelle A 5.2: Zusammenhang von Repressionsbereitschaft (REPINDEX) und Ausmaß des politischen Interesses (V 110)

```
         Count  :
REPINDEX-> Row Pct :
         Col Pct :    .00:   1.00:   2.00:   3.00:  Row
V110            --------+-------+-------+-------+-------+ Total
              1 :   122 :   112 :    71 :    22 :   327
SEHR INTERESS.  :  37.3 :  34.3 :  21.7 :   6.7 :  16.8
                :  20.6 :  15.3 :  15.7 :  13.2 :
                +-------+-------+-------+-------+
              2 :   273 :   307 :   194 :    64 :   838
ZIEML. INTERESS.:  32.6 :  36.6 :  23.2 :   7.6 :  43.2
                :  46.1 :  42.0 :  43.0 :  38.3 :
                +-------+-------+-------+-------+
              3 :   197 :   312 :   186 :    81 :   776
NI.SEHR-UEBHPTNI:  25.4 :  40.2 :  24.0 :  10.4 :  40.0
                :  33.3 :  42.7 :  41.2 :  48.5 :
                +-------+-------+-------+-------+
         Column    592     731     451     167    1941
         Total    30.5    37.7    23.2     8.6   100.0
```

Statistic	Value	Significance
Cramer's V	.07386	
Kendall's Tau C	.07838	.0000
Pearson's R	.08719	.0001
Gamma	.11854	

Number of Missing Observations = 71

Tabelle A 5.3: Zusammenhang von Repressionsbereitschaft (REPINDEX) und Einstellung zur Antikernkraftbewegung (V 239)

```
             Count  :
REPINDEX->  Row Pct :
            Col Pct :     .00:    1.00:    2.00:    3.00: Row
V239        --------+--------+--------+--------+--------+ Total
                 1  :   223  :   135  :    66  :    24  :  448
    SEHR POSITIV    :  49.8  :  30.1  :  14.7  :   5.4  : 23.0
                    :  37.4  :  18.5  :  14.6  :  14.3  :
                    +--------+--------+--------+--------+
                 2  :   221  :   267  :   138  :    27  :  653
       POSITIV      :  33.8  :  40.9  :  21.1  :   4.1  : 33.6
                    :  37.0  :  36.6  :  30.6  :  16.1  :
                    +--------+--------+--------+--------+
                 3  :   128  :   231  :   163  :    60  :  582
       NEUTRAL      :  22.0  :  39.7  :  28.0  :  10.3  : 29.9
                    :  21.4  :  31.7  :  36.1  :  35.7  :
                    +--------+--------+--------+--------+
                 4  :    19  :    85  :    69  :    46  :  219
       NEGATIV      :   8.7  :  38.8  :  31.5  :  21.0  : 11.3
                    :   3.2  :  11.7  :  15.3  :  27.4  :
                    +--------+--------+--------+--------+
                 5  :     6  :    11  :    15  :    11  :   43
    SEHR NEGATIV    :  14.0  :  25.6  :  34.9  :  25.6  :  2.2
                    :   1.0  :   1.5  :   3.3  :   6.5  :
                    +--------+--------+--------+--------+
            Column      597      729      451      168    1945
             Total     30.7     37.5     23.2      8.6   100.0


          Statistic              Value          Significance
          ---------              -----          ------------

Cramer's V                       .19631
Kendall's Tau C                  .25288            .0000
Pearson's R                      .30728            .0000
Gamma                            .36318

Number of Missing Observations =      67
```

Tabelle A 5.4: Zusammenhang von Repressionsbereitschaft (REPINDEX) und Schuldvorstellungen im Hinblick auf Gewalttätigkeiten bei Demonstrationen (V 165)

```
           Count  :
REPINDEX-> Row Pct :                                          : Row
           Col Pct :   .00!   1.00!   2.00!   3.00! Total
V165       --------+-------+-------+-------+-------+
                 1 :    70 :    28 :    10 :     2 :   110
   MEIST. D. POLIZI:  63.6 :  25.5 :   9.1 :   1.8 :   5.6
                   :  11.7 :   3.8 :   2.2 :   1.2 :
           +-------+-------+-------+-------+-------+
                 2 :    64 :   215 :   188 :    97 :   564
   MEIST. D. DEMOST:  11.3 :  38.1 :  33.3 :  17.2 :  28.9
                   :  10.7 :  29.5 :  41.5 :  57.1 :
           +-------+-------+-------+-------+-------+
                 3 :   147 :   140 :    86 :    19 :   392
   MEIST. BEIDE SEI:  37.5 :  35.7 :  21.9 :   4.8 :  20.1
                   :  24.7 :  19.2 :  19.0 :  11.2 :
           +-------+-------+-------+-------+-------+
                 4 :   315 :   347 :   169 :    52 :   883
   KOMMT DRAUF AN  :  35.7 :  39.3 :  19.1 :   5.9 :  45.3
                   :  52.9 :  47.5 :  37.3 :  30.6 :
           +-------+-------+-------+-------+-------+
            Column    596     730     453     170    1949
             Total   30.6    37.5    23.2     8.7   100.0


        Statistic             Value         Significance
        ---------             -----         ------------

Cramer's V                   .20039
Kendall's Tau C             -.12399            .0000
Pearson's R                 -.14386            .0000
Gamma                       -.19478

Number of Missing Observations =        63
```

Tabelle A 5.5: Zusammenhang von Repressionsbereitschaft (REPINDEX) und der Bereitschaft, bei gewalttätigen Demonstrationen eine Seite zu unterstützen (V 163)

```
                Count  |
REPINDEX-> Row Pct     |
           Col Pct     |    .00|   1.00|   2.00|   3.00|  Row
V163             ------+-------+-------+-------+-------+  Total
              1  |   56  |   19  |    8  |    1  |   84
JA,DEMOSTR.UNTER |  66.7 |  22.6 |   9.5 |   1.2 |   4.3
                 |   9.5 |   2.6 |   1.8 |    .6 |
                 +-------+-------+-------+-------+
              2  |   13  |   62  |   81  |   53  |  209
JA,POLIZ.UNTERST |   6.2 |  29.7 |  38.8 |  25.4 |  10.8
                 |   2.2 |   8.5 |  18.2 |  31.4 |
                 +-------+-------+-------+-------+
              3  |  523  |  646  |  356  |  115  | 1640
KEINE V. BEIDEN  |  31.9 |  39.4 |  21.7 |   7.0 |  84.8
                 |  88.3 |  88.9 |  80.0 |  68.0 |
                 +-------+-------+-------+-------+
          Column    592     727     445     169    1933
          Total    30.6    37.6    23.0     8.7   100.0
```

Statistic	Value	Significance
Cramer's V	.22430	
Kendall's Tau C	-.07254	.0000
Pearson's R	-.05007	.0139
Gamma	-.24475	

Number of Missing Observations = 79

Tabelle A 5.6: Zusammenhang von Repressionsbereitschaft (REPINDEX) und Alter (JGANG)

```
              Count  |
REPINDEX->  Row Pct  |
             Col Pct |   .00 |  1.00 |  2.00 |  3.00 | Row
JGANG       ---------+-------+-------+-------+-------+ Total
                1.00 |   25  |   16  |   11  |    2  |   54
         14-17 JAHRE |  46.3 |  29.6 |  20.4 |   3.7 |   2.8
                     |   4.2 |   2.2 |   2.4 |   1.2 |
            ---------+-------+-------+-------+-------+
                2.00 |   41  |   41  |   23  |    1  |  106
         18-21 JAHRE |  38.7 |  38.7 |  21.7 |    .9 |   5.4
                     |   6.9 |   5.6 |   5.1 |    .6 |
            ---------+-------+-------+-------+-------+
                3.00 |  181  |  140  |   62  |   24  |  407
         22-30 JAHRE |  44.5 |  34.4 |  15.2 |   5.9 |  20.9
                     |  30.3 |  19.1 |  13.7 |  14.1 |
            ---------+-------+-------+-------+-------+
                4.00 |  169  |  184  |  114  |   41  |  508
         31-45 JAHRE |  33.3 |  36.2 |  22.4 |   8.1 |  26.0
                     |  28.3 |  25.1 |  25.2 |  24.1 |
            ---------+-------+-------+-------+-------+
                5.00 |  124  |  228  |  160  |   63  |  575
         46-65 JAHRE |  21.6 |  39.7 |  27.8 |  11.0 |  29.5
                     |  20.8 |  31.1 |  35.3 |  37.1 |
            ---------+-------+-------+-------+-------+
                6.00 |   57  |  123  |   83  |   39  |  302
           66+ JAHRE |  18.9 |  40.7 |  27.5 |  12.9 |  15.5
                     |   9.5 |  16.8 |  18.3 |  22.9 |
            ---------+-------+-------+-------+-------+
              Column |  597  |  732  |  453  |  170  | 1952
               Total |  30.6 |  37.5 |  23.2 |   8.7 | 100.0
```

Statistic	Value	Significance
Cramer's V	.13555	
Kendall's Tau C	.17637	.0000
Pearson's R	.20378	.0000
Gamma	.24153	

Number of Missing Observations =   60

Tabelle A 5.7: Zusammenhang von Repressionsbereitschaft (REPINDEX) und Bildung

```
              Count  |
  REPINDEX-> Row Pct |                                              Row
             Col Pct |   .00 |  1.00 |  2.00 |  3.00 |            Total
  BILDUNG    --------+-------+-------+-------+-------+
               1.00  |  245  |  396  |  262  |  111  |            1014
  NIEDRIG            |  24.2 |  39.1 |  25.8 |  10.9 |             52.4
                     |  41.3 |  54.7 |  58.5 |  65.3 |
             --------+-------+-------+-------+-------+
               2.00  |  134  |  183  |  125  |   34  |             476
  MITTEL             |  28.2 |  38.4 |  26.3 |   7.1 |             24.6
                     |  22.6 |  25.3 |  27.9 |  20.0 |
             --------+-------+-------+-------+-------+
               3.00  |  212  |  139  |   56  |   23  |             430
  HOCH               |  49.3 |  32.3 |  13.0 |   5.3 |             22.2
                     |  35.8 |  19.2 |  12.5 |  13.5 |
             --------+-------+-------+-------+-------+
               8.00  |    2  |    6  |    5  |    2  |              15
  AND.ABSCHLUSS      |  13.3 |  40.0 |  33.3 |  13.3 |              .8
                     |   .3  |   .8  |   1.1 |   1.2 |
             --------+-------+-------+-------+-------+
             Column    593     724     448     170               1935
             Total     30.6    37.4    23.2    8.8                100.0


         Statistic              Value            Significance
         ---------              -----            ------------

  Cramer's V                   .13571
  Kendall's Tau C             -.14488             .0000
  Pearson's R                 -.14468             .0000
  Gamma                       -.24915

  Number of Missing Observations =      77
```

Kapitelspezifische Tabellen

Tabelle A 5.8: Zusammenhang von Repressionsbereitschaft (REPINDEX) und Links/Rechts-Selbsteinstufung (LIRE)

```
              Count  |
REPINDEX->    Row Pct|                                        |   Row
              Col Pct|   .00 |  1.00 |  2.00 |  3.00 |  Total
LIRE          -------+-------+-------+-------+-------+
              1.00   |  257  |  171  |   71  |   14  |   513
LINKS                |  50.1 |  33.3 |  13.8 |   2.7 |   30.6
                     |  49.1 |  27.3 |  18.3 |   9.8 |
              -------+-------+-------+-------+-------+
              2.00   |  198  |  299  |  168  |   64  |   729
MITTE                |  27.2 |  41.0 |  23.0 |   8.8 |   43.4
                     |  37.9 |  47.8 |  43.4 |  44.8 |
              -------+-------+-------+-------+-------+
              3.00   |   68  |  156  |  148  |   65  |   437
RECHTS               |  15.6 |  35.7 |  33.9 |  14.9 |   26.0
                     |  13.0 |  24.9 |  38.2 |  45.5 |
              -------+-------+-------+-------+-------+
              Column    523     626     387     143     1679
              Total     31.1    37.3    23.0    8.5     100.0


       Statistic              Value            Significance
       ---------              -----            ------------

Cramer's V                    .23417
Kendall's Tau C               .28867            .0000
Pearson's R                   .31788            .0000
Gamma                         .41275

Number of Missing Observations =       333
```

Tabelle A 5.9: Zusammenhang von Repressionsbereitschaft (REPINDEX) und Identifikation mit politischen Parteien (V 269)

```
              Count
REPINDEX->    Row Pct                                              Row
              Col Pct   .00    1.00   2.00   3.00                Total
V269
              1        218    270    159     34                   681
SPD                   32.0   39.6   23.3    5.0                  41.5
                      42.4   45.2   41.0   24.1

              2         72    174    154     78                   478
CDU-CSU               15.1   36.4   32.2   16.3                  29.1
                      14.0   29.1   39.7   55.3

              3         20     19     16      5                    60
F.D.P.                33.3   31.7   26.7    8.3                   3.7
                       3.9    3.2    4.1    3.5

              4        108     21     10                          139
GRUENE                77.7   15.1    7.2                          8.5
                      21.0    3.5    2.6

              5          2      3      5      4                    14
ANDERE                14.3   21.4   35.7   28.6                    .9
                        .4     .5    1.3    2.8

              6         94    110     44     20                   268
KEINE                 35.1   41.0   16.4    7.5                  16.3
                      18.3   18.4   11.3   14.2

           Column      514    597    388    141                  1640
           Total      31.3   36.4   23.7    8.6                 100.0
```

```
    Statistic              Value          Significance
    ---------              -----          ------------

Cramer's V                .23013
Kendall's Tau C          -.03546              .0368
Pearson's R              -.10027              .0000
Gamma                    -.05260

Number of Missing Observations =    372
```

6.3 – Teil 1

Fragebogen der Umfrage vom Januar/Februar 1989 in der Bundesrepublik Deutschland

Anhang

EMNID-INSTITUT
GmbH & Co.
Bodelschwinghstraße 25a
4800 Bielefeld 1
Telefon (0521) 26001-0 · Telex 932833 · Telefax (0521) 26001-55

BEFRAGUNG-NR.: **849412**

Nachdruck oder Nachahmung von Text und Platzverteilung untersagt, Copyright 1982 by EMNID-Institut!

Dieser Fragebogen bleibt Eigentum des EMNID-Institutes GmbH & Co.!

BITTE BEACHTEN !

1. Fragebogen nicht falten oder knicken !
2. Nur weichen Bleistift (HB) benutzen !
3. Bei Korrekturen nicht durchstreichen, sondern radieren !
4. Strich-Markierungen genau zwischen die Punkte !
5. Zahlenangaben entsprechend den folgenden Beispielen markieren:

FRAGE: Wie alt sind Sie?
ANTWORT: 47 Jahre → **4 7**

FRAGE: Wieviel % Ihrer Ausgaben entfallen auf Ihr Auto?
ANTWORT: 9% → **0 9**

FRAGE: Wie lautet die Postleitzahl des Ortes, in dem Sie wohnen?
ANTWORT: 4800 → **4 8 0 0**

NUR FÜRS INSTITUT!

111-17. Ich lese Ihnen jetzt eine Reihe von Aufgaben und Zielen vor, über die in der Bundesrepublik gesprochen wird. Sagen Sie mir bitte für jede dieser Aufgaben anhand der Liste 1, ob sie Ihnen persönlich sehr wichtig, wichtig, nicht so wichtig oder ganz unwichtig erscheint.

LISTE 1 vorlegen

INT.: bitte vorlesen

	sehr wichtig 1	wichtig 2	nicht so wichtig 3	ganz unwichtig 4	bin dagegen 5
A mehr Arbeitsplätze schaffen	□	□	□	□	□
B für wirksamen Umweltschutz sorgen	□	□	□	□	□
C AIDS-Bekämpfung verstärken	□	□	□	□	□
D den Rauschgifthandel bekämpfen	□	□	□	□	□
E den Datenschutz verbessern	□	□	□	□	□
F den Ausländerzuzug begrenzen	□	□	□	□	□
G für wirksame Verbrechensbekämpfung sorgen	□	□	□	□	□

110. Wie stark interessieren Sie sich für öffentliche Angelegenheiten und Politik? Sind Sie daran:

1 sehr interessiert
2 ziemlich interessiert
3 nicht sehr interessiert
4 überhaupt nicht interessiert

□ □ □ □

I eigenes Haus

98 Anhang

126. Im Fernsehen, in den Zeitungen und in der Öffentlichkeit ist gelegentlich von "Gewalt in der Politik" die Rede. Was verstehen Sie persönlich eigentlich unter Gewalt in der Politik?

....
....

127. Können Sie persönlich sich Umstände vorstellen, unter denen es gerechtfertigt ist, daß Bürger Gewalt in der Politik anwenden?

☐ 1 ja ⟶ 128
☐ 2 nein ⟶ 129

128. Welche Umstände sind das?

....
....
.... ⟵ 130-42

129. Warum ist Ihrer Meinung nach die Anwendung von Gewalt in der Politik durch Bürger nicht zu rechtfertigen?

....
....

INT.: LISTE 2 vorlegen

118-25. Hier stehen acht Paare von gegensätzlichen Eigenschaften, z.B. "stark und schwach" oder "schön und häßlich". Im folgenden geht es darum, den Begriff Gewalt zu beschreiben. Bitte tragen Sie für jedes der acht Wortpaare in den Fragebogen ein, was Sie persönlich mit dem Begriff "Gewalt" verbinden. Wenn Sie den Begriff "Gewalt" voll und ganz mit einer auf der linken Seite stehenden Eigenschaften verbinden, dann vergeben Sie bitte den Wert "7", wenn Sie es voll und ganz mit einer der auf der rechten Seite stehenden Eigenschaften verbinden, den Wert "1". Mit den Werten dazwischen können Sie Ihre Meinung jeweils abgestuft äußern.

INT.: bitte dem Befragten den Fragebogen zum Selbstausfüllen übergeben!

GEWALT IST ....

	7	6	5	4	3	2	1	
nötig								unnötig
stark								schwach
schlecht								gut
häßlich								schön
aufregend								langweilig
links								rechts
unwirksam								wirksam
gefährlich								ungefährlich

6.3 — Teil 1, Fragebogen

130-42. Auf diesem Kartenspiel stehen eine Reihe von Handlungen und Situationen. Bitte ordnen Sie die Karten auf dem Vorlageblatt danach ein, ob Sie das in Ordnung finden, nicht in Ordnung finden oder ob es von den Umständen abhängt, wie Sie das finden.

VORLAGEBLATT 1 und GELBES KARTENSPIEL übergeben!

	in Ordnung 1	nicht in Ordnung 2	hängt von den Umständen ab 3
A	☐	☐	☐
B	☐	☐	☐
C	☐	☐	☐
D	☐	☐	☐
E	☐	☐	☐
F	☐	☐	☐
G	☐	☐	☐
H	☐	☐	☐
I	☐	☐	☐
J	☐	☐	☐
K	☐	☐	☐
L	☐	☐	☐
M	☐	☐	☐

143-55. Wenn Sie die Karten nun bitte noch einmal durchsehen und mir danach sagen, in welchem Fall man von Gewalt, von Gewaltanwendung sprechen kann. Legen Sie mir alle Karten heraus, wo Sie denken, das zählt zu Gewalt.

INT.: bitte GELBES KARTENSPIEL mischen, wieder übergeben und herausgelegte Karten nachfolgend markieren!

A	B	C	D	E	F	G	H	I	J	K	L	M
☐	☐	☐	☐	☐	☐	☐	☐	☐	☐	☐	☐	☐

156. Stellen Sie sich bitte vor, daß Sie mit dem Zug eine Reise machen und in Ihrem Bahnabteil eine mitreisende Person sagt:

"Es ist völlig in Ordnung, wenn man sich bei einer Demonstration gegen Übergriffe der Polizei mit Latten und Steinen zur Wehr setzt."

Würden Sie sich gerne mit dieser Person unterhalten, und ihr Ihren eigenen Standpunkt in dieser Frage klarmachen oder würden Sie das lieber nicht tun?

☐ 1 : eigenen Standpunkt klarmachen

☐ 2 : nicht tun

157. Stellen Sie sich bitte noch einmal vor, daß Sie mit dem Zug eine Reise machen und in Ihrem Bahnabteil eine mitreisende Person sagt:

"Es ist völlig in Ordnung, wenn Bürger den Asylanten handgreiflich klarmachen, daß sie wieder in ihre Heimatländer zurückfahren sollen."

Würden Sie sich gerne mit dieser Person unterhalten und ihr Ihren eigenen Standpunkt in dieser Frage klarmachen oder würden Sie das lieber nicht tun?

☐ 1 : eigenen Standpunkt klarmachen

☐ 2 : nicht tun

158-62. Ich habe hier fünf Kärtchen mit den Namen politischer Parteien in der Bundesrepublik. Würden Sie bitte die Kärtchen danach ordnen, wie Ihnen die Parteien gefallen? Ganz oben soll die Partei liegen, die Ihnen am besten gefällt, und als letztes Kärtchen liegt dann die Partei, die Ihnen am wenigsten gefällt.

INT.: GRÜNES KARTENSPIEL überreichen, Rangreihe legen lassen und Parteien im Schema markieren !

	SPD	CDU	CSU	FDP	Grüne
	1	2	3	4	5
Rang 1 (gefällt am besten)	☐	☐	☐	☐	☐
Rang 2	☐	☐	☐	☐	☐
Rang 3	☐	☐	☐	☐	☐
Rang 4	☐	☐	☐	☐	☐
Rang 5 (gefällt am wenigsten)	☐	☐	☐	☐	☐

163. Wenn Demonstranten während einer Demonstration mit Polizisten in eine gewaltsame Auseinandersetzung gerieten, würden Sie dann versuchen, eine der Seiten irgendwie zu unterstützen oder würden Sie das nicht tun?

☐ 1 ja, die Demonstranten unterstützen

☐ 2 ja, die Polizisten unterstützen

☐ 3 keine von beiden Seiten unterstützen

164. Wenn Sie eine solche gewaltsame Auseinandersetzung zwischen Polizisten und Demonstranten genau beobachtet hätten und es käme darüber später zu einem Gerichtsverfahren, würden Sie sich dann als Zeuge zur Verfügung stellen?
LISTE 3 vorlegen

☐ 1 nur als Zeuge der Polizei

☐ 2 nur als Zeuge der Demonstranten

☐ 3 als Zeuge für beide Seiten

☐ 4 auf keinen Fall

165. Wenn es bei einer Demonstration zu gewaltsamen Auseinandersetzungen zwischen Demonstranten und Polizisten kommt, wer hat dann Ihrer Ansicht nach meistens die Schuld?

☐ 1 meistens die Polizisten

☐ 2 meistens die Demonstranten

☐ 3 meistens beide Seiten

☐ 4 kommt darauf an

6.3 — Teil 1, Fragebogen

166-79. Wenn Sie politisch in einer Sache, die Ihnen wichtig ist, Einfluß nehmen, Ihren Standpunkt zur Geltung bringen wollen: Welche der Möglichkeiten auf diesen Karten würden Sie dann nutzen, was davon kommt für Sie in Frage? Legen Sie bitte die entsprechenden Kärtchen hinaus!
INT.: BLAUEN KARTENSATZ mischen und vorlegen, bitte im Schema unter Fr.166-79 eintragen!

	Frage 166-79	Frage 211-224	Frage 225-38
	Welche Möglichkeit nutzen	Welche Möglichkeiten bei Erfolglosigkeit	Selbst schon mal gemacht
A	☐	☐	☐
B	☐	☐	☐
C	☐	☐	☐
D	☐	☐	☐
E	☐	☐	☐
F	☐	☐	☐
G	☐	☐	☐
H	☐	☐	☐
I	☐	☐	☐
J	☐	☐	☐
K	☐	☐	☐
L	☐	☐	☐
M	☐	☐	☐
nichts davon	☐	☐	☐

211-24. Und wenn nun die von Ihnen angegebenen Maßnahmen und Aktionen nichts helfen, wenn der Staat und die Behörden einfach taub bleiben und auf nichts eingehen, welche Möglichkeiten kommen dann für Sie in Frage? Sehen Sie sich diese Karten noch einmal durch und geben Sie mir nochmals alles an, was in dieser Situation für Sie in Frage kommt.

INT.: Bisher nicht herausgelegte blaue Karten nochmals mischen und vorlegen; bitte im nebenstehenden Schema unter Fr. 211-24 eintragen!

225-38. Was davon haben Sie selbst schon gemacht, woran waren Sie schon einmal beteiligt?

INT.: Gesamten BLAUEN KARTENSATZ nochmals mischen und erneut vorlegen; bitte im nebenstehenden Schema unter Fr. 225-38 eintragen!

239-42. Ich nenne Ihnen einige Gruppen und Bewegungen, welche die Unterstützung der Öffentlichkeit suchen. Können Sie mir bitte für jede dieser Gruppen bzw. Bewegungen sagen, ob Sie ihr sehr positiv, positiv, neutral, negativ oder sehr negativ gegenüberstehen.

LISTE 4 vorlegen

INT.: bitte vorlesen

	sehr positiv 1	positiv 2	neutral 3	negativ 4	sehr negativ 5
Anti-Kernkraft-Bewegung	☐	☐	☐	☐	☐
Friedens-Bewegung	☐	☐	☐	☐	☐
Umwelt-Bewegung	☐	☐	☐	☐	☐
Frauen-Bewegung	☐	☐	☐	☐	☐

243-46. Was halten Sie von folgenden Verhaltensweisen, die in der Öffentlichkeit gelegentlich diskutiert werden? Sagen Sie mir bitte zu jeder, ob Sie diese Verhaltensweisen voll befürworten, im großen und ganzen befürworten, im großen und ganzen ablehnen oder entschieden ablehnen.

LISTE 5 vorlegen

INT.: bitte vorlesen

	befürworte ich voll 1	befürworte ich im großen u. ganzen 2	lehne ich im großen u. ganzen ab 3	lehne ich entschieden ab 4
A Daß Polizisten energisch gegen randalierende Fußballfans vorgehen	☐	☐	☐	☐
B Daß Polizisten Bahnhöfe und Stadtparks von den vielen Ausländern freimachen, die dort nur herumstehen	☐	☐	☐	☐
C Daß die Regierung endlich energisch die Asylantenflut stoppt	☐	☐	☐	☐
D Daß Bürger sich zusammenschließen, um gegen steinewerfende Demonstranten vorzugehen	☐	☐	☐	☐

247. Auf Liste 6 sind drei Grundeinstellungen zu unserer Gesellschaft aufgeführt. Welche kommt Ihrer eigenen Auffassung am nächsten?

INT.: LISTE 6 vorlegen, nur <u>eine Nennung</u>!

1 2 3
☐☐☐

248-49. Denken Sie nun bitte einmal an unsere Bundesregierung. Auf dieser Liste 7 stehen zwei Aussagen A und B, wie man die gegenwärtige Bundesregierung beurteilen kann. Sagen Sie mir bitte zu jedem Satz, ob Sie damit voll übereinstimmen, weitgehend übereinstimmen, ihn weitgehend ablehnen oder voll und ganz ablehnen.

LISTE 7 vorlegen

INT.: bitte vorlesen

	stimme voll überein 1	stimme weitg. überein 2	lehne weitg. ab 3	lehne voll und ganz ab 4
A Die gegenwärtige Bundesregierung verhält sich gerecht und fair	☐	☐	☐	☐
B Die gegenwärtige Bundesregierung schützt die grundlegenden Freiheiten der Bürger	☐	☐	☐	☐

250-51. Und wie ist es mit der Art des politischen Systems, das wir hier in unserem Lande haben? Beurteilen Sie auch hier wieder die beiden Sätze C und D auf dieser Liste.

LISTE 7 vorlegen

INT.: bitte vorlesen

	stimme voll überein 1	stimme weitg. überein 2	lehne weitg. ab 3	lehne voll und ganz ab 4
C Das politische System der Bundesrepublik ist gerecht und fair	☐	☐	☐	☐
D Unser politisches System schützt die grundlegenden Freiheiten der Bürger	☐	☐	☐	☐

252-57. Hier sind einige Kärtchen, auf denen verschiedene Ansichten stehen. Wir möchten gerne wissen, ob Sie damit voll übereinstimmen, weitgehend übereinstimmen, ob Sie sie weitgehend ablehnen oder aber voll und ganz ablehnen.

INT.: WEISSES KARTENSPIEL mischen, Karten auf VORLAGEBLATT 2 legen lassen und Antworten unten markieren!

VORLAGEBLATT 2

	stimme voll überein 1	stimme weitg. überein 2	lehne weitg. ab 3	lehne voll und ganz ab 4
A	☐	☐	☐	☐
B	☐	☐	☐	☐
C	☐	☐	☐	☐
D	☐	☐	☐	☐
E	☐	☐	☐	☐
F	☐	☐	☐	☐

258. Wenn es um gewalttätige Demonstrationen geht:

☐ 1 Sollte sich die Polizei bei der Verfolgung der Täter unbedingt an die bestehenden Gesetze halten

oder

☐ 2 sollte sich die Polizei dabei auch über bestehende Gesetze hinwegsetzen dürfen?

259.

☐ 1 Sollte die Polizei das Recht haben, Personen vorübergehend festzunehmen, wenn zu vermuten ist, daß diese sich an Demonstrationen beteiligen wollen, bei denen mit Gewalttätigkeiten zu rechnen ist

oder

☐ 2 sollte die Polizei dieses Recht nicht haben?

260. Sind Sie für oder gegen die Einführung der Todesstrafe?

☐ 1 dafür

☐ 2 dagegen

261. Und wenn es sich um Mord aus politischen Gründen handelt: Sind Sie dann für oder gegen die Todesstrafe?

☐ 1 dafür

☐ 2 dagegen

262. Wenn Teile einer politischen Partei die Sicherheit des Staates gefährden...

☐ 1 sollte diese Partei dann verboten werden

oder

☐ 2 sollte sie nicht verboten werden?

263. Man spricht in der Politik ja von LINKS und RECHTS. Wie würden Sie ganz allgemein Ihren eigenen politischen Standpunkt beschreiben: Wo auf dieser Skala würden Sie sich selbst einstufen?

LISTE 8 vorlegen

LINKS									RECHTS
1	2	3	4	5	6	7	8	9	10
□	□	□	□	□	□	□	□	□	□

□ weiß nicht

264. Auch in der Politik kann man nicht alles auf einmal haben. Auf dieser Liste finden Sie einige Ziele, die man in der Politik verfolgen kann. Wenn Sie zwischen diesen verschiedenen Zielen wählen müßten, welches Ziel erschiene Ihnen persönlich am wichtigsten?

LISTE 9 vorlegen

INT.: Im Kastenschema in Spalte "am wichtigsten" markieren!

	am wich- tig- sten	an 2. Stel- le	an 3. Stel- le	an 4. Stel- le
A Aufrechterhaltung von Ruhe und Ordnung	□	□	□	□
B Mehr Einfluß der Bürger auf die Entscheidungen der Regierung	□	□	□	□
C Kampf gegen die steigenden Preise	□	□	□	□
D Schutz des Rechtes auf freie Meinungsäußerung	□	□	□	□

□ weiß nicht

265. Welches Ziel erschiene Ihnen am zweitwichtigsten?

INT.: Im Kastenschema "an 2. Stelle" markieren!

266. Und welches käme an 3. Stelle?

INT.: Im Kastenschema "an dritter Stelle" markieren, anschließend die nicht genannte Aussage "an 4. Stelle" ergänzen !

267. Viele Leute in der Bundesrepublik neigen längere Zeit einer bestimmten politischen Partei zu, obwohl sie auch ab und zu eine andere Partei wählen.
Wie ist das bei Ihnen: neigen Sie - ganz allgemein gesprochen - einer bestimmten Partei zu? Wenn ja welcher?

INT.: Nur eine Nennung !

Ja, und zwar der...

1 □	SPD	
2 □	CDU/CSU	→268
3 □	F.D.P.	
4 □	Grüne	
5 □	andere, welche?	
6 □	nein	
7 □	weiß nicht	→ 269-273
8 □	verweigert	

268. Wie stark oder wie schwach neigen Sie - alles zusammengenommen - dieser Partei zu:

☐ 1 sehr stark
☐ 2 ziemlich stark
☐ 3 mäßig
☐ 4 ziemlich schwach
☐ 5 sehr schwach

269. Sind Sie mit der Art und Weise, wie die Demokratie in der Bundesrepublik Deutschland funktioniert, alles in allem gesehen sehr zufrieden - ziemlich zufrieden - ziemlich unzufrieden - oder völlig unzufrieden?

☐ 1 sehr zufrieden
☐ 2 ziemlich zufrieden
☐ 3 ziemlich unzufrieden
☐ 4 völlig unzufrieden
☐ 5 weiß nicht

270. Stellen Sie sich bitte vor, daß Sie mit dem Zug eine Reise machen und in Ihrem Bahnabteil eine mitreisende Person sagt:

"Es ist überhaupt nicht in Ordnung, wenn man sich bei einer Demonstration gegen Übergriffe der Polizei mit Latten und Steinen zur Wehr setzt."

Würden Sie sich gerne mit dieser Person unterhalten, und Ihren eigenen Standpunkt in dieser Frage klarmachen oder würden Sie das lieber nicht tun?

☐ 1 eigenen Standpunkt klarmachen
☐ 2 nicht tun

271. Stellen Sie sich bitte noch einmal vor, daß Sie mit dem Zug eine Reise machen und in Ihrem Bahnabteil eine mitreisende Person sagt:

"Es ist überhaupt nicht in Ordnung, wenn Bürger den Asylanten handgreiflich klarmachen, daß sie wieder in ihre Heimatländer zurückfahren sollen."

Würden Sie sich gerne mit dieser Person unterhalten und Ihren eigenen Standpunkt in dieser Frage klarmachen oder würden Sie das lieber nicht tun?

☐ 1 eigenen Standpunkt klarmachen
☐ 2 nicht tun

310-20. Jeder Mensch hat ja auch negative Empfindungen, mit denen er fertig werden muß. Ich lese Ihnen jetzt einige vor. Könnten Sie mir jedesmal sagen, ob es Ihnen häufiger, manchmal, selten oder nie so geht.

LISTE 10 vorlegen

INT.: bitte vorlesen

	häu- fi- ger	manch- mal	sel- ten	nie
	1	2	3	4
A Fühle eine innere Leere	☐	☐	☐	☐
B Fühle mich niedergeschlagen, unglücklich	☐	☐	☐	☐
C Habe Gewissensbisse	☐	☐	☐	☐
D Bin nervös	☐	☐	☐	☐
E Fühle mich unausgefüllt	☐	☐	☐	☐
F Finde das Leben eintönig	☐	☐	☐	☐
G Bin leicht reizbar, könnte aus der Haut fahren	☐	☐	☐	☐
H Bin rastlos, finde keine Ruhe	☐	☐	☐	☐
I Fühle mich von meiner Arbeit gelangweilt	☐	☐	☐	☐
J Fühle mich überfordert, gestreßt	☐	☐	☐	☐
K Habe das Gefühl, daß mir gar nichts mehr gelingt	☐	☐	☐	☐

321. Sind Sie selbst, jemand aus Ihrer Familie oder jemand aus Ihrem Bekanntenkreis in den letzten fünf Jahren Opfer einer Gewalttat geworden?

INT.: bei Nachfragen nach "Gewalttat" vorlesen:
z.B. körperlicher Angriff, Überfall, Wegreißen der Handtasche, sexueller Übergriff.

☐ 1 ja → 322

☐ 2 nein → 325

322. Wer wurde Opfer?

INT.: Jeweils nachfragen:

323-24. Was war die Tat?

☐ 1 Sie selbst

....

....

☐ 2 jemand aus der Familie war Opfer

....

....

☐ 3 jemand aus dem Bekanntenkreis war Opfer

....

....

325. Im Jahre 1982 wurden rund 115.000 Bürger der Bundesrepublik Opfer von Gewalttaten. Was meinen Sie - ist diese Zahl in den letzten Jahren stark zurückgegangen, zurückgegangen, gleichgeblieben, angestiegen, stark angestiegen?

☐ 1 stark zurückgegangen
☐ 2 zurückgegangen
☐ 3 gleichgeblieben
☐ 4 angestiegen
☐ 5 stark angestiegen

326. Woran liegt das Ihrer Meinung nach?

....
....
....
....
....

327-45. Sind Sie im Augenblick Mitglied einer Organisation oder eines Vereins? Sehen Sie bitte diese Liste durch und sagen Sie mir, wo Sie Mitglied sind.
INT.: LISTE 11 vorlegen; bitte unter Frage 327-45 markieren!

	Fr. 327-45 Mitgliedschaft ja / nein 1	Fr. 346-65 Funktion ja / nein 1 / 2
A Gewerkschaft im Deutschen Gewerkschaftsbund (DGB)	☐	☐ ☐
B Deutsche Angestelltengewerkschaft (DAG)	☐	☐ ☐
C Bauernverband	☐	☐ ☐
D Beamtenorganisation	☐	☐ ☐
E Einzelhandels- oder Gewerbeverband	☐	☐ ☐
F Industrie- oder Unternehmerverband	☐	☐ ☐
G sonstige Berufsorganisation	☐	☐ ☐
H Politische Partei	☐	☐ ☐
J Kirchlicher/religiöser Verein(Verband)	☐	☐ ☐
K Gesangverein	☐	☐ ☐
L Sportverein	☐	☐ ☐
M sonstige Hobbyvereinigungen	☐	☐ ☐
N Heimat- und Bürgerverein (Schützen-)verein)	☐	☐ ☐
O sonstige gesellige Vereinigungen (Kegelclub usw.)	☐	☐ ☐
P Vertriebenen- oder Flüchtlingsverband	☐	☐ ☐
Q Wohlfahrtsverbände/ Kriegsopferverbände	☐	☐ ☐
R Jugendorganisation/ Studentenverband	☐	☐ ☐
S Bürgerinitiative	☐	☐ ☐
T andere Vereine oder Verbände	☐	☐ ☐

☐ nichts davon ⟶ 411

INT.: Für jede Mitgliedschaft einzeln nachfragen:

346-65. Üben Sie in dieser Organisation oder diesem Verein eine Funktion aus?
INT.: bitte im Schema unter Fr. 346-65 markieren!

INT.: bitte ohne Befragten einstufen!

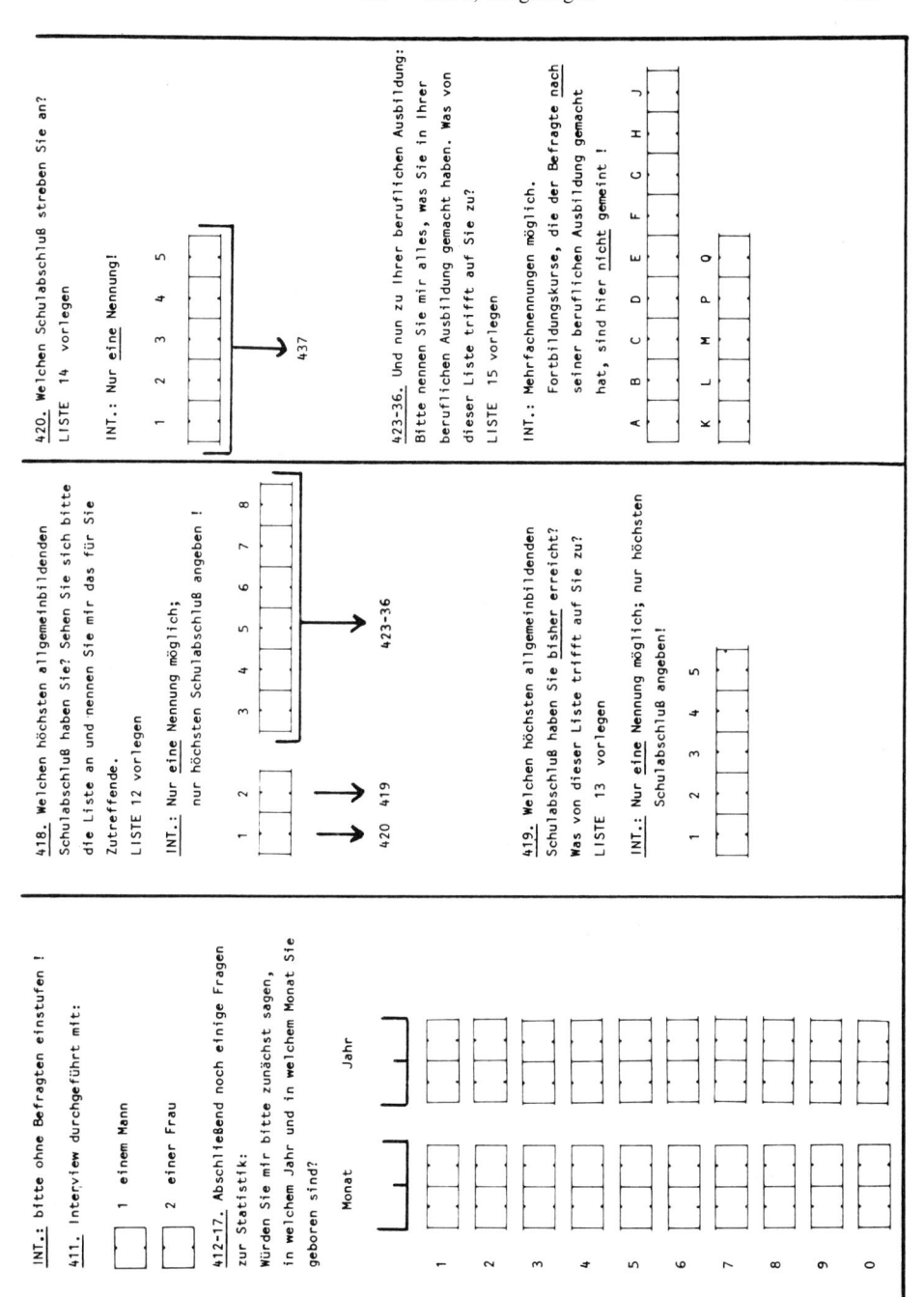

411. Interview durchgeführt mit:

☐ 1 einem Mann

☐ 2 einer Frau

412-17. Abschließend noch einige Fragen zur Statistik:
Würden Sie mir bitte zunächst sagen, in welchem Jahr und in welchem Monat Sie geboren sind?

Monat   Jahr

1
2
3
4
5
6
7
8
9
0

418. Welchen höchsten allgemeinbildenden Schulabschluß haben Sie? Sehen Sie sich bitte die Liste an und nennen Sie mir das für Sie Zutreffende.
LISTE 12 vorlegen
INT.: Nur eine Nennung möglich; nur höchsten Schulabschluß angeben!

1 2 3 4 5 6 7 8

→ 420 419
→ 423-36

419. Welchen höchsten allgemeinbildenden Schulabschluß haben Sie bisher erreicht? Was von dieser Liste trifft auf Sie zu?
LISTE 13 vorlegen
INT.: Nur eine Nennung möglich; nur höchsten Schulabschluß angeben!

1 2 3 4 5

420. Welchen Schulabschluß streben Sie an?
LISTE 14 vorlegen
INT.: Nur eine Nennung!

1 2 3 4 5

→ 437

423-36. Und nun zu Ihrer beruflichen Ausbildung: Bitte nennen Sie mir alles, was Sie in Ihrer beruflichen Ausbildung gemacht haben. Was von dieser Liste trifft auf Sie zu?
LISTE 15 vorlegen
INT.: Mehrfachnennungen möglich. Fortbildungskurse, die der Befragte nach seiner beruflichen Ausbildung gemacht hat, sind hier nicht gemeint!

A B C D E F G H J

K L M P Q

Anhang

437. Sind Sie gegenwärtig erwerbstätig, oder was sonst von dieser Liste trifft auf Sie zu? Unter "Erwerbstätigkeit" wird jede bezahlte bzw. mit einem Einkommen verbundene Tätigkeit verstanden, egal, welchen zeitlichen Umfangs. Bitte sehen Sie die Liste einmal durch.

INT.: LISTE 16 vorlegen
INT.: nur eine Nennung möglich – bei Saisonarbeit den groben Stundendurchschnitt angeben lassen

ACHTUNG ! Bei Lehrern:

- voller Stundensatz in Kategorie 1 einordnen
- nicht voller Stundensatz in Kategorie 2 einordnen

1 ich bin vollzeit-erwerbstätig mit einer Arbeitszeit von 35 Stunden und mehr je Woche insgesamt → 443-44

2 ich bin teilzeit-erwerbstätig mit einer Arbeitszeit von 19 bis 34 Stunden je Woche insgesamt → 442

3 ich bin teilzeit- oder stundenweise-erwerbstätig mit einer Arbeitszeit von weniger als 19 Stunden je Woche insgesamt → 438

4 ich bin Auszubildender/Lehrling → 443-44

5 ich bin gegenwärtig nicht erwerbstätig → 438

438. Bitte sehen Sie diese Liste einmal durch, ob etwas auf Sie zutrifft. Sofern etwas von dieser Liste auf Sie zutrifft, nennen Sie mir bitte die entsprechende Ziffer.

INT.: LISTE 17 vorlegen; nur eine Nennung möglich!

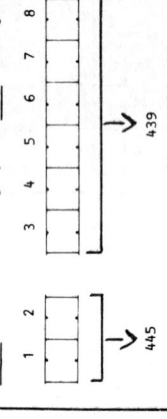

1 2 3 4 5 6 7 8

→ 445   → 439

439. Waren Sie früher einmal vollzeit- oder teilzeiterwerbstätig mit einer Wochenarbeitszeit von mindestens 19 Stunden in der Woche?

1 ja → 440-41
2 nein → 445

440-41. Welche berufliche Stellung traf zuletzt auf Sie zu? Sehen Sie sich bitte diese Liste an und nennen Sie mir die Kennziffer.

INT.: LISTE 18 vorlegen; nur eine Nennung möglich!

11 12 13 14 21 22 23
31 32 33 34 41 42 43 44
51 52 53 54 55
61 62 63 64 65
71 72 73 74 75 76 81

→ 445

6.3 — Teil 1, Fragebogen

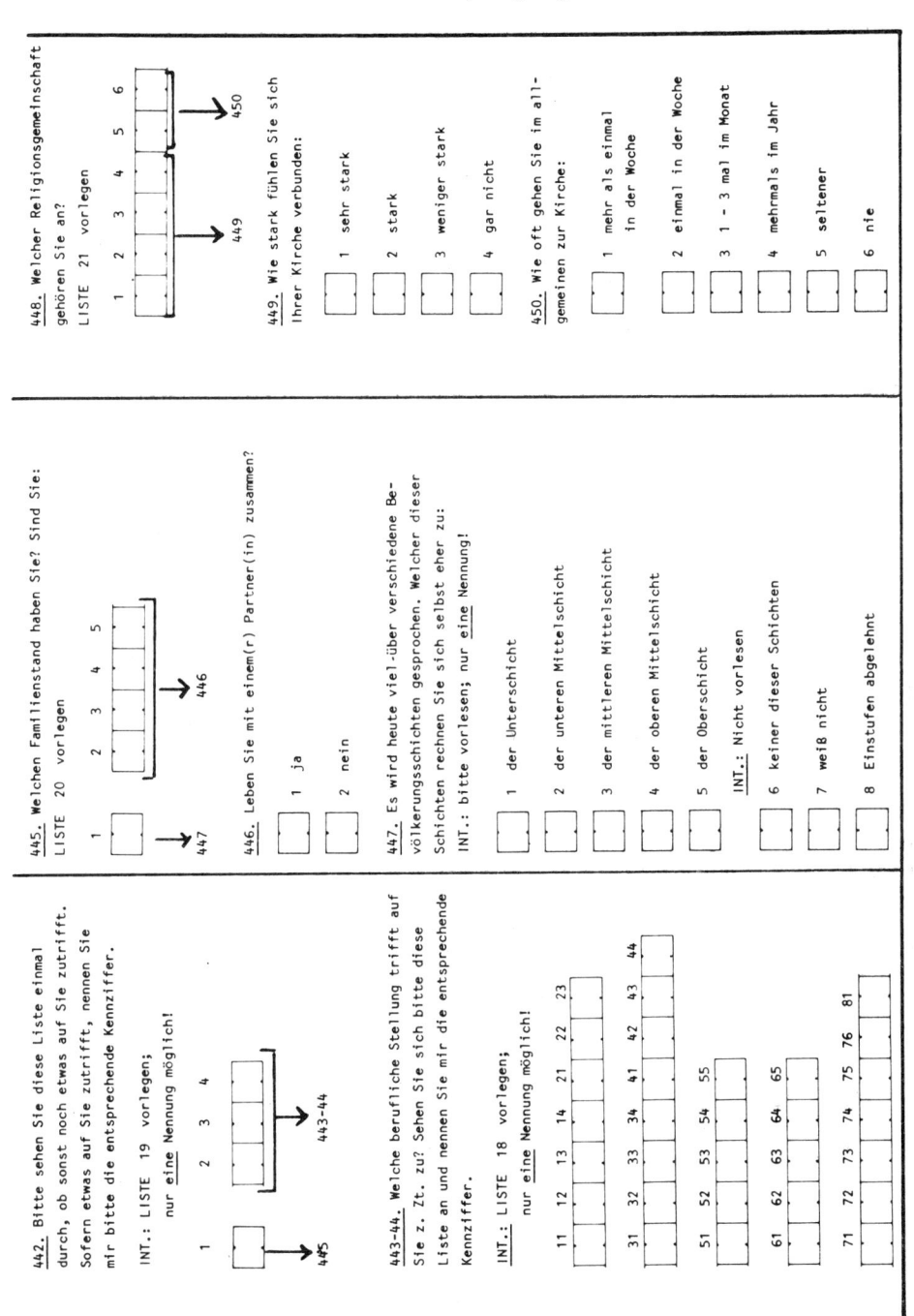

442. Bitte sehen Sie diese Liste einmal durch, ob sonst noch etwas auf Sie zutrifft. Sofern etwas auf Sie zutrifft, nennen Sie mir bitte die entsprechende Kennziffer.

INT.: LISTE 19 vorlegen;
nur <u>eine</u> Nennung möglich!

1 2 3 4 → 445

443-44. Welche berufliche Stellung trifft auf Sie z. Zt. zu? Sehen Sie sich bitte diese Liste an und nennen Sie mir die entsprechende Kennziffer.

INT.: LISTE 18 vorlegen;
nur <u>eine</u> Nennung möglich!

11 12 13 14 21 22 23
31 32 33 34 41 42 43 44
51 52 53 54 55
61 62 63 64 65
71 72 73 74 75 76 81

445. Welchen Familienstand haben Sie? Sind Sie:
LISTE 20 vorlegen

1 2 3 4 5 → 446

446. Leben Sie mit einem(r) Partner(in) zusammen?

☐ 1 ja
☐ 2 nein

447. Es wird heute viel-über verschiedene Bevölkerungsschichten gesprochen. Welcher dieser Schichten rechnen Sie sich selbst eher zu:
INT.: bitte vorlesen; nur <u>eine</u> Nennung!

☐ 1 der Unterschicht
☐ 2 der unteren Mittelschicht
☐ 3 der mittleren Mittelschicht
☐ 4 der oberen Mittelschicht
☐ 5 der Oberschicht

INT.: Nicht vorlesen

☐ 6 keiner dieser Schichten
☐ 7 weiß nicht
☐ 8 Einstufen abgelehnt

448. Welcher Religionsgemeinschaft gehören Sie an?
LISTE 21 vorlegen

1 2 3 4 5 6
→ 449
→ 450

449. Wie stark fühlen Sie sich Ihrer Kirche verbunden:

☐ 1 sehr stark
☐ 2 stark
☐ 3 weniger stark
☐ 4 gar nicht

450. Wie oft gehen Sie im allgemeinen zur Kirche:

☐ 1 mehr als einmal in der Woche
☐ 2 einmal in der Woche
☐ 3 1 - 3 mal im Monat
☐ 4 mehrmals im Jahr
☐ 5 seltener
☐ 6 nie

451-52. Welcher Partei haben Sie bei der letzten Bundestagswahl (in Berlin: der letzten Wahl zum Berliner Abgeordnetenhaus) Ihre Zweitstimme gegeben - oder haben Sie nicht gewählt? Sagen Sie mir das bitte anhand von Liste 22.
LISTE 22 vorlegen

1	2	3	4	5	6	7	8	9

☐ 10 Angabe verweigert

☐ 11 weiß nicht

453-54. Wie hoch ist Ihr eigenes monatliches Nettoeinkommen? Ich meine dabei die Summe, die nach Abzug der Steuern und Sozialversicherungsbeiträge verbleibt. Nennen Sie mir bitte den Kennbuchstaben von Liste 23.
LISTE 23 vorlegen

INT.: bei Selbständigen nach dem durchschnittlichen monatlichen Nettoeinkommen, abzüglich der Betriebsausgaben, fragen!

B	T	P	F	E	H	L	N	R
M	S	K	O	C	G	U	J	V
Q	A	D	W					

455. Wie viele Personen leben insgesamt hier in Ihrem Haushalt, Sie selbst mit eingeschlossen? Rechnen Sie bitte jeden dazu, der normalerweise hier wohnt, auch wenn er zur Zeit abwesend ist, z.B. im Krankenhaus oder in Ferien oder im Urlaub. Auch Kinder rechnen Sie bitte dazu.

INT.: Anzahl eintragen

insgesamt [   ] Personen

1 ☐
2 ☐
3 ☐
4 ☐
5 ☐
6 ☐
7 ☐
8 ☐
9 ☐

456. Leben in Ihrem Haushalt Kinder oder Jugendliche unter 18 Jahren?

☐ 1 ja → 457
☐ 2 nein → 458

457. Sagen Sie mir bitte wie alt diese sind.

J A H R E :
unter
1	2	3	4	5	6	7	8

J A H R E :
9	10	11	12	13	14	15	16	17

458. Und wie viele Personen leben hier im Haushalt, die die deutsche Staatsangehörigkeit besitzen und das 14. Lebensjahr vollendet haben?

INT.: Anzahl notieren

Personen mit deutscher Staatsangehörigkeit (14 Jahre und älter)

1
2
3
4
5
6
7
8
9

459. Wie viele Personen insgesamt hier im Haushalt tragen zum Haushaltseinkommen bei?

INT.: Anzahl notieren

Personen

1
2
3
4
5
6
7
8
9

460. Wie hoch ist das monatliche Nettoeinkommen Ihres Haushalts insgesamt? Ich meine dabei die Summe, die sich ergibt aus Lohn, Gehalt, Einkommen aus selbständiger Tätigkeit, Rente oder Pension, jeweils nach Abzug der Steuer und Sozialversicherungsbeiträge. Rechnen Sie auch bitte die Einkünfte aus öffentlichen Beihilfen, Einkommen aus Vermietung, Verpachtung, Wohngeld, Kindergeld und sonstige Einkünfte hinzu. Sagen Sie mir das bitte anhand von Liste 23.

LISTE 23 vorlegen

INT.: bei Selbständigen nach dem durchschnittlichen monatlichen Nettoeinkommen, abzüglich der Betriebsausgaben, fragen!

B T P F E H L N R
M S K O C G U J V
Q A D W

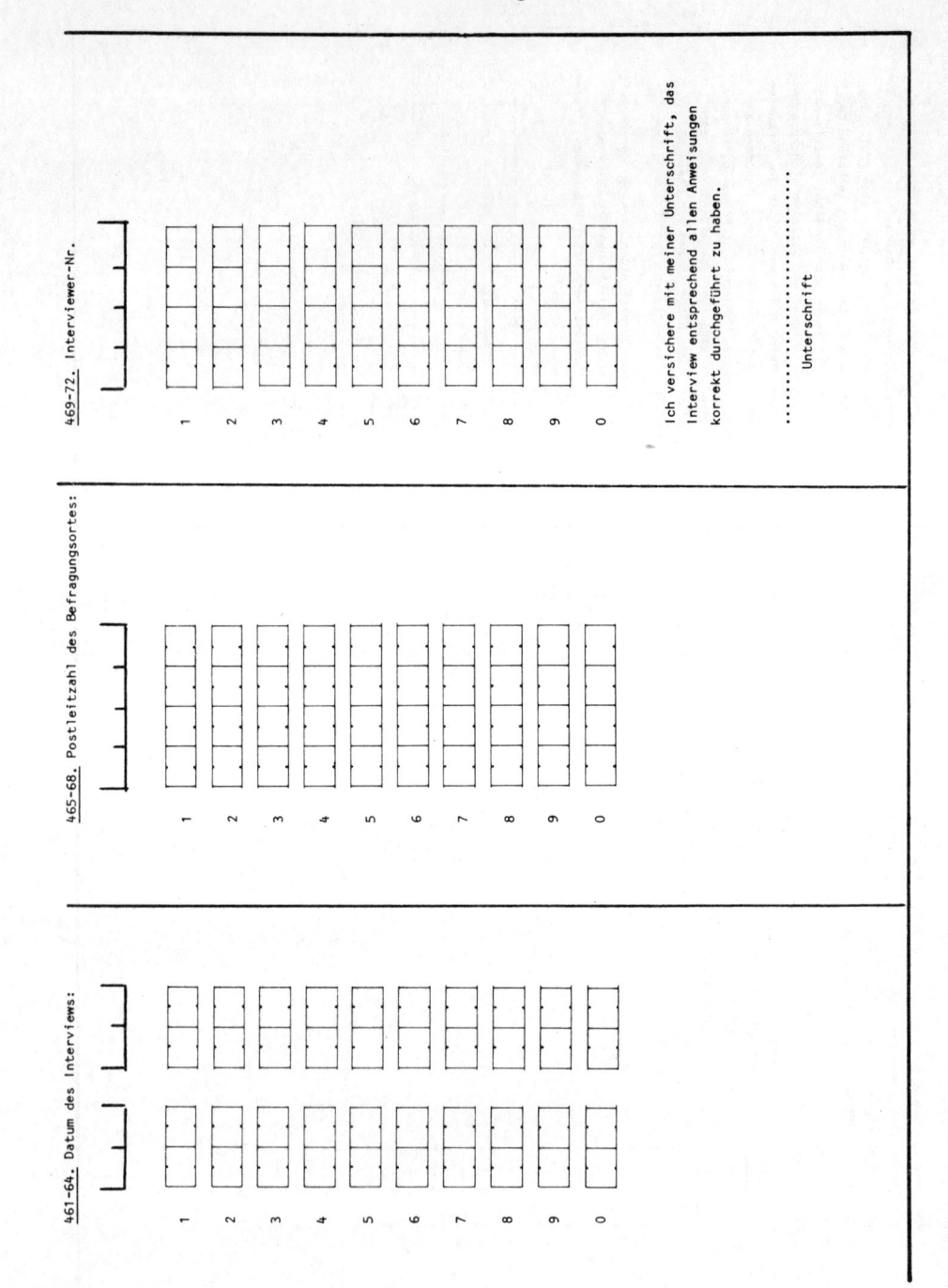

Anhang

461-64. Datum des Interviews:

465-68. Postleitzahl des Befragungsortes:

469-72. Interviewer-Nr.

Ich versichere mit meiner Unterschrift, das Interview entsprechend allen Anweisungen korrekt durchgeführt zu haben.

....
Unterschrift

LISTE 1

1   sehr wichtig

2   wichtig

3   nicht so wichtig

4   ganz unwichtig

LISTE 2

GEWALT IST ....

nötig	7	6	5	4	3	2	1	unnötig
stark	7	6	5	4	3	2	1	schwach
schlecht	7	6	5	4	3	2	1	gut
häßlich	7	6	5	4	3	2	1	schön
aufregend	7	6	5	4	3	2	1	langweilig
links	7	6	5	4	3	2	1	rechts
unwirksam	7	6	5	4	3	2	1	wirksam
gefährlich	7	6	5	4	3	3	1	ungefährlich

LISTE 3

1   nur als Zeuge der Polizei

2   nur als Zeuge der Demonstranten

3   als Zeuge für beide Seiten

4   auf keinen Fall

Anhang

LISTE 4

1 sehr positiv

2 positiv

3 neutral

4 negativ

5 sehr negativ

LISTE 5

1 befürworte ich voll

2 befürworte ich im großen und ganzen

3 lehne ich im großen und ganzen ab

4 lehne ich entschieden ab

LISTE 6

1 Unsere gesamte Gesellschaftsordnung muß durch eine Revolution radikal geändert werden

2 Unsere Gesellschaft muß Schritt für Schritt durch Reformen verbessert werden

3 Unsere Gesellschaft in ihrer derzeitigen Form muß gegen alle umstürzlerischen Kräfte verteidigt werden

LISTE 7

1 stimme voll überein
2 stimme weitgehend überein
3 lehne weitgehend ab
4 lehne voll und ganz ab

A Die gegenwärtige Bundesregierung verhält sich gerecht und fair

B Die gegenwärtige Bundesregierung schützt die grundlegenden Freiheiten der Bürger

---

C Das politische System der Bundesrepublik ist gerecht und fair

D Unser politisches System schützt die grundlegenden Freiheiten der Bürger

LISTE 8

LINKS   RECHTS

| 1 | 2 | 3 | 4 | 5 | 6 | 7 | 8 | 9 | 10 |

LISTE 9

A Aufrechterhaltung von Ruhe und Ordnung

B Mehr Einfluß der Bürger auf die Entscheidungen der Regierung

C Kampf gegen die steigenden Preise

D Schutz des Rechtes auf freie Meinungsäußerung

LISTE 10

1 häufiger

2 manchmal

3 selten

4 nie

LISTE 11

A Gewerkschaft im Deutschen Gewerkschaftsbund (DGB)
B Deutsche Angestelltengewerkschaft (DAG)
C Bauernverband
D Beamtenorganisation
E Einzelhandels- oder Gewerbeverband
F Industrie- oder Unternehmerverband
G sonstige Berufsorganisation
H Politische Partei
J Kirchlicher/religiöser Verein (Verband)
K Gesangverein
L Sportverein
M sonstige Hobbyvereinigungen
N Heimat- und Bürgerverein (Schützenverein)
O sonstige gesellige Vereinigungen (Kegelclub usw.)
P Vertriebenen- oder Flüchtlingsverband
Q Wohlfahrtsverbände/Kriegsopferverbände
R Jugendorganisation/Studentenverband
S Bürgerinitiative
T andere Vereine oder Verbände

LISTE 12

1 bin z. Zt. Schüler, besuche eine allgemeinbildende (Vollzeit-)Schule

2 bin z. Zt. Schüler, besuche eine berufsorientierte Aufbau-, Fachschule u.ä.

3 von der Schule abgegangen ohne Abschluß, vor Erreichen einer 9., 10. oder 11. Klasse

4 Volks-, Hauptschulabschluß

5 Mittlere Reife, Realschulabschluß, Fachschulreife

6 Fachhochschulreife, fachgebundene Hochschulreife, Abschluß einer Fachoberschule

7 Abitur, allgemeine Hochschulreife

8 anderen Schulabschluß

LISTE 13

1 Volks-, Hauptschulabschluß

2 Mittlere Reife, Realschulabschluß, Fachschulreife

3 Fachhochschulreife, fachgebundene Hochschulreife, Abschluß einer Fachoberschule

4 Abitur, allgemeine Hochschulreife

5 anderen Schulabschluß

LISTE 14

1 Volks-, Hauptschulabschluß

2 Mittlere Reife, Realschulabschluß, Fachschulreife

3 Fachhochschulreife, fachgebundene Hochschulreife, Abschluß einer Fachoberschule

4 Abitur, allgemeine Hochschulreife

5 anderen Schulabschluß

LISTE 15

A bin noch in beruflicher Ausbildung/ Lehre
B bin noch Schüler/ Student
C bin nicht in Ausbildung und habe bisher keinen beruflichen Ausbildungsabschluß gemacht
D beruflich-betriebliche Anlernzeit (mit Abschlußzeugnis), aber keine Lehre
E Lehre mit Abschlußprüfung
F Berufsabschluß ohne betriebliche Lehre, Berufsgrundbildungsjahr
G berufliches Praktikum, Volontariat
H Ausbildung an einer Schule des Gesundheitswesens
J Verwaltungsfachschulabschluß
K Berufsfachschulabschluß
L Ausbildung an einer anderen Fachschule/Berufsakademie, Fachakademie, Akademie für Wirtschafts- und Sozialwesen, auch: Meister-, Technikerschule
M Fachhochschulabschluß (auch Ingenieurschulabschluß)
P Hochschulabschluß
Q anderen beruflichen Ausbildungsabschluß

LISTE 16

1 ich bin vollzeit-erwerbstätig mit einer Arbeitszeit von 35 Stunden und mehr je Woche insgesamt

2 ich bin teilzeit-erwerbstätig mit einer Arbeitszeit von 19 bis 34 Stunden je Woche insgesamt

3 ich bin teilzeit- oder stundenweise-erwerbstätig mit einer Arbeitszeit von weniger als 19 Stunden je Woche insgesamt

4 ich bin Auszubildender/ Lehrling

5 ich bin gegenwärtig nicht erwerbstätig

LISTE 17

1 ich bin Schüler

2 ich bin Student

3 ich bin Rentner/Pensionär

4 ich bin z. Zt. arbeitslos

5 ich bin z. Zt. Hausfrau/Hausmann

6 ich bin Wehr-/Zivildienstleistender

7 ich bin aus anderen Gründen nicht erwerbstätig

8 nichts trifft zu

LISTE 18

A Selbständiger Landwirt
... mit einer landwirtschaftlich genutzten Fläche von ...
11 bis unter 10 ha
12 10 ha bis unter 20 ha
13 20 ha bis unter 50 ha
14 50 ha und mehr

B Akademischer freier Beruf
21 1 Mitarbeiter oder allein
22 2 bis 9 Mitarbeiter
23 10 Mitarbeiter und mehr

C Selbständiger im Handel, Gewerbe, Industrie, Dienstleistung u.ä.
31 1 Mitarbeiter oder allein
32 2 bis 9 Mitarbeiter
33 10 bis 49 Mitarbeiter
34 50 Mitarbeiter und mehr

D Beamter, Richter Berufssoldat
41 Beamte im einfachen Dienst (bis einschl. Oberamtsmeister)
42 Beamte im mittleren Dienst (vom Assistenten bis einschl. Hauptsekretär/Amtsinspektor)
43 Beamte im gehobenen Dienst (vom Inspektor bis einschl. Oberamtmann/Oberamtsrat)
44 Beamte im höheren Dienst, Richter (vom Regierungsrat aufwärts)

E Angestellter
51 Industrie- und Werksmeister im Angestelltenverhältnis
52 Angestellte mit einfacher Tätigkeit (z.B. Verkäufer, Kontorist, Stenotypistin)
53 Angestellte, die schwierige Aufgaben nach allgemeiner Anweisung selbständig erledigen (z.B. Sachbearbeiter, Buchhalter, technischer Zeichner)
54 Angestellte, die selbständige Leistungen in verantwortungsvoller Tätigkeit erbringen oder begrenzte Verantwortung für die Tätigkeit anderer tragen (z.B. wissenschaftl. Mitarbeiter, Prokurist, Abteilungsleiter)
55 Angestellte mit umfassenden Führungsaufgaben und Entscheidungsbefugnissen (z.B. Direktor, Geschäftsführer, Vorstand größerer Betriebe und Verbände)

F Arbeiter
61 ungelernter Arbeiter
62 angelernter Arbeiter
63 gelernte und Facharbeiter
64 Vorarbeiter und Kolonnenführer
65 Meister/Poliere

G in Ausbildung
71 kaufmännische/Verwaltungslehrlinge
72 gewerbliche Lehrlinge
73 haus-/landwirtschaftliche Lehrlinge
74 Beamtenanwärter/Beamte im Vorbereitungsdienst
75 Praktikanten/Volontäre
76 Ausbildung an einer Schule des Gesundheitswesens

81 **H Mithelfender Familienangehöriger**

LISTE 19

1 ich bin Student

2 ich bin Rentner/Pensionär

3 ich bin Hausfrau/Hausmann

4 nichts trifft zu

LISTE 20

1 verheiratet und leben mit Ihrem Ehepartner zusammen

2 verheiratet und leben getrennt

3 verwitwet

4 geschieden

5 ledig

LISTE 21

1 der evangelischen Kirche

2 einer evangelischen Freikirche

3 der römisch-katholischen Kirche

4 einer anderen christlichen Religionsgemeinschaft

5 einer anderen, nicht-christlichen Religionsgemeinschaft

6 keiner Religionsgemeinschaft

Anhang

LISTE 22

1 CDU bzw. CSU

2 SPD

3 F.D.P.

4 Grüne/Alternative

5 NPD

6 DKP

7 andere Partei

8 keine Zweitstimme abgegeben

9 war nicht wahlberechtigt

LISTE 23

B	unter DM	400
T	400 bis unter DM	600
P	600 bis unter DM	800
F	800 bis unter DM	1.000
E	1.000 bis unter DM	1.250
H	1.250 bis unter DM	1.500
L	1.500 bis unter DM	1.750
N	1.750 bis unter DM	2.000
R	2.000 bis unter DM	2.250
M	2.250 bis unter DM	2.500
S	2.500 bis unter DM	2.750
K	2.750 bis unter DM	3.000
O	3.000 bis unter DM	3.500
C	3.500 bis unter DM	4.000
G	4.000 bis unter DM	4.500
U	4.500 bis unter DM	5.000
J	5.000 bis unter DM	5.500
V	5.500 bis unter DM	6.000
Q	6.000 bis unter DM	8.000
A	8.000 bis unter DM	10.000
D	10.000 bis unter DM	15.000
W	15.000 DM und mehr	

6.3 — Teil 1, Fragebogen

1 in Ordnung

2 nicht in Ordnung

3 hängt von den
  Umständen ab

VORLAGEBLATT 1

Anhang

1 stimme voll
  überein

1

2 stimme weitgehend
  überein

2

3 lehne weitgehend ab

3

4 lehne voll
  und ganz ab

4

VORLAGEBLATT 2

6.3 — Teil 1, Fragebogen

Gelbes Kartenspiel

Parolen auf Häuserwände sprühen

A

Wenn Hausbesitzer sich verbarrikadieren und bewaffnen

B

Sich bei einer Demonstration gegen Übergriffe der Polizei mit Latten oder Steinen zur Wehr setzen

C

Leerstehende Häuser besetzen

D

Durch einen Sitzstreik den Zugang zu einer Kaserne versperren, weil dort Atomwaffen sind

E

Wenn Bürger Asylanten handgreiflich klarmachen, daß sie in ihre Heimat zurückfahren sollen

F

Bei einer Bürgerwehr mitmachen, um Chaoten in die Schranken zu weisen

G

Wenn Leute von Greenpeace mit Schlauchbooten und eigenen Schiffen einen Frachter daran hindern, mit giftigen Abfällen in die Nordsee aufzulaufen

H

Gelbes Kartenspiel

Wenn Polizeikräfte nach mehrmaliger vergeblicher Aufforderung eine unfriedliche Demonstration auflösen

I

Wenn Bauern mit ihren Traktoren den Verkehr blockieren, um gegen die Landwirtschaftspolitik zu protestieren

J

Wenn werksfremde Streikposten arbeitswillige Kollegen daran hindern, ihre Arbeit aufzunehmen

K

Wenn Polizisten den Zugang zu einer Kaserne sperren, um Leute daran zu hindern, dort zu demonstrieren

L

Bei einer Demonstration mal richtig Krach schlagen, auch wenn dabei einiges zu Bruch geht

M

Grünes Kartenspiel

SPD	CDU
CSU	F.D.P.
Grüne	

Blaues Kartenspiel

Sich an Wahlen beteiligen

A

In irgendeine Partei eintreten, aktiv mitarbeiten

B

Mitarbeit in einer Bürgerinitiative

C

Teilnahme an einer genehmigten
polit   n Demonstration

D

Teilnahme an einer verbotenen
Demonstration

E

Unterschriften sammeln

F

Sich in Versammlungen an öffentlichen Diskussionen beteiligen

G

Beteiligung an wilden Streiks

H

Blaues Kartenspiel

Hausbesetzung, Besetzung von
Fabriken und Ämtern

I

Bei einer Demonstration mal
richtig Krach schlagen, auch
wenn dabei einiges zu Bruch geht

J

Für Ruhe und Ordnung kämpfen,
auch wenn andere Mitbürger
dadurch zu Schaden kommen

K

Dem eigenen Standpunkt Nachdruck verleihen, auch wenn es
dabei zu einer direkten Konfrontation mit der Polizei,
mit der Staatsgewalt kommt

L

Für eine Sache kämpfen, auch
wenn dazu Gewalt gegen politisch
Verantwortliche notwendig ist

M

Anhang

Weißes Kartenspiel

Leute wie ich haben so oder
so keinen Einfluß darauf,
was die Regierung tut

A

Neben dem Wählen gibt es keinen
anderen Weg, um Einfluß darauf
zu nehmen, was die Regierung tut

B

Manchmal ist die ganze Politik
so kompliziert, daß jemand wie
ich gar nicht versteht, was vor-
geht

C

Ich glaube nicht, daß sich
die Politiker viel darum kümmern,
was Leute wie ich denken

D

Im allgemeinen verlieren die
Abgeordneten im Bundestag ziemlich schnell den Kontakt mit
dem Volk

E

Die Parteien wollen nur die
Stimmen der Wähler, ihre Ansichten
interessieren sie nicht

F

6.3 – Teil 2
Fragebogen (deutsche Fassung) der vergleichenden Umfrage in den Ländern der Europäischen Gemeinschaft im Frühjahr 1989 (EUROBAROMETER Nr. 31)

Im Auftrag der Gewaltkommission eingeschaltet werden die Fragen 454-461, 462-471 und 472-475

Durch vertragliche Vereinbarung besteht darüber hinaus freier Zugang zu den Fragen 125, 128, 366, 476, 477 sowie zu dem statistischen Frageteil (ab Frage 535).

130 Anhang

EMNID-INSTITUT
GmbH & Co.
Bodelschwinghstraße 25a
4800 Bielefeld 1
Telefon (0521) 26001-0 · Telex 932833 · Telefax (0521) 26001-55

BEFRAGUNG-NR.: 909411

Nachdruck oder Nachahmung von Text und Platzverteilung untersagt. Copyright 1982 by EMNID-Institut!

Dieser Fragebogen bleibt Eigentum des EMNID-Institutes GmbH & Co.!

BITTE BEACHTEN !
1. Fragebogen nicht falten oder knicken !
2. Nur weichen Bleistift (HB) benutzen !
3. Bei Korrekturen nicht durchstreichen, sondern radieren !
4. Strich-Markierungen genau zwischen die Punkte !
5. Zahlenangaben entsprechend den folgenden Beispielen markieren:

FRAGE: Wie alt sind Sie?
ANTWORT: 47 Jahre — | 4 | 7 |

FRAGE: Wieviel % Ihrer Ausgaben entfallen auf Ihr Auto?
ANTWORT: 9% — | 0 | 9 |

FRAGE: Wie lautet die Postleitzahl des Ortes, in dem Sie wohnen?
ANTWORT: 4800 — | 4 | 8 | 0 | 0 |

NUR FÜRS INSTITUT

1	2	3	4	5	6	7	8	9	0

6.3 — Teil 2, Fragebogen

123. Besitzen Sie die deutsche Staatsangehörigkeit? Wenn ja: Sind Sie am Wohnort wahlberechtigt oder unter einer anderen Adresse?

1 hier am Wohnort wahlberechtigt
2 unter einer anderen Adresse
3 (weiß nicht, wo wahlberechtigt)
4 (nicht wahlberechtigt)
5 (keine Antwort)
0 keine deutsche Staatsangehörigkeit

INT.: falls keine deutsche Staatsangehörigkeit, Interview beenden!

124. Sind Sie insgesamt gesehen mit dem Leben, das Sie führen, sehr zufrieden - ziemlich zufrieden - nicht sehr zufrieden - oder überhaupt nicht zufrieden?

1 sehr zufrieden
2 ziemlich zufrieden
3 nicht sehr zufrieden
4 überhaupt nicht zufrieden
0 (weiß nicht/keine Antwort)

125. Sind Sie mit der Art und Weise, wie die Demokratie in der Bundesrepublik Deutschland funktioniert, alles in allem gesehen sehr zufrieden - ziemlich zufrieden - ziemlich unzufrieden - oder völlig unzufrieden?

1 sehr zufrieden
2 ziemlich zufrieden
3 ziemlich unzufrieden
4 völlig unzufrieden
0 (weiß nicht/keine Antwort)

126. Kommt es vor, daß Sie Ihre Freunde, Ihre Arbeitskollegen oder Ihre Bekannten von einer Meinung überzeugen, auf die Sie großen Wert legen?

1 ja, häufig
2 ja, von Zeit zu Zeit
3 selten
4 niemals
0 (weiß nicht/keine Antwort)

127. Würden Sie sagen, daß Sie, wenn Sie mit Freunden zusammen sind, politische Dinge häufig - gelegentlich - oder niemals diskutieren?

1 häufig
2 gelegentlich
3 niemals
0 (weiß nicht/keine Antwort)

128. Es gibt im Augenblick eine Reihe von Diskussionen, was die Ziele der Bundesrepublik Deutschland in den nächsten 10 bis 15 Jahren sein sollten. Auf dieser Liste sind einige Ziele aufgeführt, denen verschiedene Leute den Vorrang einräumen würden. Würden Sie mir bitte sagen, welches davon Sie selbst für das wichtigste auf längere Sicht halten?

LISTE 1 vorlegen und bis Frage 129 liegen lassen !

INT.: nur eine Nennung möglich !

1 2 3 4 0 (weiß nicht/keine Antw.)

129. Und was halten Sie für das zweitwichtigste?

LISTE 1 vorlegen

INT.: nur eine Nennung möglich !

1 2 3 4 0 (weiß nicht/keine Antw.)

132 Anhang

130-132. Wie oft sehen Sie Nachrichtensendungen im Fernsehen?
Wie oft lesen Sie aktuelle Nachrichten in den Tageszeitungen?
Wie oft hören Sie Informationssendungen im Radio?

	jeden Tag	mehr- mals die Woche	1-2 mal die Woche	weniger oft	nie	(weiß nicht/ k.A)
	1	2	3	4	5	0
Fernsehen	☐	☐	☐	☐	☐	☐
Tageszeitung	☐	☐	☐	☐	☐	☐
Radio	☐	☐	☐	☐	☐	☐

133-38. Lassen Sie uns nun über die Themen sprechen, die Sie in den Nachrichten interessieren. Sagen Sie mir bitte zu jedem Thema, das ich Ihnen gleich vorlese, ob Sie das sehr - etwas - oder gar nicht interessiert?

INT.: bitte einzeln vorlesen

	interessiert:				
	sehr	etwas	nicht	gar nicht	(w.n./ k.A)
	1	2	3		0
Neuigkeiten vom Sport	☐	☐	☐	☐	☐
Nachrichten aus der Politik	☐	☐	☐	☐	☐
Neue Entdeckungen in der Medizin	☐	☐	☐	☐	☐
Neue Filme	☐	☐	☐	☐	☐
Neue Erfindungen und technologische Neuheiten	☐	☐	☐	☐	☐
Neue Entdeckungen in Wissenschaft und Forschung	☐	☐	☐	☐	☐

139-44. Ich wüßte nun noch gern, wie informiert Sie sich bei diesen Themen fühlen. Sind Sie da sehr gut auf dem laufenden - einigermaßen - oder gar nicht? Wie ist das mit ...

INT.: bitte einzeln vorlesen

	sehr gut	einigermaßen auf dem laufenden	gar nicht	(w.n./ k.A.)
	1	2	3	0
Neuigkeiten vom Sport	☐	☐	☐	☐
Nachrichten aus der Politik	☐	☐	☐	☐
Neue Entdeckungen in der Medizin	☐	☐	☐	☐
Neue Filme	☐	☐	☐	☐
Neue Erfindungen und technologische Neuheiten	☐	☐	☐	☐
Neue Entdeckungen in Wissenschaft und Forschung	☐	☐	☐	☐

145. Ist die Astrologie Ihrer Meinung nach ...

☐ 1 völlig wissenschaftlich?

☐ 2 in gewisser Weise wissenschaftlich?

☐ 3 auf keinen Fall wissenschaftlich?

☐ 0 (weiß nicht/keine Angabe)

146. Lesen Sie auch schon einmal wissenschaftliche Magazine, wie z.B. "Bild der Wissenschaft"? Wenn ja, ist das regelmäßig - gelegentlich - oder nur ganz selten der Fall?

1 regelmäßig

2 gelegentlich

3 nur ganz selten

4 liest keine wissenschaftlichen Magazine

0 (weiß nicht/keine Angabe)

147-49. Ich möchte Sie nun nach dem Besuch von Museen, Zoos und ähnlichen Einrichtungen befragen. Wie oft haben Sie in den letzten 12 Monaten jede der Einrichtungen besucht, die hier auf dieser Liste stehen? Wenn Sie in den letzten 12 Monaten nicht dort waren, sagen Sie "keinmal".

INT.: LISTE 2 vorlegen und Häufigkeiten für die einzelnen Einrichtungen notieren !

Besuch:	1mal	2mal	3mal	4mal	5mal	6mal	7mal	8mal	9mal	10mal u.mehr	kein-mal	(w.n./k.A.)
	1	2	3	4	5	6	7	8	9	10	11	0

ein technisches oder wissenschaftliches Museum?

ein Zoo oder ein Aquarium?

ein naturgeschichtliches Museum?

150-57. Ich lese Ihnen nun einige Aussagen zur Wissenschaft und Forschung vor. Bitte sagen Sie mir anhand dieser Liste, inwieweit Sie der jeweiligen Aussage zustimmen oder sie ablehnen.

INT.: LISTE 3 vorlegen

Aussagen einzeln vorlesen !

	stimme völlig zu	stimme eher zu	unentschieden	lehne eher ab	lehne völlig ab	(w.n./k.A.)
	1	2	3	4	5	0

Wissenschaft und Technologie bringen mehr Gesundheit, Erleichterungen und Komfort in unser Leben

Alles in allem werden durch die Computer und die Automatisierung von Fabriken mehr Arbeitsplätze geschaffen als wegfallen

Wir verlassen uns zu sehr auf die Wissenschaft und zu wenig auf den Glauben

Wissenschaftliche Forschung, die das Wissensspektrum erweitert, sollte von der Bundesregierung unterstützt werden, auch wenn sich daraus kein unmittelbarer Nutzen ergibt.

Durch die Forschung ändern sich unsere Lebensbedingungen zu schnell

Man kann den Wissenschaftlern vertrauen, daß sie die richtigen Entscheidungen treffen

Kenntnisse über Wissenschaft und Forschung zu besitzen, ist für mein tägliches Leben nicht von Bedeutung

Der Nutzen der Wissenschaft ist größer als die möglicherweise auftretenden schädlichen Auswirkungen

134 Anhang

157a. Ich habe nun eine Frage zur Vereinigung Europas. Haben Sie in letzter Zeit einmal etwas zur Vereinigung Europas oder - über die europäische Zusammenarbeit in der Zeitung gelesen, im Radio gehört oder im Fernsehen gesehen?

☐ 1 ja ──────────→ 157b

☐ 2 nein ─────────┐

☐ 0 (weiß nicht mehr) ┴→ 158

157b. Können Sie sich noch erinnern, ob das eher positiv, zustimmend war - oder eher negativ, kritisch?

☐ 1 eher positiv, zustimmend

☐ 2 eher negativ, kritisch

☐ 3 (teils/teils)

☐ 0 (weiß nicht mehr)

158. Haben Sie in letzter Zeit irgend etwas über ein europäisches Programm zur Bekämpfung von Krebs gelesen oder gehört?

☐ 1 ja

☐ 2 nein

☐ 0 (weiß nicht/keine Antwort)

---

159. Haben Sie schon einmal vom "Europäischen Kodex gegen Krebs" gehört oder gelesen?

☐ 1 ja

☐ 2 nein

☐ 0 (weiß nicht/keine Antwort)

160. Hier auf der Liste ist der "Europäische Kodex gegen Krebs" aufgeführt. Er enthält 10 Grundregeln zur Vorsorge gegen Krebs, die von einem Europäischen Komitee von Krebsspezialisten entwickelt wurden. Krebsspezialisten aus allen EG-Mitgliedsländern sind an diesem Expertenkomitee beteiligt, auch Experten aus der Bundesrepublik.

Können Sie sich jetzt erinnern, schon einmal etwas von diesem "Europäischen Kodex gegen Krebs" gehört oder gelesen zu haben?

LISTE 4 vorlegen und bis Frage 161-63 liegenlassen!

☐ 1 ja ──────────→ 161-63

☐ 2 nein ─────────┐

☐ 3 (zögert zu antworten) ┼→ 164-71

☐ 0 (weiß nicht/keine Antwort) ┘

161-63. Haben Sie diesen Kodex beispielsweise schon einmal ...

LISTE 4 vorlegen
INT.: bitte vorlesen

	ja	nein	(w.n./k.A.)
	1	2	0
... im Fernsehen gesehen?	☐	☐	☐
... in einer Apotheke?	☐	☐	☐
... beim Arzt?	☐	☐	☐
... in einer Zeitung, Illustrierten?	☐	☐	☐
... oder anderswo?	☐	☐	☐

164-71. Ich lese Ihnen gleich einige Verhaltensempfehlungen vor.
Bitte sagen Sie mir zu jeder, ob Sie diese als sehr wichtig - ziemlich
wichtig - oder nicht wichtig ansehen, um das Risiko der Krebserkrankung
zu verringern.

	sehr wichtig 1	ziemlich wichtig 2	nicht wichtig 3	(w.n./ k.Antw.) 0
INT.: bitte einzeln vorlesen				
Rauchen Sie nicht !	☐	☐	☐	☐
Verringern Sie Ihren Alkoholkonsum !	☐	☐	☐	☐
Vermeiden Sie starke Sonnenstrahlen !	☐	☐	☐	☐
Essen Sie häufig frisches Obst und Gemüse !	☐	☐	☐	☐
Vermeiden Sie Übergewicht !	☐	☐	☐	☐
Essen Sie häufig Getreideprodukte mit hohem Fasergehalt !	☐	☐	☐	☐
Gehen Sie zum Arzt, wenn Sie eine Schwellung bemerken, eine Veränderung an einem Hautmal oder eine abnorme Blutung !	☐	☐	☐	☐
Gehen Sie zum Arzt, wenn Sie andauernde Beschwerden haben, wie chronischen Husten oder Heiserkeit, Änderungen der Verdauung oder einen ungeklärten Gewichtsverlust	☐	☐	☐	☐

ACHTUNG INTERVIEWER !
FRAGEN 172-73 NUR AN FRAUEN !

172-73. Ich nenne Ihnen nun zwei Verhaltensempfehlungen für Frauen.
Sagen Sie mir bitte jeweils, ob Ihnen dies sehr wichtig - ziemlich
wichtig - oder nicht wichtig erscheint, um das Risiko der Krebserkrankung zu verringern?

	sehr wichtig 1	ziemlich wichtig 2	nicht wichtig 3	(w.n./ k.A.) 0
INT.: bitte einzeln vorlesen				
Regelmäßig einen Abstrich machen lassen	☐	☐	☐	☐
Regelmäßig die Brust untersuchen	☐	☐	☐	☐

WIEDER AN ALLE!

174-76. Welche der folgenden Getränke, die ich Ihnen gleich nenne,
trinken Sie zumindest gelegentlich - oder ist das wirklich nie der
Fall? Wie ist das mit ...

	Trinke zumindest gelegentlich	Trinke wirklich nie	(weiß nicht/ k.A.)
Wein?	☐	☐	☐
Bier?	☐	☐	☐
Aperitifs (z.B. Sherry)?	☐	☐	☐
Spirituosen (z.B. Korn, Whisky, Kognak, Liköre)?	☐	☐	☐

Anhang

177-80. Wie häufig kommt es vor, daß Sie die folgenden Produkte essen oder trinken? Kommt das jeden oder fast jeden Tag vor, drei oder vier Tage pro Woche, ein oder zwei Tage pro Woche, seltener oder nie?

INT.: LISTE 5 vorlegen; Produkte einzeln vorlesen

	jeden/ fast jeden Tag	3-4 Tage pro Woche	1-2 Tage pro Woche	selte- ner	nie	(weiß nicht/ keine Antw.)
	1	2	3	4	5	0
Fruchtsaft (frisch gepreßt oder gefrostet, nicht aus Fruchtsaftkonzentrat)	☐	☐	☐	☐	☐	☐
Kartoffeln (in jeder Form: gekocht, gebraten, als Püree oder Pommes Frites) oder Trockengemüse/Hülsenfrüchte (Bohnen, Erbsen, Linsen)	☐	☐	☐	☐	☐	☐
Frischgemüse bzw. Tiefkühlgemüse, wie Kohl, Erbsen, Möhren, grüne Bohnen, Salat usw. (keine Konserven, Gläser!)	☐	☐	☐	☐	☐	☐
Gemüsekonserven	☐	☐	☐	☐	☐	☐

214. Was hiervon trifft auf Sie zu?
INT.: bitte vorlesen; Mehrfachnennungen möglich zwischen 1 und 2 !

☐ 1 Sie rauchen Zigaretten einschließlich selbstgedrehter? → 215

☐ 2 Sie rauchen Zigarre oder Pfeife? → 216

☐ 3 Sie haben früher geraucht, aber damit aufgehört? → 219

☐ 4 Sie haben nie geraucht? ⎤
☐ 0 (weiß nicht/ keine Antwort) ⎦ → 220

215. Wie viele Zigaretten rauchen Sie am Tag?

☐ 1 weniger als 5
☐ 2 5 - 9
☐ 3 10 - 14
☐ 4 15 - 19
☐ 5 20 - 24
☐ 6 25 - 29
☐ 7 30 - 34
☐ 8 35 - 39
☐ 9 40 und mehr
☐ 10 (w.n./k.Antw.)

216. Wollen Sie zur Zeit das Rauchen aufgeben - das Rauchen einschränken - oder wollen Sie Ihre Rauchgewohnheiten nicht ändern?

☐ 1 das Rauchen aufgeben
☐ 2 das Rauchen einschränken
☐ 3 Rauchgewohnheiten nicht ändern
☐ 0 (weiß nicht/keine Antw.)

217. Haben Sie jemals versucht, sich das Rauchen abzugewöhnen? Wenn ja, haben Sie es einmal oder schon mehrmals versucht?

1 Habe einmal versucht, mir das Rauchen abzugewöhnen → 218

2 Habe schon mehrmals versucht, mir das Rauchen abzugewöhnen → 218

3 Habe nicht versucht, mir das Rauchen abzugewöhnen → 220

0 (weiß nicht/k.A.)

218. Was hat Sie Ihrer Meinung nach wirklich daran gehindert, das Rauchen aufzugeben?
INT.: LISTE 6 vorlegen;
Mehrfachnennungen möglich!

1 2 3 4 5 6

7 Sonstiges, bitte angeben ....

0 (w.n./k.A.)

INT.: WEITER MIT ─────→ 220

219. Wie lange rauchen Sie schon nicht mehr?

1 weniger als 5 Jahre
2 5 - 9 Jahre
3 10 - 14 Jahre
4 15 - 19 Jahre
5 20 und mehr Jahre
0 (w.n./k.Antw.)

WIEDER AN ALLE!

220. Sind unter den Leuten, mit denen Sie gewöhnlich zusammen sind, regelmäßige Raucher? Wenn ja, ist das bei Ihnen zuhause - bei der Arbeit - oder anderswo?
INT.: bitte vorlesen; Mehrfachnennungen zwischen 1, 2 und 3 möglich!

1 zuhause
2 bei der Arbeit
3 anderswo
4 bin gewöhnlich nicht mit regelmäßigen Rauchern zusammen
0 (weiß nicht/keine Angabe)

221. Haben Sie schon einmal daran gedacht, daß Sie vielleicht selbst Krebs haben könnten oder eines Tages daran erkranken könnten?

1 ja
2 nein
0 (weiß nicht/keine Antwort)

222. Ich zeige Ihnen jetzt eine Reihe von Situationen, in denen Menschen radioaktiver Strahlung ausgesetzt sind. Welche zwei Situationen auf dieser Liste haben Ihrer Meinung nach die schwersten Auswirkungen?
INT.: LISTE 7 vorlegen;
nur zwei Nennungen möglich!

1 2 3 4 5 6 7

8 (nichts davon)
0 (weiß nicht/keine Antwort)

138   6. Anhang

223-25. Ich lese Ihnen jetzt einige Meinungen über Kernenergie und Radioaktivität vor. Sagen Sie mir bitte für jede, ob Sie ihr eher zustimmen oder ob Sie ihr eher nicht zustimmen.

INT.: einzeln vorlesen und bewerten lassen !

	stimme eher zu	stimme eher nicht zu	(w.n. k.A.)
	1	2	0
In der Nähe eines Atomkraftwerkes zu leben erhöht das Risiko, Krebs zu bekommen oder anormale Kinder zu bekommen	☐	☐	☐
Das Problem der Lagerung radioaktiver Abfälle ist bis jetzt noch nicht gelöst worden	☐	☐	☐
In unserem Land sind die Risiken der radioaktiven Verseuchung niedriger als die der chemischen Vergiftung	☐	☐	☐
Ein Unfall wie in Tschernobyl kann sich in den Atomkraftwerken unseres Landes nicht ereignen	☐	☐	☐
Ein Land, das ein Atomkraftwerk nahe der Landesgrenze gebaut hat, sollte seine Nachbarländer ständig über seinen Funktionszustand informieren	☐	☐	☐

226. Ganz allgemein betrachtet: sind Sie sehr zufrieden, einigermaßen zufrieden, nicht sehr zufrieden oder überhaupt nicht zufrieden mit den Informationen, die man über Radioaktivität in unserem Land erhält?

1 sehr zufrieden ☐ ⟶ 227
2 einigermaßen zufrieden ☐ ⟶ 227
3 nicht sehr zufrieden ☐ ⟶ 228
4 überhaupt nicht zufrieden ☐ ⟶ 228
0 (weiß nicht/keine Antwort) ☐ ⟶ 229

227. Bitte schauen Sie sich die folgende Liste an: aus welchen der folgenden Gründe erklärt sich Ihre Zufriedenheit mit den Informationen zur Radioaktivität hauptsächlich?

INT.: LISTE 8 vorlegen; Mehrfachnennungen möglich

1 2 3 4 5 6 7 Sonstige Gründe, bitte angeben:
☐ ☐ ☐ ☐ ☐ ☐ ☐   ....

0 (weiß nicht/ keine Antwort) ☐

INT.: weiter mit ⟶ 229

228. Bitte schauen Sie sich die folgende Liste an: aus welchen der folgenden Gründe erklärt sich Ihre Unzufriedenheit mit den Informationen zu diesem Thema am ehesten?

INT.: LISTE 9 vorlegen; Mehrfachnennungen möglich

1 2 3 4 5 6 7 Sonstige Gründe, bitte angeben:
☐ ☐ ☐ ☐ ☐ ☐ ☐   ....

0 (weiß nicht/ keine Antwort) ☐

WIEDER AN ALLE!

229-33. Informationen über das Ausmaß an Radioaktivität können ja aus den unterschiedlichsten Quellen stammen. Ich lese Ihnen jetzt einige der Informationsquellen vor. Sagen Sie mir bitte zu jeder, wie groß Ihr Vertrauen in sie wäre, wenn es darum ginge, Ihnen die Wahrheit über das Ausmaß an Radioaktivität in der Bundesrepublik zu sagen: hätten Sie volles Vertrauen, einiges Vertrauen, nicht sehr viel Vertrauen oder überhaupt kein Vertrauen?

INT.: einzeln vorlesen und bewerten lassen

	volles Vertrauen	einiges Vertrauen	nicht viel Vertrauen	kein Vertrauen	überhaupt (w.n./k.A.)
	1	2	3	4	0
Umweltgruppen	☐	☐	☐	☐	☐
Ärzte	☐	☐	☐	☐	☐
unabhängige Wissenschaftler	☐	☐	☐	☐	☐
Lehrer an Universitäten und Schulen	☐	☐	☐	☐	☐
Behörden	☐	☐	☐	☐	☐

234. Auf welche der folgenden Eigenschaften würden Sie hauptsächlich bei Personen achten, die Sie über das Ausmaß an Radioaktivität in der Bundesrepublik informieren?

INT.: LISTE 10 vorlegen; mehrere Nennungen möglich

1	2	3	4	5	6	7	0 (weiß nicht/keine Antwort)
☐	☐	☐	☐	☐	☐	☐	☐

235-244. Ich lese Ihnen jetzt einige Forschungsbereiche vor. Für wie wichtig halten Sie es, daß in diesen Bereichen geforscht wird: für sehr wichtig, ziemlich wichtig, nicht sehr wichtig oder überhaupt nicht wichtig?

INT.: einzeln vorlesen und bewerten lassen

	sehr wichtig	ziemlich wichtig	nicht sehr wichtig	überhaupt nicht wichtig	(w.n./k.A.)
	1	2	3	4	0
Die Umwelt	☐	☐	☐	☐	☐
Moderne Telekommunikationsmittel	☐	☐	☐	☐	☐
Die Informationstechnik	☐	☐	☐	☐	☐
Neue Werkstoffe	☐	☐	☐	☐	☐
Die Gesundheit	☐	☐	☐	☐	☐
Neue industrielle Produktionstechniken	☐	☐	☐	☐	☐
Die Anwendung biologischer Erkenntnisse in der Landwirtschaft	☐	☐	☐	☐	☐
Die Kernenergie	☐	☐	☐	☐	☐
Die erneuerbaren Energiequellen	☐	☐	☐	☐	☐
Die Entdeckung neuer Rohstoffvorkommen	☐	☐	☐	☐	☐

6. Anhang

245-47. Sagen Sie mir bitte zu jedem der folgenden Bereiche, ob dort Ihrer Meinung nach Europa den USA voraus ist, hinter den USA zurückliegt oder gleichauf ist.

INT.: bitte vorlesen

	den USA voraus	hinter den USA	gleichauf	(w.n./ k.A.)
	1	2	3	0
wissenschaftliche Entdeckungen	☐	☐	☐	☐
industrielle Technologie	☐	☐	☐	☐
technische Errungenschaften für das tägliche Leben	☐	☐	☐	☐

248-50. Und sagen Sie mir nun bitte für jeden der folgenden Bereiche, ob dort Ihrer Meinung nach Europa Japan voraus ist, hinter Japan zurückliegt oder gleichauf liegt?

EUROPA IST ...

INT.: bitte vorlesen

	Japan voraus	hinter Japan	gleichauf	(w.n./ k.A.)
	1	2	3	0
wissenschaftliche Entdeckungen	☐	☐	☐	☐
industrielle Technologie	☐	☐	☐	☐
technische Errungenschaften für das tägliche Leben	☐	☐	☐	☐

251-54. Ich möchte Sie jetzt fragen, ob Ihrer Meinung nach Europa, die USA oder Japan auf den folgenden Gebieten führend ist. Wenn Sie zu einem Gebiet keine Meinung haben, sagen Sie es bitte und wir gehen zum nächsten weiter.

INT.: nur eine Nennung pro Frage!

	Europa	USA	Japan	(w.n./ k.A.)
	1	2	3	0
Wer hat die am besten ausgebildeten Wissenschaftler?	☐	☐	☐	☐
Wer gibt am meisten für wissenschaftliche Forschung aus?	☐	☐	☐	☐
Wer setzt wissenschaftliche Entdeckungen am erfolgreichsten in sinnvolle Produkte um?	☐	☐	☐	☐
Wer stimmt die Forschungen der unterschiedlichen Institutionen wie Privatindustrie, Universitäten, Forschungslabors etc. am besten ab?	☐	☐	☐	☐

255. Auf welchen der folgenden Gebieten entwickelt die Europäische Gemeinschaft als solche eigene Aktivitäten?

INT.: LISTE 11 vorlegen; Mehrfachnennungen möglich!

- 1 Landwirtschaft ⎫
- 2 Energie   ⎬ → 257-61
- 3 Wissenschaft   → 256
- 4 Die Umwelt   ⎫
- 5 Die Verteidigung⎬ → 257-61
- 6 Auf allen diesen Gebieten → 256
- 7 Auf keinem dieser Gebiete → 257-61
- 0 (weiß nicht/ keine Antwort)

256. Und auf welchen der folgenden Bereiche wissenschaftlicher Forschungen ist die Europäische Gemeinschaft selbst aktiv?

INT.: LISTE 12 vorlegen; Mehrfachnennungen möglich!

1 2 3 4 5 6
7 8 9 10

257-61. Ich zeige Ihnen jetzt einige Meinungen über die wissenschaftliche Forschung, die auf gesamteuropäischer Ebene durchgeführt wird. Bitte wählen Sie jeweils zwischen den beiden Meinungen links und rechts der Skala.

INT.: LISTE 13 vorlegen

Wenn Sie völlig mit der Meinung auf der linken Seite übereinstimmen, nennen Sie die 1. Wenn Sie völlig mit der Meinung auf der rechten Seite übereinstimmen, nennen Sie die 5.. Mit den Werten dazwischen können Sie Ihre Meinung abstufen.

INT.: bitte vorlesen

Im Vergleich mit den Forschungsaktivitäten in den einzelnen Ländern kann man über wissenschaftliche Forschungen auf gesamteuropäischer Ebene sagen:

(w.n. k.A.) 0

	1	2	3	4	5	
sie verschwenden Gelder	☐	☐	☐	☐	☐	sie sparen Gelder ein
sie sind nicht so effektiv	☐	☐	☐	☐	☐	sie sind effektiver
sie werden immer unwichtiger	☐	☐	☐	☐	☐	sie werden immer wichtiger
sie nützen nicht dem Wirtschaftswachstum	☐	☐	☐	☐	☐	sie sind sehr nützlich für das Wirtschaftswachstum
sie sind unseren nationalen Interessen entgegengesetzt	☐	☐	☐	☐	☐	sie gehen in die gleiche Richtung wie unsere nationalen Interessen

262-271. Ich lese Ihnen jetzt noch einmal einige Forschungsbereiche vor. Sagen Sie mir bitte zu jedem Bereich, ob Sie eine aktive Beteiligung der Europäischen Gemeinschaft selbst an diesen Forschungen für sehr wichtig, ziemlich wichtig, nicht sehr wichtig oder für überhaupt nicht wichtig halten.

INT.: bitte vorlesen

	sehr wichtig 1	ziemlich wichtig 2	nicht sehr wichtig 3	überhaupt nicht wichtig 4	(w.n./ k.A.) 0
Die Umwelt	☐	☐	☐	☐	☐
Moderne Telekommunikationsmittel	☐	☐	☐	☐	☐
Die Informationstechnik	☐	☐	☐	☐	☐
Neue Werkstoffe	☐	☐	☐	☐	☐
Die Gesundheit	☐	☐	☐	☐	☐
Neue industrielle Produktionstechniken	☐	☐	☐	☐	☐
Die Anwendung der Biologie in der Landwirtschaft	☐	☐	☐	☐	☐
Die Kernenergie	☐	☐	☐	☐	☐
Die erneuerbaren Energiequellen	☐	☐	☐	☐	☐
Die Entdeckung neuer Rohstoffvorkommen	☐	☐	☐	☐	☐

Lassen Sie uns nun zu etwas anderem kommen.

272. Haben Sie durch Zeitung, Radio oder Fernsehen schon einmal etwas vom Europäischen Binnenmarkt im Jahr 1992 gelesen oder gehört?

☐ 1 ja

☐ 2 nein

☐ 0 (weiß nicht/keine Antwort)

273-75. Die Vollendung des Europäischen Binnenmarktes im Jahre 1992 wird bedeuten, daß Personen, Waren und Güter innerhalb der Gemeinschaft frei verkehren können. Manche Leute sind der Ansicht, daß dies vor allem Vorteile mit sich bringen wird, andere halten dies für einen Nachteil. Ich lese Ihnen nun verschiedene Aspekte dieses Europäischen Binnenmarktes vor und Sie sagen mir bitte, ob Sie persönlich dies für einen Vorteil oder Nachteil halten.

INT.: bitte einzeln vorlesen

	Vorteil	Nachteil	(weiß nicht/ keine Angabe)
die Abschaffung der Zollkontrollen an den Grenzen zwischen den Ländern der Europäischen Gemeinschaft	☐	☐	☐
die Möglichkeit für jeden Bürger eines Mitgliedslandes, ohne Einschränkungen in jedes beliebige Land der Europäischen Gemeinschaft zu gehen und dort zu leben, zum Beispiel um dort den Lebensabend zu verbringen oder um dort zu lernen	☐	☐	☐
die Möglichkeit für jeden Bürger eines Mitgliedslandes, in ein anderes Land der Europäischen Gemeinschaft zu gehen und dort zu arbeiten	☐	☐	☐
die Möglichkeit, im eigenen Land all die Produkte zu kaufen, die in anderen Ländern der Gemeinschaft rechtmäßig verkauft werden	☐	☐	☐
die Anpassung der Mehrwertsteuersätze, die in den verschiedenen Ländern der Gemeinschaft gelten, so daß die Waren unter ähnlichen Preisbedingungen verkauft werden	☐	☐	☐
die Möglichkeit, in der gesamten Europäischen Gemeinschaft Zahlungen ohne Formalitäten leisten zu können	☐	☐	☐
die Möglichkeit, jeden beliebigen Geldbetrag mitführen zu können, wenn man in andere Länder der Gemeinschaft reist	☐	☐	☐
die Möglichkeit, in der gesamten Europäischen Gemeinschaft Grundbesitz und Wohneigentum kaufen zu können	☐	☐	☐
die Möglichkeit, in jedem Land der Gemeinschaft ein Bankkonto zu eröffnen	☐	☐	☐
die Möglichkeit, daß ein Unternehmen aus einem anderen Mitgliedsland öffentliche Arbeiten (zum Beispiel Bau einer Brücke oder Straße) in unserem Land ausführen kann, wenn sein Angebot bei gleicher Qualität günstiger ist	☐	☐	☐

276. Wie ist Ihre persönliche Einstellung zur Vollendung des Europäischen Binnenmarktes im Jahre 1992? Sehen Sie dem mit großer Hoffnung entgegen - einiger Hoffnung - einiger Befürchtung oder großer Befürchtung?

☐ 1 große Hoffnung
☐ 2 einige Hoffnung
☐ 3 einige Befürchtung
☐ 4 große Befürchtung
☐ 0 (weiß nicht/keine Angabe)

277. Sind Sie alles in allem der Ansicht, daß die Vollendung des Europäischen Binnenmarktes im Jahr 1992 für Leute wie Sie eine gute Sache - eine schlechte Sache - oder weder gut noch schlecht sein wird?

☐ 1 eine gute Sache
☐ 2 eine schlechte Sache
☐ 3 weder gut noch schlecht
☐ 0 (weiß nicht/keine Antwort)

278-80. Gibt es im Hinblick auf den Europäischen Binnenmarkt von 1992 Bereiche, für welche Ihrer Meinung nach eine gemeinsame Europäische Politik entwickelt werden sollte? Sagen Sie mir bitte für jeden der folgenden Bereiche, ob Sie dort eine gemeinsame europäische Politik befürworten oder nicht.

INT.: bitte vorlesen

	ja	nein	(w.n./ k.A.)
	1	2	0

Sicherheit, Verteidigung ☐☐☐

Umweltschutz ☐☐☐

Währung ☐☐☐

Zusammenarbeit mit Entwicklungsländern ☐☐☐

Beziehungen zu Ländern außerhalb der Europäischen Gemeinschaft (z.B. USA, China, Japan) ☐☐☐

Wissenschaftliche und technische Forschungen ☐☐☐

Kultur ☐☐☐

Soziale Sicherung ☐☐☐

338. Europa 1992 - also die Schaffung eines gemeinsamen Wirtschafts- und Sozialraumes in Europa - interessiert Sie das sehr stark, stark, weniger stark, oder gar nicht?

☐ 1 sehr stark
☐ 2 stark
☐ 3 weniger stark
☐ 4 gar nicht
☐ 0 (weiß nicht/keine Antwort)

339. Ganz allgemein gesprochen: fühlen Sie sich gut informiert über die Politik der EG, hätten Sie gern mehr Informationen, oder ist Ihnen das gleichgültig?

☐ 1 gut informiert
☐ 2 hätte gerne mehr Informationen
☐ 3 ist mir gleichgültig
☐ 0 (weiß nicht/ keine Antwort)

340-41. Können Sie mir bitte sagen, über welche konkreten Fragen der Politik der Europäischen Gemeinschaft Sie gern mehr informiert werden wollen?

INT.: Offen abfragen und unten markieren !

1 Arbeitsplätze
2 ausländische Arbeitnehmer
3 EG-Außenpolitik
4 Europawahl, Europäisches Parlament
5 Freizügigkeit
6 Grenzen
7 Innere Sicherheit
8 Kultur
9 Reisen

10 Umwelt
11 Verbraucherfragen
12 Währung/Kapitalverkehr/Steuern
13 Wirtschaftliche Entwicklung
14 andere Arbeitnehmerfragen/Sozialpolitik
15 andere institutionelle Fragen der EG
16 andere Fragen, ...

0 (weiß nicht/keine Antwort)

10 Gewaltkommission Bd. IV

342. Meinen Sie, daß Europa 1992 - also die künftige Entwicklung in der Europäischen Gemeinschaft - auf Ihre ganz persönlichen oder beruflichen Lebensumstände Einfluß haben wird?

☐ 1 ja ⟶ 343
☐ 2 nein ⎤
☐ 0 (w.n./k.A.) ⎦ ⟶ 344

343. Meinen Sie, dies wird eher ein günstiger oder eher ein ungünstiger Einfluß sein?

☐ 1 günstig
☐ 2 ungünstig
☐ 0 (weiß nicht/keine Antwort)

344. Wenn wir uns nun eher der deutschen Politik, das heißt: den politischen Vorgängen in der Bundesrepublik zuwenden: Fühlen Sie sich darüber gut informiert, hätten Sie gern mehr Informationen, oder ist Ihnen das gleichgültig?

☐ 1 gut informiert
☐ 2 hätte gern mehr Informationen
☐ 3 ist mir gleichgültig
☐ 0 (weiß nicht/keine Antwort)

345. Haben Sie in letzter Zeit Informationsmaterial oder Werbung über die Europäische Gemeinschaft gesehen?

☐ 1 ja ⟶ 346
☐ 2 nein ⎤
☐ 0 (w.n./k.A.) ⎦ ⟶ 348-50

346. Wissen Sie noch, was das war, worum es da ging?

347. Wie beurteilen Sie diese Informationen bzw. diese Werbung? Waren sie gut gemacht, oder hat Ihnen das weniger gut gefallen?

☐ 1 gut gemacht
☐ 2 weniger gut gefallen
☐ 0 (weiß nicht/keine Antwort)

348-50. Ab 1992 werden die Mitgliedsstaaten der Europäischen Gemeinschaft auf wirtschaftlichem Gebiet enger verbunden sein. Sollten sie Ihrer Meinung nach auch auf den folgenden Gebieten gemeinsame europäische Regelungen verabschieden oder nicht?

INT.: bitte vorlesen

	Gemeinsame Regelungen 1	keine gemeinsamen Regelungen 2	(w.n./ k.A.) 0
Umweltschutz	☐	☐	☐
Mehrwertsteuersätze	☐	☐	☐
Soziale Sicherheit	☐	☐	☐
Währung	☐	☐	☐
Arbeitslosigkeit	☐	☐	☐
Arbeitnehmerbeteiligungen an Unternehmensentscheidungen	☐	☐	☐
Schutz von persönlichen Daten	☐	☐	☐

NUR FÜRS INSTITUT!

1	2	3	4	5	6	7	8	9

353-55. Nicht jeder kennt die Rechte, die wir als Bürger eines Mitgliedsstaates der Europäischen Gemeinschaft besitzen. Ich nenne Ihnen jetzt einige dieser Rechte. Sagen Sie mir bitte zu jedem, ob Sie davon früher schon einmal gehört haben oder nicht.

INT.: bitte vorlesen

	schon gehört	noch nicht gehört	(w.n./ k.A.)
	1	2	0
Die Möglichkeit, andere EG-Länder nur mit dem Personalausweis zu besuchen	☐	☐	☐
In jedem Mitgliedsland arbeiten zu können	☐	☐	☐
Ein europäischer Paß	☐	☐	☐
Die Anerkennung von Bildungsabschlüssen und Diplomen in allen Mitgliedsländern	☐	☐	☐
Die Möglichkeit für Studenten, einen Teil des Studiums und der Prüfungsvorbereitungen in einem anderen Mitgliedsland zu absolvieren	☐	☐	☐
Ein europäischer Führerschein	☐	☐	☐
Die Möglichkeit des zollfreien Einkaufs von Waren bis zum Wert von 350 ECU, (das sind ca. 730 DM) aus einem anderen Mitgliedsland	☐	☐	☐
Garantie der Gleichbehandlung von Männern und Frauen	☐	☐	☐
Das Recht, die Sozialversicherung zu beanspruchen, wenn man in einem anderen Mitgliedsland erkrankt	☐	☐	☐

351. Was erscheint Ihnen persönlich wichtiger: die Vollendung des Europäischen Binnenmarktes bis 1992 oder daß West- und Osteuropa näher zusammenkommen im sogenannten "Gemeinsamen Europäischen Haus"?

☐ 1 die Vollendung des Europäischen Binnenmarktes

☐ 2 die Annäherung von West- und Osteuropa

☐ 0 (weiß nicht/keine Antwort)

352. Es wird darüber gesprochen, ein Abkommen über grundlegende soziale Rechte für die gesamte Europäische Gemeinschaft zu verabschieden, das heißt eine Reihe gemeinsamer Regelungen für alle Mitgliedsstaaten über die Rechte und Pflichten von Arbeitnehmern und Arbeitgebern. Wäre ein solches Abkommen Ihrer Meinung nach eher eine gute oder eine schlechte Sache?

☐ 1 eine gute Sache

☐ 2 eine schlechte Sache

☐ 3 (weder gut noch schlecht)   INT.: nur spontane Nennungen

☐ 0 (weiß nicht/keine Antwort)

356-58. In Europa wird es bald Fernsehprogramme geben, die direkt durch Satelliten übertragen werden. Sind Sie persönlich in diesem Zusammenhang an den folgenden Möglichkeiten sehr interessiert, etwas interessiert oder nicht interessiert?

INT.: bitte einzeln vorlesen

	sehr interes.	etwas interes.	nicht interessiert	(w.n./ k.A.)
	1	2	3	0
In Ihrem Haushalt Programme zu empfangen, die über Satelliten aus anderen europäischen Ländern übertragen werden	☐	☐	☐	☐
Programme in anderen Sprachen als deutsch zu empfangen	☐	☐	☐	☐
Die notwendige Antenne zum Empfang von Satellitenprogrammen zu kaufen und anbringen zu lassen	☐	☐	☐	☐

359. Es wird auch über die Möglichkeit gesprochen, einen gesamteuropäischen Sender einzurichten, der durch Satelliten übertragen wird. Welche Programmarten würden Sie von solch einem gesamteuropäischen Sender gern sehen?

INT.: LISTE 14 vorlegen; Mehrfachnennungen möglich !

1 2 3 4 5 6 7 8 9 10
☐ ☐ ☐ ☐ ☐ ☐ ☐ ☐ ☐ ☐

11 Sonstiges, was? .... 0 (w.n./ k.A.)
☐ .... ☐

360. Bei bestimmten Fernsehsendern können Sendungen von Zeit zu Zeit durch Werbung unterbrochen werden. Wie finden Sie das? Wählen Sie bitte auf der Liste die Aussage, die Ihrer eigenen Meinung am ehesten entspricht.

INT.: LISTE 15 vorlegen; nur eine Antwort möglich!

1 2 3 4
☐ ☐ ☐ ☐   0 (w.n./k.A.) ☐

361. Werbung ist für die meisten Fernsehsender eine wichtige Einnahmequelle. Wie lang sollte die Werbung bei diesen Programmen Ihrer Ansicht nach pro Stunde höchstens dauern?

INT.: LISTE 16 vorlegen

1 2 3 4 5 6 7
☐ ☐ ☐ ☐ ☐ ☐ ☐   0 (w.n./ k.A.) ☐

362. Die Europäische Gemeinschaft betreibt schon seit vielen Jahren eine Politik, die als Gemeinsame Agrarpolitik (CAP) bekannt ist. Hat Ihrer Meinung nach diese Gemeinsame Agrarpolitik alles in allem gesehen gute oder schlechte Ergebnisse gebracht?

☐ 1 gute Ergebnisse

☐ 2 schlechte Ergebnisse

INT.:
☐ 3 (weder gut noch schlecht) spontane Nennung!

☐ 0 (weiß nicht/ keine Antwort)

363. Haben die Landwirte in der Bundesrepublik Deutschland insgesamt gesehen Vorteile durch die Gemeinsame Agrarpolitik der Europäischen Gemeinschaft oder ist das nicht der Fall?

☐ 1 haben Vorteile

☐ 2 ist nicht der Fall

☐ 0 (weiß nicht/ keine Antwort)

364. Haben insgesamt gesehen die Verbraucher in der Bundesrepublik Deutschland Vorteile durch die Gemeinsame Agrarpolitik - oder ist das nicht der Fall?

- 1 haben Vorteile
- 2 ist nicht der Fall
- 0 (weiß nicht/keine Antwort)

365. Und haben die Steuerzahler in der Bundesrepublik Deutschland insgesamt gesehen Vorteile durch die Gemeinsame Agrarpolitik - oder ist das nicht der Fall?

- 1 haben Vorteile
- 2 ist nicht der Fall
- 0 (weiß nicht/keine Antwort)

366. Wie stark sind Sie an Politik interessiert?
INT.: bitte vorlesen

- 1 sehr?
- 2 ziemlich?
- 3 nicht besonders?
- 4 überhaupt nicht?
- 0 (weiß nicht/keine Antw.)

367. Und was die Politik auf europäischer Ebene betrifft, also Dinge, die die Europäische Gemeinschaft betreffen? Wie stark sind Sie daran interessiert?
INT.: bitte vorlesen

- 1 sehr?
- 2 ziemlich?
- 3 nicht besonders?
- 4 überhaupt nicht?
- 0 (weiß nicht/keine Antw.)

368. Unabhängig davon, ob Sie die Zeit haben, sich persönlich für Angelegenheiten der Europäischen Gemeinschaft zu interessieren: halten Sie diese für die Zukunft der Bundesrepublik und der Bundesbürger für ...

- 1 sehr wichtig
- 2 wichtig?
- 3 nicht sehr wichtig?
  oder
- 4 unwichtig?
- 0 (weiß nicht/keine Antw.)

369. Können Sie sich erinnern, in letzter Zeit in Zeitungen, Zeitschriften, Radio oder Fernsehen irgend etwas über die EG-Kommission gelesen oder gehört zu haben? Das ist die Kommission der Europäischen Gemeinschaft in Brüssel.

- 1 ja → 370
- 2 nein → 373
- 0 (weiß nicht/keine Antw.)

370. Haben Sie insgesamt nach dem, was Sie gehört oder gelesen haben, eher einen guten oder eher einen schlechten Eindruck von der EG-Kommission?

- 1 eher guten Eindruck
- 2 eher schlechten Eindruck
- 3 (weder gut noch schlecht)   INT.: nur spontane Antworten
- 0 (weiß nicht/keine Angabe)

373. Sind Sie alles in allem für oder gegen die derzeitigen Bemühungen zur Vereinigung Westeuropas? Sind Sie sehr dafür - etwas dafür - etwas dagegen - sehr dagegen?

☐ 1 sehr dafür
☐ 2 etwas dafür
☐ 3 etwas dagegen
☐ 4 sehr dagegen
☐ 0 (weiß nicht/keine Antwort)

374. Ist allgemein gesehen die Mitgliedschaft der Bundesrepublik in der Europäischen Gemeinschaft Ihrer Meinung nach eine gute Sache - eine schlechte Sache - oder weder gut noch schlecht?

☐ 1 eine gute Sache
☐ 2 eine schlechte Sache
☐ 3 weder gut noch schlecht
☐ 0 (weiß nicht/keine Antwort)

375. Hat Ihrer Meinung nach die Bundesrepublik insgesamt gesehen durch die Mitgliedschaft in der Europäischen Gemeinschaft (EG) Vorteile oder ist das nicht der Fall?

☐ 1 hat Vorteile
☐ 2 ist nicht der Fall
☐ 0 (weiß nicht/keine Antwort)

376. Wenn man Ihnen morgen erzählen würde, daß die Europäische Gemeinschaft gescheitert ist, würden Sie es sehr bedauern - wäre es Ihnen gleichgültig - oder würden Sie erleichtert sein?

☐ 1 sehr bedauern
☐ 2 gleichgültig
☐ 3 erleichtert sein
☐ 0 (weiß nicht/keine Antwort)

377. Kommt es vor, daß Sie sich nicht nur als Deutscher fühlen sondern auch als Europäer? Ist dies häufig - manchmal - oder nie der Fall?

☐ 1 häufig
☐ 2 manchmal
☐ 3 nie
☐ 0 (weiß nicht/keine Antwort)

378. Welche der folgenden Dinge zeigt Ihrer Meinung nach am besten daß, es ein Europa der Bürger gibt?

INT.: LISTE 17 vorlegen
mehrere Antworten möglich !

☐☐☐☐☐☐☐☐☐
1 2 3 4 5 6 7 8 9

☐ 10 Sonstiges, was? ....

☐ 11 (Nichts davon) INT.: nur spontane Antworten !

☐ 0 (weiß nicht/keine Angabe)

379-80. Ich würde gern Ihre Einstellung zu einigen politischen Fragen und Problemen erfahren. Sagen Sie bitte für jedes politische Thema, das ich Ihnen vorlese, ob Sie es für sehr wichtig oder für nicht sehr wichtig halten.

	sehr wichtig	nicht sehr wichtig
	1	2
Rentensicherheit	☐	☐
Arbeitslosigkeit	☐	☐
stabile Preise	☐	☐
Steuerreform	☐	☐
Politische Vereinigung der Europäischen Gemeinschaft	☐	☐
Rüstungsbegrenzungen	☐	☐
Reform des Gesundheitswesens	☐	☐
Landwirtschaftliche Überschüsse	☐	☐
Umweltschutz	☐	☐
Aussiedler(strom)	☐	☐
Beitritt der Türkei zur Europäischen Gemeinschaft	☐	☐
Vollendung des Europäischen Binnenmarktes im Jahr 1992	☐	☐

413. Welches dieser Probleme halten Sie für das wichtigste?

INT.: LISTE 18 vorlegen; nur eine Antwort möglich !
Im linken SCHEMA unter Frage 413, Seite 23 markieren !

414-15. Und welche Partei halten Sie am ehesten für fähig, dieses wichtigste Problem zu lösen?

INT.: Im rechten SCHEMA unter Frage 414-15, Seite 23 markieren !

416. Und welches Problem halten Sie für das zweitwichtigste?

INT.: LISTE 18 vorlegen; nur eine Antwort möglich !
Im linken SCHEMA unter Frage 416, Seite 23 markieren !

417-18. Und welche Partei halten Sie am ehesten für fähig, dieses zweitwichtigste Problem zu lösen?

INT.: Im rechten SCHEMA unter Frage 417-18, Seite 23 markieren !

419. Und welches Problem halten Sie schließlich für das drittwichtigste?

INT.: LISTE 18 vorlegen; nur eine Antwort möglich !
Im linken SCHEMA unter Frage 419, Seite 23 markieren !

420-21. Und welche Partei halten Sie am ehesten für fähig, dieses drittwichtigste Problem zu lösen?

INT.: Im rechten SCHEMA unter Frage 420-21, Seite 23 markieren !

6. Anhang

SCHEMA ZU FRAGEN 413 - 420-21:

PROBLEME:	wichtigstes Problem Frage 413	zweit- wichtigstes Problem Frage 416	dritt- wichtigstes Problem Frage 419	KOMPETENTESTE PARTEI: für ...	Frage 414-15 wichtigstes Problem	Frage 417-18 zweitwichtigstes Problem	Frage 420-21 drittwichtigstes Problem
Rentensicherheit	☐	☐	☐	CDU/CSU	☐	☐	☐
Arbeitslosigkeit	☐	☐	☐	SPD	☐	☐	☐
stabile Preise	☐	☐	☐	F.D.P.	☐	☐	☐
Steuerreform	☐	☐	☐	NPD	☐	☐	☐
Politische Vereinigung der Europäischen Gemeinschaft	☐	☐	☐	DKP	☐	☐	☐
Rüstungsbegrenzungen	☐	☐	☐	Die Grünen	☐	☐	☐
Reform des Gesundheitswesens	☐	☐	☐	Republikaner	☐	☐	☐
Landwirtschaftliche Überschüsse	☐	☐	☐	Sonstige	☐	☐	☐
Umweltschutz	☐	☐	☐	keine von allen	☐	☐	☐
Aussiedler(strom)	☐	☐	☐	weiß nicht	☐	☐	☐
Beitritt der Türkei zur Europäischen Gemeinschaft	☐	☐		keine Angabe	☐	☐	☐
Vollendung des Europäischen Binnenmarktes im Jahr 1992	☐	☐					

6.3 — Teil 2, Fragebogen

422. Können Sie sich erinnern, in letzter Zeit in Zeitungen, Zeitschriften, Radio oder Fernsehen irgend etwas über das Europäische Parlament gelesen oder gehört zu haben? Das ist die parlamentarische Versammlung der Europäischen Gemeinschaft.

☐ 1 ja → 423
☐ 2 nein → 424
☐ 0 (weiß nicht/keine Antwort)

423. Haben Sie insgesamt nach dem, was Sie gehört oder gelesen haben, eher einen guten oder eher einen schlechten Eindruck vom Europäischen Parlament?

☐ 1 eher guten Eindruck
☐ 2 eher schlechten Eindruck
☐ 3 (weder gut noch schlecht) INT.: nur spontane Antworten!
☐ 0 (weiß nicht/keine Antwort)

424. Spielt das Europa-Parlament im Leben der Europäischen Gemeinschaft zur Zeit eine sehr wichtige Rolle - eine wichtige Rolle - eine nicht sehr wichtige Rolle - oder eine überhaupt nicht wichtige Rolle?

☐ 1 sehr wichtige Rolle
☐ 2 wichtige Rolle
☐ 3 nicht sehr wichtige Rolle
☐ 4 überhaupt nicht wichtige Rolle
☐ 0 (weiß nicht/keine Antwort)

425. Würden Sie persönlich es eher begrüßen, wenn das Europa-Parlament eine wichtigere Rolle - oder eine weniger wichtige Rolle spielen würde als dies zur Zeit der Fall ist?

☐ 1 wichtigere Rolle
☐ 2 weniger wichtige Rolle
☐ 3 (die gleiche Rolle, sollte so bleiben) INT.: nur spontane Antw.
☐ 0 (weiß nicht/keine Antwort)

426. Im Juni dieses Jahres werden die Bürger der Mitgliedsländer der Europäischen Gemeinschaft, also auch der Bundesrepublik Deutschland, aufgerufen, die Mitglieder des Europäischen Parlaments zu wählen. Werden Sie wohl ganz bestimmt zur Wahl gehen - wahrscheinlich - wahrscheinlich nicht - oder bestimmt nicht?

☐ 1 ganz bestimmt → 427-28
☐ 2 wahrscheinlich
☐ 3 wahrscheinlich nicht
☐ 4 bestimmt nicht → 429-35
☐ 5 (je nachdem) INT.: nur wenn spontane Antwort
☐ 0 (weiß nicht/keine Antwort)

427-28. Welche Partei werden Sie bei den Europawahlen wohl am ehesten wählen?

INT.: LISTE 19 vorlegen

☐☐ 11 12 13 14 15 16 17 18 19

Sonstige: ....

☐ 20 (weiß nicht)   ☐ 21 (keine Antwort)

153

429-35. Es gibt Leute, die wählen immer dieselbe Partei. Andere entscheiden sich von Wahl zu Wahl neu. Sagen Sie mir bitte zu jeder der folgenden Parteien, wie wahrscheinlich es ist, daß Sie diese Partei jemals in einer Europawahl wählen werden?

INT.: LISTE 20 vorlegen; Parteien bitte vorlesen!

	völlig unwahrscheinlich									sehr wahrscheinlich	(w.n./k.A.)
	1	2	3	4	5	6	7	8	9	10	0
CDU/CSU	□	□	□	□	□	□	□	□	□	□	□
SPD	□	□	□	□	□	□	□	□	□	□	□
F.D.P.	□	□	□	□	□	□	□	□	□	□	□
Grüne	□	□	□	□	□	□	□	□	□	□	□
Republikaner	□	□	□	□	□	□	□	□	□	□	□

436-37. Können Sie mir einige Kandidaten nennen, die sich um einen Sitz im Europäischen Parlament bewerben?

INT.: bis zu drei Namen notieren, gleichgültig, ob sie richtig oder falsch sind!

438. Welche Partei setzt sich Ihrem Eindruck nach am meisten für Europa ein?

INT.: offen fragen und unten markieren !

□ 1 (CDU/CSU)

□ 2 (SPD)

□ 3 (F.D.P.)

□ 4 (Die Grünen)

□ 5 (Andere Partei, welche):

....

□ 6 (keine Partei)

439. Sind Sie für oder gegen die Gründung einer Europäischen Regierung im Jahr 1992, die dem Europäischen Parlament gegenüber verantwortlich ist?

□ 1 dafür

□ 2 dagegen

□ 0 (weiß nicht/k. Antw.)

NUR FÜRS INSTITUT !

1	2	3	4	5	6	7	8	9
□	□	□	□	□	□	□	□	□
□	□	□	□	□	□	□	□	□

6.3 — Teil 2, Fragebogen

440-41. Ich lese Ihnen nun drei Aussagen zum Europäischen Parlament vor, dessen Mitglieder wir im Juni dieses Jahres wählen werden. Sagen Sie mir bitte für jede Aussage, ob sie richtig oder falsch ist?

INT.: bitte vorlesen

	richtig 1	falsch 2
Das Europäische Parlament hat die Macht, Gesetze zu erlassen, die in jedem Mitgliedsland der Europäischen Gemeinschaft verbindlich sind.	☐	☐
Das Europäische Parlament hat die Macht, den Haushaltsentwurf der Europäischen Gemeinschaft abzulehnen	☐	☐
Der Präsident der Kommission der Europäischen Gemeinschaft wird vom Europäischen Parlament gewählt	☐	☐

442. Bitte schauen Sie sich die folgende Liste an. Welche der Meinungen auf dieser Liste kommt Ihrer eigenen Meinung am nächsten?

INT.: LISTE 21 vorlegen

☐ 1 Meinung A
☐ 2 Meinung B
☐ 3 (keine von beiden)
  INT.: nur spontane Nennung
☐ 4 (w.n./k.A.)

443-45. Ich habe hier ein schnelles Fragespiel. Sagen Sie mir bitte zu jeder Aussage, ob sie richtig oder falsch ist. Wenn Sie es nicht wissen, sagen Sie es mir bitte, wir gehen dann zur nächsten Frage über.

INT.: bitte vorlesen

	richtig 1	falsch 2	(w.n./ k.A.) 3
Das Erdinnere ist sehr heiß	☐	☐	☐
Der Sauerstoff, den wir atmen, kommt von den Pflanzen	☐	☐	☐
Radioaktive Milch verliert ihre Schädlichkeit, wenn man sie abkocht	☐	☐	☐
Elektronen sind kleiner als Atome	☐	☐	☐
Die Kontinente bewegen sich langsam auf der Erdkruste	☐	☐	☐
Das Geschlecht eines Babies wird durch die Gene des Vaters festgelegt	☐	☐	☐
Die ersten Menschen lebten zur gleichen Zeit wie die Dinosaurier	☐	☐	☐
Antibiotika töten sowohl Viren als auch Bakterien ab	☐	☐	☐
Die Lasertechnik arbeitet mit gebündelten Schallwellen	☐	☐	☐
Die gesamte Radioaktivität ist durch Menschenhand verursacht	☐	☐	☐

446. Und zum Schluß eine Frage, die von vielen Leuten verneint wird. Ist es Ihrer Meinung nach richtig oder falsch, daß die heutige Menschheit von einer früheren Gattung von Tieren abstammt?

☐ 1 richtig
☐ 2 falsch
☐ 0 (weiß nicht/keine Angabe)

6. Anhang

447. Bewegt sich eigentlich die Erde um die Sonne, oder bewegt sich die Sonne um die Erde?

☐ 1 die Erde bewegt sich um die Sonne → 448

☐ 2 die Sonne bewegt sich um die Erde ⤴ 449

☐ 0 (weiß nicht/ keine Antwort)

448. Und wie lange braucht die Erde, um die Sonne einmal zu umrunden?

☐ 1 einen Tag

☐ 2 einen Monat

☐ 3 ein Jahr

☐ 0 (w.n./k.A.)

449A. Stellen Sie sich vor, ein Medikament zur Behandlung von Blut-Hochdruck stände unter dem Verdacht, vollkommen wirkungslos zu sein. Wissenschaftler können das Problem auf drei verschiedenen Wegen untersuchen. Welche der drei Untersuchungsmethoden auf dieser Liste werden Wissenschaftler Ihrer Meinung nach am ehesten anwenden?

LISTE 22 vorlegen; nur eine Nennung!

1	2	3	0 (w.n./ k.A.)
☐	☐	☐	☐

450. Stellen Sie sich vor, die Ärzte erklären einem jungen Paar, daß es aufgrund seiner genetischen Merkmale mit einer Chance von eins zu vier damit rechnen muß, daß ein Kind von ihnen eine erbliche Krankheit hat.
Was bedeutet das Ihrer Meinung nach?

LISTE 24 vorlegen; nur eine Nennung!

1	2	3	4	0 (w.n./ k.A.)
☐	☐	☐	☐	☐

451. In aktuellen Berichterstattungen kommt es vor, daß von den Ergebnissen einer "wissenschaftlichen Studie" gesprochen wird. Wenn Sie den Ausdruck "wissenschaftliche Studie" hören oder lesen, haben Sie dann ...
INT.: bitte vorlesen

☐ 1 eine klare Vorstellung davon, was das bedeutet?

☐ 2 eine ungefähre Vorstellung davon, was das bedeutet? oder

☐ 3 kaum eine Vorstellung davon, was das bedeutet?

☐ 0 (w.n./k.A.)

452-53. Bitte sagen Sie mir in Ihren eigenen Worten, was es heißt, etwas "wissenschaftlich zu untersuchen"?

NUR FÜRS INSTITUT !

1	2	3	4	5	6	7	8	9	10
☐	☐	☐	☐	☐	☐	☐	☐	☐	☐
☐	☐	☐	☐	☐	☐	☐	☐	☐	☐

6.3 — Teil 2, Fragebogen   157

454-461. Lassen Sie uns nun zu einem anderen Thema kommen.

INT.: LISTE 25 vorlegen

Hier stehen acht Paare von gegensätzlichen Eigenschaften, z.B. "stark und schwach" oder "schön und häßlich". Im folgenden geht es darum, den Begriff Gewalt zu beschreiben. Bitte tragen Sie für jedes der acht Wortpaare in den Fragebogen ein, was Sie persönlich mit dem Begriff "Gewalt" verbinden. Wenn Sie eine der stehenden Eigenschaften voll und ganz mit einer auf der linken Seite stehenden Eigenschaften verbinden, dann vergeben Sie bitte den Wert "1", wenn Sie es voll und ganz mit einer auf der rechten Seite stehenden Eigenschaften verbinden, den Wert "7". Mit den Werten dazwischen können Sie Ihre Meinung jeweils abgestuft äußern.

INT.: bitte dem Befragten den Fragebogen zum Selbstausfüllen übergeben!

G E W A L T   I S T . . . . .

	1	2	3	4	5	6	7	
unnötig								nötig
schwach								stark
gut								schlecht
schön								häßlich
langweilig								aufregend
links								rechts
wirksam								unwirksam
ungefährlich								gefährlich

INT.: GELBES KARTENSPIEL mischen und übergeben !

462-71. Hier sind zehn Kärtchen. Auf jedem dieser Kärtchen finden Sie eine bestimmte Art von Verhalten beschrieben. Ein solches Verhalten haben verschiedene Leute manchmal gewählt, um gegen etwas zu protestieren, oder um die Öffentlichkeit auf ihr Anliegen aufmerksam zu machen.

Ist auf diesen Kärtchen irgendetwas aufgeschrieben, wovon Sie überhaupt noch nie gehört haben oder was Sie nicht verstehen?

INT.: Falls "Ja", muß auf Seite 29 für dieses Kärtchen eine "?" markiert werden. Das Kärtchen wird dann beiseitegelegt. Mit den verbleibenden Kärtchen dann Frage 462-71 durchgehen !

INT.: restliche GELBE KÄRTCHEN erneut mischen, dazu das VORLAGEBLATT vorlegen !

Wir würden nun gerne von Ihnen wissen, wie Sie über diese Verhaltensweisen denken. Sehen Sie sich bitte dazu dieses Vorlageblatt an.

Bitte legen Sie nun diese Kärtchen jeweils auf das entsprechende Feld dieses Vorlageblattes, um anzugeben - z.B. Feld 1 - ob Sie selbst sich in den vergangenen 10 Jahren an so einer Aktion schon einmal beteiligt haben.

Wenn Sie bisher noch nicht an einer derartigen Aktion beteiligt waren, es aber tun würden, wenn es um eine Sache ginge, die für Sie sehr wichtig ist - legen Sie das Kärtchen auf Feld 2.

Falls Sie sich nur in einer ganz außergewöhnlichen Situation daran beteiligen würden, legen Sie bitte das entsprechende Kärtchen auf das Feld 3.

Und wenn Sie sich niemals, unter keinen Umständen an so etwas beteiligen würden, dann legen Sie das Kärtchen bitte auf das Feld 4.

SCHEMA siehe nächste Seite

6. Anhang

noch Frage 462-71

INT.: bitte für jedes Kärtchen entsprechend der Verteilung auf dem Vorlageblatt eine Antwortkennziffer markieren.
Code 8 "weiß nicht" nur bei beharrlicher Unentschiedenheit des Befragten markieren.

	habe mich bereits daran beteiligt	würde mich beteiligen ...			kenne ich nicht	(weiß nicht)
		bei wich- tiger Sache	in außer- gewöhn- licher Situation	unter keinen Um- ständen		
	1	2	3	4	7	8
A Beteiligung an Bürgerinitiativen	☐	☐	☐	☐	☐	☐
B Beteiligung an einer Unterschriftensammlung	☐	☐	☐	☐	☐	☐
C Beteiligung an einem Boykott	☐	☐	☐	☐	☐	☐
D Teilnahme an einer genehmigten politischen Demonstration	☐	☐	☐	☐	☐	☐
E Weigerung, Mieten, Raten oder Steuern zu bezahlen	☐	☐	☐	☐	☐	☐
F Beteiligung an einem wilden Streik	☐	☐	☐	☐	☐	☐
G Besetzung von Fabriken, Ämtern und anderen Gebäuden	☐	☐	☐	☐	☐	☐
H Aufhalten des Verkehrs mit einer Demonstration	☐	☐	☐	☐	☐	☐
J Beschädigung fremden Eigentums, z.B. Fenster ein- schlagen, Straßenschilder abmontieren oder ähnliches	☐	☐	☐	☐	☐	☐
K Anwendung von Gewalt gegen Personen, z.B. Schlägereien mit Polizisten oder mit anderen Demonstranten von der Gegenseite	☐					

INT.: LISTE 26 vorlegen!

472-75. Was halten Sie von den folgenden Verhaltensweisen? Sagen Sie mir bitte zu jeder, ob Sie diese Verhaltensweise voll befürworten, im großen und ganzen befürworten, ob Sie sie im großen und ganzen ablehnen oder entschieden ablehnen?

	befürworte ich		lehne ich ab		(weiß
	voll	im gros-sen und ganzen	im gros-sen und ganzen	ent-schie-den	nicht/ k.A.)
	1	2	3	4	0
Wenn Polizisten mit Schlagstöcken gegen Demonstranten vorgehen					
Wenn Gerichte harte Strafen über solche Protestierer verhängen, die sich gegen Anweisungen der Polizei zur Wehr setzen					
Wenn die Regierung zur Aufrechterhaltung von Sicherheit und Ordnung jede öffentliche Demonstration verbietet					
Wenn die Bundesregierung den Bundesgrenzschutz oder die Bundeswehr einsetzt, um einen Streik zu beenden					

476. Hier auf dieser Liste stehen drei grundsätzliche Standpunkte über die Gesellschaft, in der wir leben. Welcher davon drückt am ehesten das aus, was auch Sie denken?
INT.: LISTE 27 vorlegen; nur e i n e Nennung!

1 2 3 0 (w.n./k.A.)

477. In der Politik spricht man von "links" oder "rechts". Wie würden Sie persönlich Ihren politischen Standpunkt auf dieser Liste einordnen?
INT.: LISTE 28 vorlegen, bis Frage 477a liegenlassen; dem Befragten Zeit lassen, n i c h t beeinflussen; falls er zögert, zur Antwort ermutigen!

links   rechts
1 2 3 4 5 6 7 8 9 10   0 (w.n./k.A.)

477a. Und wo würden Sie die politischen Parteien auf dieser Skala einordnen?
LISTE 28 vorlegen

links   rechts (w.n./k.A.)
1 2 3 4 5 6 7 8 9 10   0

CDU/CSU

SPD

F.D.P

Grüne

Republikaner

478. Gibt es eine politische Partei, der Sie nahestehen, d. h. fühlen Sie sich dieser Partei sehr verbunden – ziemlich verbunden – oder sind Sie nur Sympathisant?

1 sehr verbunden
2 ziemlich verbunden → 479
3 nur Sympathisant
4 stehe keiner Partei nahe → 480
0 (weiß nicht)

479. Um welche Partei handelt es sich dabei?

INT.: LISTE 29 vorlegen

11 12 13 14 15 16 17 18 19

Sonstige: ....

0 (weiß nicht/keine Antwort)

480. Sagen Sie mir bitte anhand der Liste 30, wie wichtig für Ihr persönliches Leben die Dinge sind, die in den folgender politischen Einrichtungen diskutiert und entschieden werden.

INT.: LISTE 30 vorlegen;
nur eine Nennung pro Zeile!

INT.: bitte vorlesen

	sehr wich- tig	wich- tig	nicht sehr wich- tig	über- haupt nicht wich- tig	(weiß nicht/ keine Ant- wort)
	1	2	3	4	0
Stadt- oder Gemeinderat					
Bundestag					
Europa-Parlament					

480a. Von Zeit zu Zeit gibt es in einem Land Politiker, die sich aufgrund ihrer Führungseigenschaften und Persönlichkeit herausheben. Wie ist das heutzutage? Gibt es in der Bundesrepublik einen in diesem Sinne herausragenden Politiker? Und wer noch?

INT.: offen abfragen, rechts markieren!

1 O. Graf Lambsdorff
2 H.J. Vogel
3 H. Kohl
4 Th. Waigel
5 J. Ditfurth
6 O. Schily
7 O. Lafontaine
8 W. Brandt
9 H.D. Genscher
10 H. Geißler
11 R.v.Weizsäcker
12 R. Süßmuth
13 J. Schönhuber
14 F.J. Strauß
15 H. Schmidt
16 Sonstige, welche? ....
17 keine
0 (w.n./k.A.)

527. Wie ist Ihr Familienstand?

1 ledig
2 verheiratet
3 unverheiratet zusammenlebend
4 geschieden
5 getrennt lebend
6 verwitwet

528. Wie alt waren Sie, als Sie Ihre Schul- bzw. Universitätsausbildung beendeten?

1 14 Jahre und jünger
2 15 Jahre
3 16 Jahre
4 17 Jahre
5 18 Jahre
6 19 Jahre
7 20 Jahre
8 21 Jahre
9 22 Jahre und älter
X gehe noch zur Schule bzw. Universität
0 (weiß nicht/keine Antwort)

529-30. Welche Partei würden Sie wählen, wenn am nächsten Sonntag Bundestagswahl wäre? Nennen Sie bitte die Nummer der Partei, für die Sie sich entscheiden würden!
LISTE 29 vorlegen
11 12 13 14 15 16 17 18 19   → 533-34

Sonstige: ....
20 (weiß nicht) → 531-32
21 (keine Antwort) → 553-34

531-32. Wenn Sie es auch noch nicht genau wissen: Zur Wahl welcher Partei würden Sie am ehesten neigen?
LISTE 29 vorlegen
11 12 13 14 15 16 17 18 Sonstige: ....
19 keine 20 (weiß nicht) 21 (keine Antwort)

533-34. Welche Partei haben Sie bei der letzten Bundestagswahl 1987 gewählt?
LISTE 31 vorlegen
11 12 13 14 15 16 17 18

Sonstige: ....

6. Anhang

539. Wie viele Kinder unter 15 Jahren leben in Ihrem Haushalt?

Kinder

| 1 | 2 | 3 | 4 | 5 | 6 | 7 | 8 | 9 und mehr | 0 keine |

538. Wie viele Personen leben ständig in Ihrem Haushalt, Sie selbst mit eingeschlossen?

Pers.

| 1 | 2 | 3 | 4 | 5 | 6 | 7 | 8 | 9 und mehr |

535. Geschlecht:

☐ 1 männlich
☐ 2 weiblich

536-37. Darf ich fragen, wie alt Sie sind?

Jahre

| 1 | 2 | 3 | 4 | 5 | 6 | 7 | 8 | 9 | 0 |

6.3 — Teil 2, Fragebogen

540. Wenn Sie einmal alles zusammenrechnen, wie hoch ist dann etwa das monatliche Einkommen, das alle zusammen haben, vor Abzug der Steuern und der Sozialversicherung, also das Brutto-Einkommen?
LISTE 32 vorlegen

1	2	3	4	5	6	7	8	9
10	11	12	0 (weiß nicht/keine Antwort)					

541-42. Welchen Beruf üben Sie zur Zeit aus?
LISTE 33 vorlegen

1	2	3	4	→ 546
5	6	7	8	9	10	11	12	→ 545
13	14	15	16	17				543-44

543-44. Waren Sie früher berufstätig? Wenn ja, welchen Beruf haben Sie zuletzt ausgeübt?
LISTE 34 vorlegen

| 1 | 2 | 3 | 4 | → 546 |
| 5 | 6 | 7 | 8 | 9 | 10 | 11 | 12 | → 545 |

00 nie berufstätig gewesen ────→ 548

545. Wo sind/waren Sie beschäftigt?
INT.: bitte vorlesen

1 Öffentlicher Dienst
2 Verstaatlichte Unternehmen
3 Privatindustrie
4 Private Dienstleistungen
0 (Befragter weiß es nicht bzw. Interviewer kann es nicht zuordnen)

546. Wie viele Arbeitnehmer arbeiten/arbeiteten dort, wo Sie arbeiten?

1 keiner (arbeitet allein oder in der Familie)
2 1 bis 4 Arbeitnehmer
3 5 bis 9 Arbeitnehmer
4 10 bis 49 Arbeitnehmer
5 50 bis 499 Arbeitnehmer
6 500 Arbeitnehmer und mehr
0 (weiß nicht/keine Antwort)

547. Für wie viele Personen sind/waren Sie der Vorgesetzte?

1 keine
2 1 bis 4 Personen
3 5 bis 9 Personen
4 10 und mehr Personen

548. Sind Sie selbst oder jemand aus Ihrem Haushalt Mitglied einer politischen Partei?

1 ja, Befragte(r) selbst
2 ja, jemand anderes im Haushalt
3 nein, niemand im Haushalt
0 (weiß nicht/keine Antwort)

549. Sind Sie selbst oder jemand aus Ihrem Haushalt Mitglied einer Gewerkschaft?

1 ja, Befragte(r) selbst ────→ 550
2 ja, jemand anderes im Haushalt ─┐
3 nein, niemand im Haushalt   ├→ 551
0 (weiß nicht/keine Antwort)   ┘

6. Anhang

559. Betrachten Sie sich als einer Religionsgemeinschaft zugehörig? Wenn ja, welcher?

- 1 römisch-katholische Kirche ⟶ 560
- 2 evangelische Kirche ⟶ 560
- 3 orthodoxe Kirche ⟶ 560
- 4 Juden ⟶ 561
- 5 Muslime ⟶ 561
- 6 Buddhisten ⟶ 561
- 7 Hindu ⟶ 561
- 8 Sonstige, und zwar: .... ⟶ 561
- 0 keiner

NUR FÜRS INSTITUT !

1 2 3 4 5 6 7 8 9

550. In welcher Gewerkschaft sind Sie Mitglied?

551. Sind Sie hier der Haushaltungsvorstand?
- 1 ja ⟶ 556
- 2 nein ⟶ 552-53

552-53. Welchen Beruf übt der Haushaltsvorstand aus?
LISTE 33 vorlegen
1 2 3 4
5 6 7 8 9 10 11 12
13 14 15 16 17

554-555. Welchen Beruf hat der Haushaltsvorstand zuletzt ausgeübt? ⟶ 556
LISTE 34 vorlegen
1 2 3 4
5 6 7 8 9 10 11 12
00 nie berufstätig gewesen ⟶ 554-55

556. Wenn man Sie bitten würde, mit einer der Bezeichnungen auf dieser Liste Ihre soziale Schicht zu beschreiben, wo würden Sie sich dann einordnen?
INT.: LISTE 35 vorlegen; nur eine Nennung!
1 2 3 4 5 6: (weigert sich zu antworten)
7
Sonstiges: ....
0 (weiß nicht/ keine Antw.)

557. Leben Sie in einem eigenen oder gemieteten Haus oder einer eigenen oder gemieteten Wohnung?
INT.: LISTE 36 vorlegen; nur eine Nennung!
1 2 3 4 5 6 0 (w.n./k.A.)

558. Würden Sie sagen, daß Sie in einer ländlichen Gegend, also auf dem Dorf - in einer Kleinstadt oder Mittelstadt - oder in einer großen Stadt leben?
- 1 ländliche Gegend
- 2 Klein- oder Mittelstadt
- 3 große Stadt

560. Wie häufig gehen Sie zum Gottesdienst?
Mehrmals in der Woche - einmal in der Woche - einige Male im Jahr - einmal im Jahr oder seltener - oder nie?

- 1 mehrmals in der Woche
- 2 einmal in der Woche
- 3 einige Male im Jahr
- 4 einmal im Jahr oder seltener
- 5 nie
- 0 (weiß nicht/keine Antwort)

561. Unabhängig davon, ob Sie zur Kirche gehen - würden Sie sagen, daß Sie ...

- 1 ein religiöser Mensch sind?
- 2 ein eher nicht religiöser Mensch sind? oder
- 3 ein überzeugter Atheist?
- 0 (weiß nicht/keine Antwort)

562-70. INTERVIEWER: Fr. 562-80 sind nicht mehr abzufragen.
Bitte Angaben zur Interviewdurchführung eintragen:

Datum: Tag Monat Interviewbeginn Uhr Interviewdauer Min.

1
2
3
4
5
6
7
8
9
0

571. Während des Interviews waren anwesend:

- 1 zwei Personen (Befragte(r) und Interviewer)
- 2 drei Personen
- 3 vier Personen
- 4 fünf und mehr Personen

166   6. Anhang

572. Mitarbeit des/der Befragten:

☐ 1 sehr gut
☐ 2 gut
☐ 3 mittel
☐ 4 schlecht

573-76. Postleitzahl:

(Eingabefelder 1–0)

577-80. Interviewer-Nummer:

(Eingabefelder 1–0)

581-82. Laufende Nummer:

(Eingabefelder 1–0)

Ich, der Unterzeichner, versichere, daß ich das Interview entsprechend den Anweisungen des Instituts durchgeführt habe. Gerichtsstand ist der Sitz des Instituts.

....
(Unterschrift)

6.3 — Teil 2, Fragebogen

LISTE 1

1. Aufrechterhaltung von Sicherheit und Ordnung in der Nation

2. verstärktes Mitspracherecht der Bevölkerung bei wichtigen Regierungsentscheidungen

3. Kampf gegen Preissteigerungen

4. Schutz der freien Meinungsäußerung

LISTE 2

Besuch ..

1 einmal
2 zweimal
3 dreimal
4 viermal
5 fünfmal
6 sechsmal
7 siebenmal
8 achtmal
9 neunmal
10 zehnmal
11 keinmal

LISTE 3

1 stimme völlig zu
2 stimme eher zu
3 unentschieden
4 lehne eher ab
5 lehne völlig ab

LISTE 4

EUROPÄISCHER KODEX GEGEN KREBS

Bestimmte Krebskrankheiten können vermieden werden:
----

1. Rauchen Sie nicht !
   Raucher sollten dies so schnell wie möglich befolgen und schon gar nicht in Anwesenheit anderer rauchen,

2. Verringern Sie Ihren Alkoholkonsum: Bier, Wein, Spirituosen

3. Vermeiden Sie starke Sonnenbestrahlung!

4. Folgen Sie den Gesundheits- und Sicherheitsvorschriften, besonders an Ihrem Arbeitsplatz bei Herstellung, Handhabung und Gebrauch aller Substanzen, die Krebs verursachen können.

Ihr allgemeiner Gesundheitszustand wird durch die folgenden zwei Empfehlungen gefördert, die auch das Risiko mancher Krebskrankheiten vermindern:

5. Essen Sie häufig frisches Obst und Gemüse sowie Getreideprodukte mit hohem Fasergehalt.

6. Vermeiden Sie Übergewicht, und begrenzen Sie die Aufnahme fettreicher Nahrungsmittel.

MEHR KREBSKRANKHEITEN WERDEN GEHEILT, WENN SIE FRÜH ERKANNT WERDEN:

7. Gehen Sie zum Arzt, wenn Sie eine ungewöhnliche Schwellung bemerken, eine Veränderung an einem Hautmal oder eine abnorme Blutung.

8. Gehen Sie zum Arzt, wenn Sie andauernde Beschwerden haben wie chronischen Husten oder Heiserkeit, dauerhafte Auffälligkeiten bei der Verdauung oder einen ungeklärten Gewichtsverlust bemerken.

FÜR FRAUEN:

9. Gehen Sie regelmäßig zur gynäkologischen Vorsorgeuntersuchung.

10. Untersuchen Sie regelmäßig Ihre Brüste; wenn Sie über 50 sind, gehen Sie, wenn möglich, in regelmäßigen Abständen zur Mammographie.

LISTE 5

1 jeden / fast jeden Tag

2 3-4 Tage pro Woche

3 1-2 Tage pro Woche

4 seltener

5 nie

LISTE 7

1 in der Nähe eines Atomkraftwerkes zu leben

2 einen ausgedehnten Aufenthalt in den Bergen zu machen

3 in der Nähe eines Bergwerkes zur Gewinnung von Uran zu leben

4 Niederschlägen von militärischen Atomwaffentests ausgesetzt zu sein

5 sich einer Röntgenuntersuchung zu unterziehen

6 in der Nähe einer Straße zu wohnen, auf der radioaktive Mineralien oder Abfälle transportiert werden

7 in einem Flugzeug in großer Höhe zu reisen

LISTE 6

1 mir fehlte ein echter Genuß

2 ich wurde nervös

3 ich begann zuzunehmen

4 ich hatte das Gefühl, daß mir etwas Anregendes fehlte

5 die Leute in meiner Umgebung haben geraucht

6 nichts und niemand konnte mir dabei helfen

7 sonstiges, bitte angeben

....

LISTE 8

1 die Information ist vertrauenswürdig

2 die Information ist ausreichend

3 die Information ist objektiv

4 die Information ist klar und gut erklärt

5 die Information ist interessant

6 die Information wird schnell bekanntgegeben

7 sonstige Gründe, bitte angeben:

....

LISTE 9

1 die Information ist nicht vertrauenswürdig

2 die Information ist nicht ausreichend

3 die Information ist nicht objektiv

4 die Information ist kompliziert und schlecht erklärt

5 die Information ist nicht interessant

6 die Information wird schlecht und mit Verzögerung verbreitet

7 sonstige Gründe, bitte angeben:

....

LISTE 11

1 Landwirtschaft

2 Energie

3 Wissenschaft

4 die Umwelt

5 Verteidigung

6 auf allen diesen Gebieten

7 auf keinem dieser Gebiete

LISTE 10

1 großer Sachverstand in bezug auf das Thema

2 echte Unabhängigkeit von wirtschaftlichen und industriellen Interessengruppen

3 die Fähigkeit, klar zu erklären, was vorsichgeht

4 starke Bezugnahme auf die Sorgen, die sich die Allgemeinheit macht

5 echte Unabhängigkeit von politischem Einfluß

6 großer Sachverstand in bezug auf Gesundheitsfragen

7 sonstiges, bitte angeben:

....

LISTE 12

1 Telekommunikation

2 neue Techniken industrieller Produktion

3 neue Techniken in der Landwirtschaft

4 zivile Nutzung der Kernenergie

5 Biotechnologie

6 psychologische Forschung

7 Umwelt-Forschungen

8 Informationstechnologie

9 Roboter / Automatisierung

10 Forschungen über den Ursprung und das Wesen des Universums

LISTE 13

sie verschwenden Gelder	1 2 3 4 5	sie sparen Gelder ein
sie sind nicht so effektiv	1 2 3 4 5	sie sind effektiver
sie werden immer unwichtiger	1 2 3 4 5	sie werden immer wichtiger
sie nutzen nicht dem Wirtschaftswachstum	1 2 3 4 5	sie sind sehr nützlich für das Wirtschaftswachstum
sie sind unseren nationalen Interessen entgegengesetzt	1 2 3 4 5	sie gehen in die gleiche Richtung wie unsere nationalen Interessen

LISTE 15

1 das stört mich nicht, auch wenn es während einer Sendung mehrere Unterbrechungen gibt

2 eine Unterbrechung stört mich nicht, aber mehr als eine ist zuviel

3 ich bin völlig gegen die Unterbrechung von Sendungen durch Werbung

4 habe keinen Fernsehapparat bzw. sehe nie fern

LISTE 14

1 Nachrichtensendungen

2 Spiel-Shows

3 Varieté-Shows

4 Sportsendungen

5 Musiksendungen

6 Bildungsprogramme

7 Kinofilme

8 Fernsehfilme und -Serien

9 Sendungen für bestimmte Interessengruppen (z.B. Basteln, Briefmarkensammeln, Kochen usw.)

10 Dokumentarfilme und Reportagen

11 Sonstiges, was?
....

LISTE 16

1 Drei Minuten

2 Sechs Minuten

3 Neun Minuten

4 Zwölf Minuten

5 Fünfzehn Minuten

6 Mehr als fünfzehn Minuten

7 Keine Begrenzung

LISTE 17

1. die Möglichkeit, ausländische Waren zu kaufen ohne Zollabgaben bezahlen zu müssen
2. direkte Kontakte zwischen den Bürgern der EG-Mitgliedsländer durch den Tourismus
3. Nachrichten, die über die Europäische Gemeinschaft berichten
4. ein gesamt-europäisches Recht, das den nationalen Gesetzen übergeordnet ist
5. die Tatsache, daß junge Leute ihre Ausbildung in anderen Ländern der Europäischen Gemeinschaft fortsetzen können
6. die Übertragung derselben Fernsehprogramme in mehreren Ländern der Europäischen Gemeinschaft
7. die Anerkennung beruflicher Qualifikationen in der gesamten Europäischen Gemeinschaft
8. die Tatsache, daß man ohne Probleme die Grenzen der Mitgliedsländer überqueren kann
9. die Benutzung einer europäischen Hymne und Flagge
10. Sonstiges, was?

....

LISTE 18

1. Rentensicherheit
2. Arbeitslosigkeit
3. stabile Preise
4. Steuerreform
5. politische Vereinigung der Europäischen Gemeinschaft
6. Rüstungsbegrenzungen
7. Reform des Gesundheitswesens
8. landwirtschaftliche Überschüsse
9. Umweltschutz
10. Aussiedler(strom)
11. Beitritt der Türkei zur Europäischen Gemeinschaft
12. Vollendung des Europäischen Binnenmarktes im Jahr 1992

LISTE 19

1. CDU/CSU
2. SPD
3. F.D.P.
4. NPD-DVU
5. DKP
6. Grüne
7. Republikaner
8. Sonstige, und zwar:
   ....
9. werde nicht wählen

LISTE 20

völlig unwahrscheinlich   sehr wahrscheinlich

1 2 3 4 5 6 7 8 9 10

6. Anhang

LISTE 21

Meinung A:

Alle deutschen Mitglieder des Europaparlamentes sollten eng zusammenarbeiten, gleichgültig welcher Partei sie angehören.

Meinung B:

die deutschen Mitglieder des Europaparlamentes sollten eine enge Zusammenarbeit mit solchen Parlamentsmitgliedern anstreben, die eine gleiche politische Orientierung vertreten - unabhängig von ihrem Herkunftsland.

LISTE 23

Sie werden ...

1 ... die Personen, die die Maschine bedienen, nach ihrer Meinung fragen

2 ... ihre eigenen wissenschaftlichen Kenntnisse heranheranziehen, um das Metall zu beurteilen

3 ... Maschinen aus unterschiedlichen Metallen bauen, um dann später die Ergebnisse zu vergleichen

LISTE 22

Sie werden ...

1 ... Patienten, die das Medikament genommen haben, nach ihrer Meinung fragen.

2 ... ihre eigenen medizinischen Kenntnisse heranziehen, um das Medikament zu beurteilen.

3 ... das Medikament einigen Patienten geben und anderen nicht. Später werden dann die Ergebnisse der beiden Gruppen verglichen.

LISTE 24

1 Wenn sie nur drei Kinder bekommen, wird keines die Erbkrankheit haben

2 wenn ihr erstes Kind die Krankheit hat, werden die nächsten drei die Krankheit nicht bekommen

3 jedes Kind des Paares hat das gleiche Risiko, an der Krankheit zu leiden

4 wenn die ersten drei Kinder gesund sind, wird das vierte Kind die Krankheit haben

LISTE 26

1 befürworte ich voll

2 befürworte ich im großen und ganzen

3 lehne ich im großen und ganzen ab

4 lehne ich entschieden ab

LISTE 25

Gewalt ist ...

unnötig	1 2 3 4 5 6 7	nötig
schwach	1 2 3 4 5 6 7	stark
gut	1 2 3 4 5 6 7	schlecht
schön	1 2 3 4 5 6 7	häßlich
langweilig	1 2 3 4 5 6 7	aufregend
links	1 2 3 4 5 6 7	rechts
wirksam	1 2 3 4 5 6 7	unwirksam
ungefährlich	1 2 3 4 5 6 7	gefährlich

LISTE 27

1 man muß unsere Gesellschaftsordnung durch eine Revolution
  radikal ändern

2 man muß unsere Gesellschaftsordnung Schritt für Schritt
  durch Reformen verbessern

3 man muß unsere bestehende
  Gesellschaft mutig gegen alle
  umstürzlerischen Kräfte ver-
  teidigen

LISTE 30

1 sehr wichtig

2 wichtig

3 nicht sehr wichtig

4 überhaupt nicht
  wichtig

LISTE 28

links   rechts

1   2   3   4   5   6   7   8   9   10

LISTE 29

11 CDU/CSU
12 SPD
13 F.D.P.
14 NPD
15 DKP
16 Grüne
17 Republikaner
18 Sonstige, und zwar:
    ....
19 keine von allen

LISTE 31

11 CDU/CSU
12 SPD
13 F.D.P.
14 NPD
15 DKP
16 Grüne
17 Sonstige, und zwar:
    ....
18 habe nicht gewählt

LISTE 32

1 unter DM 1.000
2 DM 1.000 bis unter 1.500
3 DM 1.500 bis unter 1.750
4 DM 1.750 bis unter 2.000
5 DM 2.000 bis unter 2.250
6 DM 2.250 bis unter 2.500
7 DM 2.500 bis unter 2.750
8 DM 2.750 bis unter 3.000
9 DM 3.000 bis unter 3.500
10 DM 3.500 bis unter 4.000
11 DM 4.000 bis unter 5.000
12 DM 5.000 und mehr

LISTE 34

Selbständig

1 Landwirt
2 Fischer
3 Freie Berufe (z.B. Rechtsanwalt, Arzt, Steuerberater)
4 Selbständige Unternehmer, Handwerker usw.

Angestellte

5 Freie Berufe im Angestelltenverhältnis (z.B. angestellte Anwälte, Ärzte, Steuerberater)
6 Leitende Angestellte
7 Mittlere Angestellte
8 Sonstige Büroangestellte
9 Angestellte ohne Bürotätigkeit (Dienstleistungen, Verkäufer etc.)
10 Werkmeister, Meister, Vorarbeiter
11 Facharbeiter
12 Sonstige Arbeiter

00 nie berufstätig gewesen

LISTE 33

Selbständig

1 Landwirt
2 Fischer
3 Freie Berufe (z.B. Rechtsanwalt, Arzt, Steuerberater)
4 Selbständige Unternehmer, Handwerker usw.

Angestellte

5 Freie Berufe im Angestelltenverhältnis (z.B. angestellte Anwälte, Ärzte, Steuerberater)
6 Leitende Angestellte
7 Mittlere Angestellte
8 Sonstige Büroangestellte
9 Angestellte ohne Bürotätigkeit (Dienstleistungen, Verkäufer etc.)
10 Werkmeister, Meister, Vorarbeiter
11 Facharbeiter
12 Sonstige Arbeiter

13 Rentner/Pensionär
14 Hausfrau/-mann ohne anderweitige Beschäftigung
15 Schüler/Student
16 Wehrpflichtige (ohne Zeit- oder Berufssoldaten)
17 zur Zeit arbeitslos

LISTE 35

1 Mittelschicht
2 untere Mittelschicht
3 Arbeiterschicht
4 Oberschicht
5 Obere Mittelschicht
6 (weigert sich zu antworten)

   Sonstiges, und zwar:
   ....

LISTE 36

1 eigenes Haus
2 gemietetes Haus
3 Eigentumswohnung
4 gemietete Wohnung
5 Sozialwohnung
6 Sonstiges (wie Einzelzimmer, Pension, Untermiete etc.)

6.3 — Teil 2, Fragebogen

habe mich bereits einmal an einer solchen Aktion beteiligt 1	würde mich an einer solchen Aktion beteiligen, wenn es um eine wichtige Sache geht 2	würde mich nur in ganz außergewöhnlicher Situation an einer solchen Aktion beteiligen 3	würde mich unter keinen Umständen an einer solchen Aktion beteiligen 4

VORLAGEBLATT

Beteiligung an Bürgerinitiativen A	Beteiligung an einer Unterschriftensammlung B
Beteiligung an einem Boykott C	Teilnahme an einer genehmigten politischen Demonstration D
Weigerung, Mieten, Raten oder Steuern zu bezahlen E	Beteiligung an einem wilden Streik F
Besetzung von Fabriken Ämtern und anderen Gebäuden G	Aufhalten des Verkehrs mit einer Demonstration H

Anhang

6.3 — Teil 3

Auszug aus dem Fragebogen der Umfrage vom März/April 1989 in der Bundesrepublik Deutschland

166-79. Wenn Sie politisch in einer Sache, die Ihnen wichtig ist, Einfluß nehmen, Ihren Standpunkt zur Geltung bringen wollen: Welche der Möglichkeiten auf diesen Karten würden Sie dann nutzen, was davon kommt für Sie in Frage? Legen Sie bitte die entsprechenden Kärtchen hinaus!
INT.: BLAUEN KARTENSATZ mischen und vorlegen, bitte im Schema unter Fr. 166-79 eintragen!

211-24. Und wenn nun die von Ihnen angegebenen Maßnahmen und Aktionen nichts helfen, wenn der Staat und die Behörden einfach taub bleiben und auf nichts eingehen, welche Möglichkeiten kommen dann für Sie in Frage? Sehen Sie sich diese Karten noch einmal durch und geben Sie mir nochmals alles an, was in dieser Situation für Sie in Frage kommt.

INT. Blauen Kartensatz nochmals mischen und vorlegen. Bitte im Schema links unter Fr. 211-224 eintragen!

225-38. Was davon haben Sie selbst schon gemacht, woran waren Sie schon einmal beteiligt?

INT.: Gesamten BLAUEN KARTENSATZ nochmals mischen und erneut vorlegen; bitte im nebenstehenden Schema unter Fr. 225-38 eintragen'!

	Frage 166-79	Frage 211-224	Frage 225-38
	Welche Möglichkeit nutzen	Welche Möglichkeiten bei Erfolglosigkeit	Selbst schon mal gemacht
A	☐	☐	☐
B	☐	☐	☐
C	☐	☐	☐
D	☐	☐	☐
E	☐	☐	☐
F	☐	☐	☐
G	☐	☐	☐
H	☐	☐	☐
I	☐	☐	☐
J	☐	☐	☐
K	☐	☐	☐
L	☐	☐	☐
M	☐	☐	☐
nichts davon	☐		

Sich an Wahlen beteiligen

A

In irgendeine Partei eintreten, aktiv mitarbeiten

B

Mitarbeit in einer Bürgerinitiative

C

Teilnahme an einer genehmigten politischen Diskussion

D

Teilnahme an einer verbotenen Demonstration

E

Unterschriften sammeln

F

Sich in Versammlungen an öffentlichen Diskussionen beteiligen

G

Beteiligung an wilden Streiks

H

Hausbesetzung, Besetzung von Fabriken und Ämtern

I

Bei einer Demonstration mal richtig Krach schlagen, auch wenn dabei einiges zu Bruch geht

J

Für Ruhe und Ordnung kämpfen, auch wenn dazu Gewalt gegen andere Mitbürger notwendig ist

K

Dem eigenen Standpunkt Nachdruck verleihen, auch wenn es dabei zu einer direkten Konfrontation mit der Polizei, mit der Staatsgewalt kommt

L

Für eine Sache kämpfen, auch wenn dazu Gewalt gegen politisch Verantwortliche notwendig ist

M

Nichts davon

N

6.4 Standardtabellen

Inhaltsübersicht

Tab. 1:	Interesse an Politik	184
Tab. 2:	Assoziationen zum Begriff „Gewalt" anhand von Gegensatzpaaren	188
Tab. 3:	Rechtfertigung von Gewalt in der Politik unter bestimmten Umständen	205
Tab. 4:	Befürwortung verschiedener Handlungen und Situationen	209
Tab. 5:	Handlungen und Situationen, die als Gewaltanwendung eingestuft werden	229
Tab. 6:	Unterstützung von Demonstranten oder Polizisten bei gewaltsamer Auseinandersetzung?	237
Tab. 7:	Zeugenaussage nach einer gewaltsamen Auseinandersetzung zwischen Polizisten und Demonstranten?	241
Tab. 8:	Schuldzuweisung bei gewaltsamen Auseinandersetzungen zwischen Demonstranten und Polizisten	245
Tab. 9:	In Frage kommende Möglichkeiten zur politischen Einflußnahme	249
Tab. 10:	Bei Erfolgslosigkeit in Frage kommende Möglichkeiten zur politischen Einflußnahme	253
Tab. 11:	Bisher selbst angewandte Möglichkeiten, um politisch Einfluß zu nehmen	257
Tab. 12:	Einstellung gegenüber verschiedenen Gruppen und sozialen Bewegungen	261
Tab. 13:	Unbedingte Gesetzestreue der Polizei bei gewalttätigen Demonstrationen?	269
Tab. 14:	Möglichkeit der vorübergehenden Festnahme von gewalttätigen Demonstranten?	273
Tab. 15:	Einstellung zur Todesstrafe	277
Tab. 16:	Verbot von sicherheitsgefährdenden Parteien?	281
Tab. 17:	Vermutete Entwicklung der Zahl von Gewalttaten	285

6. Anhang

TABELLE 1   : INTERESSE AN POLITIK
FRAGE   : WIE STARK INTERESSIEREN SIE SICH FUER OEFFENTLICHE ANGELEGENHEITEN UND POLITIK?
                SIND SIE DARAN:
GESTELLT AN : ALLE BEFRAGTEN
ANTWORTEN   : VORGEGEBEN

	TOTAL	ALTER						BILDUNG			GESCHLECHT	
		14-17 JAHRE	18-21 JAHRE	22-30 JAHRE	31-45 JAHRE	46-65 JAHRE	66+ JAHRE	NIEDRIG	MITTEL	HOCH	M	W
	%	%	%	%	%	%	%	%	%	%	%	%
SEHR INTERESSIERT (1)	16	3	5	13	14	23	25	11	22	27	22	11
ZIEMLICH INTERESSIERT (2)	44	44	49	45	47	43	38	39	48	54	49	40
NICHT SEHR INTERESSIERT (3)	30	34	32	32	33	26	25	39	24	14	23	36
UEBERH. N. INTERESSIERT (4)	9	18	14	9	6	8	12	10	6	4	5	12
DURCHSCHNITT (1-4)	2.35	2.68	2.54	2.43	2.33	2.23	2.32	2.53	2.21	1.98	2.16	2.53
KEINE ANGABE	1	-	-	1	*	1	1	1	1	*	1	1
S U M M E	100	100	100	100	100	100	100	100	100	100	100	100
B A S I S (=100%)	2012	107	154	363	584	582	222	984	489	378	972	1040

E M N I D - INSTITUT, BIELEFELD   BEFRAGUNGSZEITRAUM: 23.01. - 23.02. 1989
0001

6.4 Standardtabellen

TABELLE :   INTERESSE AN POLITIK
FRAGE   :   WIE STARK INTERESSIEREN SIE SICH FUER OEFFENTLICHE ANGELEGENHEITEN UND POLITIK?
             SIND SIE DARAN:
GESTELLT AN : ALLE BEFRAGTEN
ANTWORTEN : VORGEGEBEN

	TOTAL	KIRCHGANG				RELIGION + KIRCHGANG					POLIT. INTERESSE		
		HAEUF.	MANCH-MAL	SELTEN NIE	EVANG. HAEUF.	EVANG. MANCH-MAL	EVANG. SELTEN NIE	KATH. HAEUF.	KATH. MANCH-MAL	KATH. SELTEN NIE	SEHR INT.	ZIEML. INT.	NICHT INT.
	%	%	%	%	%	%	%	%	%	%	%	%	%
SEHR INTERESSIERT (1)	16	18	14	17	19	15	16	18	11	12	100	-	-
ZIEMLICH INTERESSIERT (2)	44	44	46	44	37	46	42	46	46	47	-	100	-
NICHT SEHR INTERESSIERT (3)	30	27	31	30	26	28	33	26	33	34	-	-	77
UEBERH. N. INTERESSIERT (4)	9	11	9	8	18	10	8	9	10	7	-	-	23
DURCHSCHNITT (1-4)	2.35	2.34	2.40	2.33	2.43	2.39	2.39	2.30	2.42	2.36	1.00	2.00	3.23
KEINE ANGABE	1	1	1	1	-	1	1	1	-	-	-	-	-
S U M M E	100	100	100	100	100	100	100	100	100	100	100	100	100
B A S I S (=100%)	2012	253	683	1063	42	325	559	185	303	288	327	893	781

E M N I D - INSTITUT, BIELEFELD   BEFRAGUNGSZEITRAUM: 23.01. - 23.02. 1989

6. Anhang

TABELLE 1 : INTERESSE AN POLITIK
FRAGE : WIE STARK INTERESSIEREN SIE SICH FUER OEFFENTLICHE ANGELEGENHEITEN UND POLITIK? SIND SIE DARAN:
GESTELLT AN : ALLE BEFRAGTEN
ANTWORTEN : VORGEGEBEN

	TOTAL	PARTEIENPRAEFERENZ RANG 1					PARTEIIDENTIFIKATION					MAT./ POSTMAT. INDEX		
		GRUENE	SPD	FDP	CDU	CSU	GRUENE	SPD	FDP	CDU/CSU	ANDERE	KEINE	MAT.	GEM.	POST-MAT.
	%	%	%	%	%	%	%	%	%	%	%	%	%	%	%
SEHR INTERESSIERT (1)	16	17	14	21	17	23	18	16	20	22	43	10	14	15	21
ZIEMLICH INTERESSIERT (2)	44	46	45	48	45	34	54	48	57	43	26	38	32	45	51
NICHT SEHR INTERESSIERT (3)	30	28	33	26	28	30	24	30	18	27	19	35	38	32	22
UEBERH. N. INTERESSIERT (4)	9	9	8	5	9	13	4	5	5	7	7	16	15	8	5
DURCHSCHNITT (1-4)	2.35	2.29	2.38	2.16	2.32	2.37	2.13	2.29	2.08	2.23	2.24	2.60	2.59	2.34	2.16
KEINE ANGABE	1	-	*	-	1	*	-	1	-	*	5	*	1	*	1
S U M M E	100	100	100	100	100	100	100	100	100	100	100	100	100	100	100
B A S I S (=100%)	2012	216	883	107	494	185	147	674	61	514	19	592	255	1099	554

E M N I D - INSTITUT, BIELEFELD   BEFRAGUNGSZEITRAUM: 23.01. - 23.02. 1989
0005

6.4 Standardtabellen

```
TABELLE 1    : INTERESSE AN POLITIK
FRAGE        : WIE STARK INTERESSIEREN SIE SICH FUER OEFFENTLICHE ANGELEGENHEITEN UND POLITIK?
               SIND SIE DARAN:
GESTELLT AN  : ALLE BEFRAGTEN
ANTWORTEN    : VORGEGEBEN
```

	TOTAL	LINKS/RECHTS - SELBSTEINSTUFUNG			POLITISCHE ORIENTIERUNG						
		LINKS	MITTE	RECHTS	MAT. LINKS	MAT. MITTE	MAT. RECHTS	GEM. LINKS	GEM. MITTE	GEM. RECHTS	POST-MAT. LINKS	POST-MAT. MITTE	POST-MAT. RECHTS
	%	%	%	%	%	%	%	%	%	%	%	%	%
SEHR INTERESSIERT (1)	16	22	13	22	21	11	20	14	13	23	29	12	19
ZIEMLICH INTERESSIERT (2)	44	51	44	47	32	38	30	54	42	50	53	52	52
NICHT SEHR INTERESSIERT (3)	30	22	33	24	34	36	36	26	35	22	15	28	23
UEBERH. N. INTERESSIERT (4)	9	4	10	7	14	15	14	5	9	5	1	7	5
DURCHSCHNITT (1-4)	2.35	2.14	2.41	2.18	2.40	2.56	2.45	2.23	2.41	2.12	1.97	2.31	2.13
KEINE ANGABE	1	1	*	*	-	-	-	-	-	*	1	-	-
S U M M E	100	100	100	100	100	100	100	100	100	100	100	100	100
B A S I S (=100%)	2012	499	765	469	43	99	76	201	455	305	235	183	74

```
E M N I D - INSTITUT, BIELEFELD                    BEFRAGUNGSZEITRAUM: 23.01. - 23.02. 1989
0006
```

6. Anhang

TABELLE 2 : ASSOZIATIONEN ZUM BEGRIFF "GEWALT" ANHAND VON GEGENSATZPAAREN

FRAGE : HIER STEHEN ACHT PAARE VON GEGENSAETZLICHEN EIGENSCHAFTEN. IM FOLGENDEN GEHT ES DARUM, DEN BEGRIFF GEWALT ZU BESCHREIBEN. BITTE TRAGEN SIE FUER JEDES DER ACHT WORTPAARE IN DEN FRAGEBOGEN EIN, WAS SIE PERSOENLICH MIT DEM BEGRIFF "GEWALT" VERBINDEN.

GESTELLT AN : ALLE BEFRAGTEN

		TOTAL	ALTER						BILDUNG			GESCHLECHT	
			14-17 JAHRE	18-21 JAHRE	22-30 JAHRE	31-45 JAHRE	46-65 JAHRE	66+ JAHRE	NIEDRIG	MITTEL	HOCH	M	W
		%	%	%	%	%	%	%	%	%	%	%	%
G E W A L T I S T													
UNNOETIG	[1]	56	55	54	52	55	60	58	61	53	49	51	61
	[2]	18	26	16	19	19	17	16	17	18	20	19	17
	[3]	8	8	11	8	10	5	9	6	12	8	10	7
	[4]	8	3	10	9	8	9	6	8	7	12	10	7
	[5]	4	4	6	7	3	3	4	4	3	6	5	4
	[6]	3	5	3	2	3	2	3	2	4	3	3	3
NOETIG	[7]	2	1	1	1	1	3	2	2	1	1	2	1
DURCHSCHNITT	(1-7)	2.06	1.94	2.12	2.18	2.04	2.00	2.07	1.94	2.13	2.29	2.18	1.94
KEINE ANGABE		1	-	-	1	1	1	1	1	1	1	1	1
S U M M E		100	100	100	100	100	100	100	100	100	100	100	100
SCHWACH	[1]	23	18	21	27	24	21	22	25	22	22	22	23
	[2]	10	6	8	12	12	11	8	10	13	9	11	10
	[3]	8	11	7	11	17	17	8	8	8	7	9	7
	[4]	17	26	16	12	16	18	20	15	16	19	18	16
	[5]	11	12	13	11	12	11	11	10	11	12	13	10
	[6]	11	10	16	10	13	11	14	11	16	12	13	11
STARK	[7]	18	16	18	15	19	20	14	20	16	16	15	21
DURCHSCHNITT	(1-7)	3.96	4.16	4.13	3.70	3.87	4.10	4.04	3.93	3.90	4.00	3.87	4.04
KEINE ANGABE		1	2	-	2	1	1	2	1	1	2	1	2
S U M M E		100	100	100	100	100	100	100	100	100	100	100	100
B A S I S (=100%)		2012	107	154	363	584	582	222	984	489	378	972	1040

(F O R T S E T Z U N G)
E M N I D - INSTITUT, BIELEFELD BEFRAGUNGSZEITRAUM: 23.01. - 23.02. 1989
0031

6.4 Standardtabellen

TABELLE 2 : ASSOZIATIONEN ZUM BEGRIFF "GEWALT" ANHAND VON GEGENSATZPAAREN

FRAGE : HIER STEHEN ACHT PAARE VON GEGENSAETZLICHEN EIGENSCHAFTEN. IM FOLGENDEN GEHT ES DARUM, DEN BEGRIFF GEWALT ZU BESCHREIBEN. BITTE TRAGEN SIE FUER JEDES DER ACHT WORTPAARE IN DEN FRAGEBOGEN EIN, WAS SIE PERSOENLICH MIT DEM BEGRIFF "GEWALT" VERBINDEN.

GESTELLT AN : ALLE BEFRAGTEN

	TOTAL	KIRCHGANG				RELIGION + KIRCHGANG					POLIT. INTERESSE		
		HAEUF.	MANCH-MAL	SELTEN	NIE	EVANG. HAEUF.	EVANG. MANCH-MAL	EVANG. SELTEN-NIE	KATH. HAEUF.	KATH. MANCH-MAL	KATH. SELTEN-NIE	SEHR INT.	ZIEML. INT.	NICHT INT.
	%	%	%	%	%	%	%	%	%	%	%	%	%	%

G E W A L T   I S T ...

UNNOETIG
(1)	56	56	60	54	48	60	54	54	58	59	55	53	57	57
(2)	18	20	18	18	26	15	17	17	20	21	19	18	19	18
(3)	8	7	8	9	10	8	10	8	10	7	9	11	8	7
(4)	8	10	6	9	-	7	9	10	2	5	9	5	9	7
(5)	4	3	4	5	6	4	4	4	-	4	6	3	4	4
(6)	3	3	3	3	5	3	3	4	1	3	2	2	2	3
NOETIG
(7)	2	2	1	2	5	2	2	2	1	*	1	2	1	2

DURCHSCHNITT (1-7)	2.06	2.02	1.94	2.14	2.53	2.05	2.16	2.05	1.88	1.86	2.06	2.19	1.98	2.06
KEINE ANGABE	1	1	1	1	1	1	1	1	*	1	*	*	1	1
S U M M E	100	100	100	100	100	100	100	100	100	100	100	100	100	100

SCHWACH
(1)	23	23	23	23	16	24	22	22	25	22	24	21	24	23
(2)	10	9	13	9	10	10	10	10	8	15	10	11	11	9
(3)	8	9	9	7	5	7	8	8	5	10	7	10	8	8
(4)	17	20	15	18	23	17	15	15	20	13	20	18	17	17
(5)	11	13	13	10	9	10	11	11	13	12	15	12	12	11
(6)	11	15	11	10	19	10	10	10	13	11	8	10	10	13
STARK
(7)	18	11	16	21	13	15	21	15	10	17	21	19	17	18

DURCHSCHNITT (1-7)	3.96	3.85	3.83	4.07	4.40	3.89	4.13	3.89	3.76	3.82	3.92	4.05	3.90	3.97
KEINE ANGABE	1	1	1	1	2	2	2	2	*	*	1	1	1	1
S U M M E	100	100	100	100	100	100	100	100	100	100	100	100	100	100

| B A S I S (=100%) | 2012 | 253 | 683 | 1063 | 42 | 325 | 559 | 325 | 185 | 303 | 288 | 327 | 893 | 781 |

(F O R T S E T Z U N G)

E M N I D - INSTITUT, BIELEFELD   BEFRAGUNGSZEITRAUM: 23.01. - 23.02. 1989

0034

6. Anhang

TABELLE 2 : ASSOZIATIONEN ZUM BEGRIFF "GEWALT" ANHAND VON GEGENSATZPAAREN

FRAGE : HIER STEHEN ACHT PAARE VON GEGENSAETZLICHEN EIGENSCHAFTEN. IM FOLGENDEN GEHT ES DARUM, DEN BEGRIFF GEWALT ZU BESCHREIBEN. BITTE TRAGEN SIE FUER JEDES DER ACHT WORTPAARE IN DEN FRAGEBOGEN EIN, WAS SIE PERSOENLICH MIT DEM BEGRIFF "GEWALT" VERBINDEN.

GESTELLT AN : ALLE BEFRAGTEN

	TOTAL	PARTEIENPRAEFERENZ RANG 1						PARTEIIDENTIFIKATION				MAT./ POSTMAT. INDEX		
		GRUENE	SPD	FDP	CDU	CSU	GRUENE	SPD	FDP	CDU/CSU	ANDERE	KEINE	MAT.	GEM.	POST-MAT.
	%	%	%	%	%	%	%	%	%	%	%	%	%	%	%

G E W A L T   I S T ...

UNNOETIG	(1)	56	50	61	50	53	57	51	64	48	54	28	52	63	56	56
	(2)	18	21	18	20	17	13	18	18	19	16	19	20	11	19	18
	(3)	8	8	7	14	19	8	16	7	16	9	14	8	17	8	7
	(4)	8	7	7	9	11	8	10	6	10	11	10	7	7	8	9
	(5)	4	7	4	3	5	4	5	2	2	4	—	7	4	4	5
NOETIG	(6)	3	3	2	3	3	5	4	5	4	3	1	3	6	2	2
	(7)	2	—	1	*	2	2	3	1	1	2	7	2	3	1	1

DURCHSCHNITT (1-7)	2.06	2.29	1.83	2.14	2.16	2.25	2.45	1.74	2.13	2.14	3.69	2.17	2.06	2.00	2.04
KEINE ANGABE	1	1	*	2	1	2	4	*	—	1	9	1	—	1	1
S U M M E	100	100	100	100	100	100	100	100	100	100	100	100	100	100	100

SCHWACH	(1)	23	25	24	22	20	21	24	25	26	20	17	22	24	22	25
	(2)	10	11	12	8	10	8	8	12	10	10	—	10	8	10	14
	(3)	8	6	8	7	9	7	8	8	12	7	31	8	5	8	5
	(4)	17	23	13	20	19	20	24	12	21	19	15	18	19	17	15
	(5)	11	8	10	16	12	16	8	10	10	14	14	12	15	17	10
	(6)	11	9	12	8	11	13	8	12	7	12	4	11	13	11	9
STARK	(7)	18	16	19	19	18	14	14	21	15	16	19	16	16	18	19

DURCHSCHNITT (1-7)	3.96	3.79	3.94	4.09	4.02	4.08	3.86	3.95	3.59	4.02	5.12	3.94	3.98	4.00	3.84
KEINE ANGABE	1	1	1	2	1	2	4	1	—	1	14	1	1	1	2
S U M M E	100	100	100	100	100	100	100	100	100	100	100	100	100	100	100

| B A S I S (=100%) | 2012 | 216 | 883 | 107 | 494 | 185 | 147 | 674 | 61 | 514 | 19 | 592 | 255 | 1099 | 554 |

(F O R T S E T Z U N G)

E M N I D - INSTITUT, BIELEFELD   BEFRAGUNGSZEITRAUM: 23.01. - 23.02. 1989

0035

6.4 Standardtabellen

TABELLE 2 : ASSOZIATIONEN ZUM BEGRIFF "GEWALT" ANHAND VON GEGENSATZPAAREN

FRAGE : HIER STEHEN ACHT PAARE VON GEGENSAETZLICHEN EIGENSCHAFTEN. IM FOLGENDEN GEHT ES DARUM, DEN BEGRIFF GEWALT ZU BESCHREIBEN. BITTE TRAGEN SIE FUER JEDES "DER ACHT WORTPAARE IN DEN FRAGEBOGEN EIN, WAS SIE PERSOENLICH MIT DEM BEGRIFF "GEWALT" VERBINDEN.

GESTELLT AN : ALLE BEFRAGTEN

		TOTAL	LINKS/RECHTS - SELBSTEINSTUFUNG			POLITISCHE ORIENTIERUNG							
			LINKS	MITTE	RECHTS	MAT. LINKS	MAT. MITTE	MAT. RECHTS	GEM. LINKS	GEM. MITTE	GEM. RECHTS	POST-MAT. LINKS	POST-MAT. MITTE	POST-MAT. RECHTS
		%	%	%	%	%	%	%	%	%	%	%	%	%

G E W A L T   I S T ...

UNNOETIG	(1)	56	56	56	58	65	64	60	56	55	58	54	57	62
	(2)	18	20	18	18	12	10	15	22	20	18	21	16	20
	(3)	8	8	9	8	4	8	6	8	10	8	8	6	7
	(4)	4	7	10	4	3	8	8	6	10	8	8	12	4
	(5)	3	5	3	4	7	*	7	4	3	3	5	7	6
	(6)	1	3	2	3	7	4	0	2	2	2	2	1	1
NOETIG	(7)	2	1	2	3	1	4	4	1	1	3	*	1	-
DURCHSCHNITT	(1-7)	2.06	2.01	2.03	2.09	2.02	1.98	2.41	1.94	1.97	2.02	2.07	2.02	1.80
KEINE ANGABE		1	1	*	1	-	-	-	1	*	1	2	-	1
S U M M E		100	100	100	100	100	100	100	100	100	100	100	100	100
SCHWACH	(1)	23	24	22	22	25	30	16	23	19	22	24	26	29
	(2)	10	12	10	10	8	9	11	11	9	11	16	14	8
	(3)	8	10	8	7	8	3	8	11	11	8	6	6	6
	(4)	17	16	18	17	12	18	19	17	18	17	19	16	12
	(5)	11	10	12	13	23	10	20	7	11	12	8	11	6
	(6)	11	10	11	11	13	11	14	13	11	12	8	11	5
STARK	(7)	18	17	18	19	13	19	20	19	19	16	17	15	31
DURCHSCHNITT	(1-7)	3.96	3.85	3.97	4.03	3.89	3.81	4.35	3.98	4.09	3.93	3.76	3.71	4.13
KEINE ANGABE		1	2	1	1	1	-	-	2	1	1	2	1	1
S U M M E		100	100	100	100	100	100	100	100	100	100	100	100	100
B A S I S (=100%)		2012	499	765	469	43	99	76	201	455	305	235	183	74

(F O R T S E T Z U N G)

EMNID - INSTITUT, BIELEFELD   BEFRAGUNGSZEITRAUM: 23.01. - 23.02. 1989

0036

6. Anhang

TABELLE 2   : ASSOZIATIONEN ZUM BEGRIFF "GEWALT" ANHAND VON GEGENSATZPAAREN

FRAGE   : HIER STEHEN ACHT PAARE VON GEGENSAETZLICHEN EIGENSCHAFTEN. IM FOLGENDEN GEHT ES DARUM, DEN BEGRIFF GEWALT ZU BESCHREIBEN. BITTE TRAGEN SIE FUER JEDES DER ACHT WORTPAARE IN DEN FRAGEBOGEN EIN, WAS SIE PERSOENLICH MIT DEM BEGRIFF "GEWALT" VERBINDEN.

GESTELLT AN : ALLE BEFRAGTEN

	TOTAL	ALTER						BILDUNG			GESCHLECHT	
		14-17 JAHRE	18-21 JAHRE	22-30 JAHRE	31-45 JAHRE	46-65 JAHRE	66+ JAHRE	NIEDRIG	MITTEL	HOCH	M	W
	%	%	%	%	%	%	%	%	%	%	%	%

GEWALT IST ....

	TOTAL	14-17	18-21	22-30	31-45	46-65	66+	NIEDRIG	MITTEL	HOCH	M	W
GUT [1]	1	2	1	1	1	1	*	1	1	1	1	1
[2]	1	6	1	1	1	1	1	1	1	1	1	1
[3]	2	1	2	3	2	2	3	3	2	1	2	3
[4]	8	7	8	8	7	8	10	6	9	10	10	6
[5]	6	9	7	10	5	4	7	6	6	10	8	5
SCHLECHT [6]	18	13	23	21	19	15	12	16	21	17	20	15
[7]	63	61	58	55	64	68	66	67	58	59	57	69
DURCHSCHNITT (1-7)	6.29	6.01	6.22	6.16	6.35	6.38	6.33	6.38	6.22	6.20	6.17	6.41
KEINE ANGABE	1	-	-	1	1	1	1	1	1	1	1	1
SUMME	100	100	100	100	100	100	100	100	100	100	100	100
SCHOEN [1]	1	1	*	1	*	*	*	*	1	1	1	*
[2]	*	5	1	1	*	1	*	*	*	*	*	*
[3]	1	1	1	1	1	1	1	1	2	2	2	1
[4]	7	3	8	5	2	7	8	5	9	7	8	5
[5]	6	7	4	9	6	5	6	6	6	8	7	5
HAESSLICH [6]	16	20	20	18	16	16	15	15	19	17	19	15
[7]	67	63	65	63	68	70	68	72	62	65	62	72
DURCHSCHNITT (1-7)	6.41	6.19	6.36	6.32	6.42	6.50	6.40	6.51	6.28	6.35	6.28	6.52
KEINE ANGABE	1	-	1	1	1	1	2	1	2	1	1	1
SUMME	100	100	100	100	100	100	100	100	100	100	100	100
BASIS (=100%)	2012	107	154	363	584	582	222	984	489	378	972	1040

(FORTSETZUNG)

EMNID - INSTITUT, BIELEFELD   BEFRAGUNGSZEITRAUM: 23.01. - 23.02.1989

6.4 Standardtabellen

TABELLE 2 : ASSOZIATIONEN ZUM BEGRIFF "GEWALT" ANHAND VON GEGENSATZPAAREN

FRAGE : HIER STEHEN ACHT PAARE VON GEGENSAETZLICHEN EIGENSCHAFTEN. IM FOLGENDEN GEHT ES DARUM, DEN BEGRIFF GEWALT ZU BESCHREIBEN. BITTE TRAGEN SIE FUER JEDES DER ACHT WORTPAARE IN DEN FRAGEBOGEN EIN, WAS SIE PERSOENLICH MIT DEM BEGRIFF "GEWALT" VERBINDEN.

GESTELLT AN : ALLE BEFRAGTEN

	TOTAL	BERUFLICHE STELLUNG							RELIGIONSGEMEINSCHAFT			
		SELBST LAND- WIRT	SELBST AKAD. FREIE BERUFE	SELBST BEAMTE	ANGEST.	ARB.	MITH. FAM. ANG.	IN AUSB.	KEINE AN- GABE	EV.	KATH.	ANDERE	KEINE
	%	%	%	%	%	%	%	%	%	%	%	%	%

GEWALT IST ...

GUT
(1)	1	-	-	-	1	1	-	-	1	*	1	1	1
(2)	*	6	-	1	2	2	-	3	1	1	2	*	3
(3)	2	21	16	5	1	2	-	3	1	3	2	1	9
(4)	6	15	16	7	6	7	-	15	8	8	7	6	9
(5)	8	27	16	10	5	6	-	13	8	7	6	7	7
(6)	18	29	56	17	18	18	22	21	13	18	18	11	17
(7)	63	29	56	65	67	67	78	47	63	61	65	73	57

SCHLECHT
DURCHSCHNITT (1-7) | 6.29 | 5.41 | 6.11 | 6.29 | 6.44 | 6.23 | 6.78 | 5.91 | 6.21 | 6.30 | 6.31 | 6.44 | 6.10

KEINE ANGABE | 1 | - | - | - | 1 | 1 | - | 1 | 1 | 1 | 2 | - | 1
SUMME | 100 | 100 | 100 | 100 | 100 | 100 | 100 | 100 | 100 | 100 | 100 | 100 | 100

SCHOEN
(1)	1	-	-	-	1	*	-	3	1	*	*	1	1
(2)	*	-	-	1	1	*	-	2	1	1	1	1	1
(3)	1	-	-	2	2	2	-	3	1	1	1	2	3
(4)	7	6	18	7	8	7	2	9	7	7	7	8	7
(5)	6	32	7	10	6	6	6	3	7	7	6	5	5
(6)	16	6	20	17	16	18	22	24	15	16	17	12	18
(7)	67	56	56	63	70	66	78	56	67	66	69	72	64

HAESSLICH
DURCHSCHNITT (1-7) | 6.41 | 6.12 | 6.13 | 6.38 | 6.51 | 6.38 | 6.78 | 6.09 | 6.35 | 6.39 | 6.44 | 6.40 | 6.33

KEINE ANGABE | 1 | - | - | - | 2 | 2 | - | 1 | 1 | 2 | 1 | - | 2
SUMME | 100 | 100 | 100 | 100 | 100 | 100 | 100 | 100 | 100 | 100 | 100 | 100 | 100

BASIS (=100%) | 2012 | 15 | 20 | 89 | 771 | 529 | 8 | 53 | 378 | 928 | 779 | 141 | 152

(FORTSETZUNG)

EMNID - INSTITUT, BIELEFELD   BEFRAGUNGSZEITRAUM: 23.01. - 23.02. 1989
0039

6. Anhang

TABELLE 2   : ASSOZIATIONEN ZUM BEGRIFF "GEWALT" ANHAND VON GEGENSATZPAAREN

FRAGE   : HIER STEHEN ACHT PAARE VON GEGENSAETZLICHEN EIGENSCHAFTEN. IM FOLGENDEN GEHT ES DARUM, DEN BEGRIFF GEWALT ZU BESCHREIBEN. BITTE TRAGEN SIE FUER JEDES DER ACHT WORTPAARE IN DEN FRAGEBOGEN EIN, WAS SIE PERSOENLICH MIT DEM BEGRIFF "GEWALT" VERBINDEN.

GESTELLT AN : ALLE BEFRAGTEN

		TOTAL	KIRCHGANG					RELIGION + KIRCHGANG						POLIT. INTERESSE		
			HAEUF.	MANCH-MAL	SELTEN	NIE	EVANG. HAEUF.	EVANG. MANCH-MAL	EVANG. SELTEN	EVANG. NIE	KATH. HAEUF.	KATH. MANCH-MAL	KATH. SELTEN	KATH. NIE	SEHR INT.	ZIEML. INT.	NICHT INT.
		%	%	%	%	%	%	%	%	%	%	%	%	%	%	%	%

GEWALT IST ...

GUT																	
[1]		1	1	1	1	1	-	*	*	*	*	*	1	1	1	1	1
[2]		1	1	1	1	1	1	2	1	1	1	1	2	2	1	1	1
[3]		2	2	2	2	2	6	3	3	1	2	1	2	2	2	2	2
[4]		8	6	6	6	9	10	6	9	5	6	5	9	11	6	6	8
[5]		6	4	6	6	7	13	4	6	6	12	6	6	10	6	6	6
[6]		18	16	18	18	16	15	18	18	20	17	17	15	17	19
[7]		63	69	64	61	53	65	60	62	63	64	68	64	62

SCHLECHT

DURCHSCHNITT (1-7) 6.29 6.43 6.29 6.26 6.11 6.31 6.29 6.26 6.24 6.22 6.34 6.26

KEINE ANGABE   1   1   1   1   3   1   2   1   *   *   1   1
SUMME   100   100   100   100   100   100   100   100   100   100   100   100

SCHOEN

[1]		1	1	1	1	1	-	*	*	*	*	*	2	1	1	1	1
[2]		*	1	*	*	*	-	1	1	1	1	*	1	*	*	1	1
[3]		1	*	1	*	1	1	1	1	1	5	1	2	1	1	1	1
[4]		7	6	8	8	4	14	4	8	5	5	7	10	5	6	7
[5]		6	6	5	6	9	9	5	8	6	6	6	6	6	6
[6]		16	13	17	17	18	14	16	16	12	17	21	15	17	16
[7]		67	72	70	65	53	71	64	76	70	62	68	69	66

HAESSLICH

DURCHSCHNITT (1-7) 6.41 6.49 6.46 6.35 6.17 6.51 6.33 6.58 6.48 6.31 6.36 6.46 6.36

KEINE ANGABE   1   1   1   1   6   2   1   *   1   1   1   1   1
SUMME   100   100   100   100   100   100   100   100   100   100   100   100   100

BASIS (=100%)   2012   253   683 1063   42   325   559   185   303   288   327   893   781

(FORTSETZUNG)

EMNID-INSTITUT, BIELEFELD   BEFRAGUNGSZEITRAUM: 23.01. - 23.02. 1989
0040

6.4 Standardtabellen

TABELLE 2 : ASSOZIATIONEN ZUM BEGRIFF "GEWALT" ANHAND VON GEGENSATZPAAREN

FRAGE : HIER STEHEN ACHT PAARE VON GEGENSAETZLICHEN EIGENSCHAFTEN. IM FOLGENDEN GEHT ES DARUM, DEN BEGRIFF GEWALT ZU BESCHREIBEN. BITTE TRAGEN SIE FUER JEDES DER ACHT WORTPAARE IN DEN FRAGEBOGEN EIN, WAS SIE PERSOENLICH MIT DEM BEGRIFF "GEWALT" VERBINDEN.

GESTELLT AN : ALLE BEFRAGTEN

		TOTAL	PARTEIENPRAEFERENZ RANG 1					PARTEIIDENTIFIKATION					MAT./ POSTMAT. INDEX		
			GRUENE	SPD	FDP	CDU	CSU	GRUENE	SPD	FDP	CDU/CSU	ANDERE	KEINE	MAT.	GEM.	POST-MAT.
		%	%	%	%	%	%	%	%	%	%	%	%	%	%	%

GEWALT IST ...

GUT	(1)	1	2	1	*	1	1	4	1	1	*	-	1	*	1	1
	(2)	1	4	*	1	2	-	6	*	2	1	1	1	1	1	1
	(3)	1	3	2	1	2	2	2	4	2	1	2	1	3	2	1
	(4)	8	9	6	7	10	10	10	4	10	11	7	9	11	7	7
	(5)	6	9	5	10	5	9	9	5	7	2	2	7	4	6	9
	(6)	18	15	19	16	19	13	14	19	15	15	14	18	15	18	19
SCHLECHT	(7)	63	57	66	62	62	64	54	69	55	63	57	61	64	66	60
DURCHSCHNITT	(1-7)	6.29	5.99	6.38	6.32	6.23	6.33	5.90	6.49	6.06	6.26	6.50	6.21	6.19	6.35	6.28
KEINE ANGABE		1	1	1	2	1	2	3	1	-	1	1	1	*	1	1
SUMME		100	100	100	100	100	100	100	100	100	100	100	100	100	100	100

SCHOEN	(1)	1	1	1	*	1	*	3	-	1	*	-	1	1	1	1
	(2)	*	1	1	*	1	1	*	*	1	1	1	1	1	*	1
	(3)	1	1	1	1	2	1	1	4	2	1	7	1	1	1	1
	(4)	7	5	5	9	7	8	6	5	10	9	7	2	10	6	5
	(5)	7	6	11	3	10	7	7	7	7	8	2	8	5	6	7
	(6)	16	20	18	15	15	10	18	16	17	14	19	18	18	16	18
HAESSLICH	(7)	67	66	69	68	66	65	63	74	61	67	55	63	65	69	67
DURCHSCHNITT	(1-7)	6.41	6.39	6.47	6.41	6.32	6.37	6.26	6.58	6.20	6.37	6.18	6.30	6.34	6.43	6.43
KEINE ANGABE		1	1	1	3	1	3	2	*	1	1	1	1	1	1	1
SUMME		100	100	100	100	100	100	100	100	100	100	100	100	100	100	100

| BASIS (=100%) | 2012 | 216 | 883 | 107 | 494 | 185 | 147 | 674 | 61 | 514 | 19 | 592 | 255 | 1099 | 554 |

(FORTSETZUNG)
EMNID - INSTITUT, BIELEFELD   BEFRAGUNGSZEITRAUM: 23.01. - 23.02. 1989
0041

6. Anhang

TABELLE 2 : ASSOZIATIONEN ZUM BEGRIFF "GEWALT" ANHAND VON GEGENSATZPAAREN

FRAGE   : HIER STEHEN ACHT PAARE VON GEGENSAETZLICHEN EIGENSCHAFTEN. IM FOLGENDEN GEHT ES
            DARUM, DEN BEGRIFF GEWALT ZU BESCHREIBEN. BITTE TRAGEN SIE FUER JEDES DER ACHT
            WORTPAARE IN DEN FRAGEBOGEN EIN, WAS SIE PERSOENLICH MIT DEM BEGRIFF "GEWALT"
            VERBINDEN.

GESTELLT AN : ALLE BEFRAGTEN

		TOTAL	LINKS/RECHTS - SELBSTEINSTUFUNG			POLITISCHE ORIENTIERUNG						
			LINKS	MITTE	RECHTS	MAT. LINKS	MAT. MITTE	MAT. RECHTS	GEM. LINKS	GEM. MITTE	GEM. RECHTS	POST- MAT. LINKS	POST- MAT. MITTE	POST- MAT. RECHTS
		%	%	%	%	%	%	%	%	%	%	%	%

G E W A L T   I S T ...

GUT	[1]	1	1	1	*	-	1	-	-	1	1	1	2	-
	[2]	*	*	2	1	-	3	1	2	2	1	*	1	1
	[3]	2	1	2	3	1	5	3	2	2	3	1	1	3
	[4]	8	6	8	9	8	7	18	6	7	7	5	11	9
	[5]	6	4	7	5	2	5	4	6	6	4	9	7	7
	[6]	18	17	18	16	16	16	14	20	16	16	17	22	21
SCHLECHT	[7]	63	65	62	64	73	63	59	64	66	67	65	55	62
DURCHSCHNITT (1-7)		6.29	6.40	6.23	6.33	6.51	6.13	6.06	6.37	6.29	6.39	6.42	6.13	6.46
KEINE ANGABE		1	1	*	2	-	1	1	1	1	2	1	*	2
S U M M E		100	100	100	100	100	100	100	100	100	100	100	100	100

SCHOEN	[1]	1	1	1	*	*	-	-	1	*	1	*	1	-
	[2]	*	*	1	1	1	2	1	*	1	1	1	1	1
	[3]	1	1	2	2	-	-	-	*	2	2	3	-	2
	[4]	7	7	7	8	1	10	18	4	6	7	7	9	9
	[5]	4	4	6	6	6	5	4	6	6	6	3	5	5
	[6]	17	17	17	13	24	17	11	16	16	13	17	19	17
HAESSLICH	[7]	67	71	66	68	68	64	65	71	69	70	71	65	68
DURCHSCHNITT (1-7)		6.41	6.52	6.34	6.40	6.60	6.26	6.22	6.53	6.39	6.44	6.53	6.31	6.55
KEINE ANGABE		1	1	*	2	-	1	1	1	1	2	1	1	3
S U M M E		100	100	100	100	100	100	100	100	100	100	100	100	100
B A S I S (=100%)		2012	499	765	469	43	99	76	201	455	305	235	183	74

(F O R T S E T Z U N G)

E M N I D - INSTITUT, BIELEFELD   BEFRAGUNGSZEITRAUM: 23.01. - 23.02. 1989

0042

6.4 Standardtabellen

TABELLE 2   : ASSOZIATIONEN ZUM BEGRIFF "GEWALT" ANHAND VON GEGENSATZPAAREN

FRAGE   : HIER STEHEN ACHT PAARE VON GEGENSAETZLICHEN EIGENSCHAFTEN. IM FOLGENDEN GEHT ES
              DARUM, DEN BEGRIFF GEWALT ZU BESCHREIBEN. BITTE TRAGEN SIE FUER JEDES DER ACHT
              WORTPAARE IN DEN FRAGEBOGEN EIN, WAS SIE PERSOENLICH MIT DEM BEGRIFF "GEWALT"
              VERBINDEN.

GESTELLT AN : ALLE BEFRAGTEN

		TOTAL	ALTER						BILDUNG			GESCHLECHT	
			14-17 JAHRE	18-21 JAHRE	22-30 JAHRE	31-45 JAHRE	46-65 JAHRE	66+ JAHRE	NIEDRIG	MITTEL	HOCH	M	W
		%	%	%	%	%	%	%	%	%	%	%	%

G E W A L T   I S T ...

LANGWEILIG	[1]	11	12	14	15	11	8	8	11	9	12	10	12
	[2]	6	6	6	8	8	6	6	6	5	6	6	5
	[3]	8	8	10	9	8	8	8	8	7	8	9	7
	[4]	28	29	29	29	28	28	29	25	32	33	30	26
	[5]	15	20	25	14	16	15	11	15	15	10	15	16
AUFREGEND	[6]												
	[7]	19	11	8	13	20	25	21	22	18	14	16	21
DURCHSCHNITT	(1-7)	4.50	4.25	4.07	4.15	4.52	4.78	4.73	4.57	4.55	4.33	4.43	4.57
KEINE ANGABE		2	-	-	2	1	2	2	1	1	2	1	2
S U M M E		100	100	100	100	100	100	100	100	100	100	100	100
RECHTS	[1]	5	5	3	7	5	6	6	4	6	7	5	6
	[2]	6	3	4	5	4	4	5	4	3	5	7	4
	[3]	6	5	8	9	4	4	5	5	7	9	7	5
	[4]	54	61	59	55	52	53	55	50	54	60	55	54
	[5]	8	5	7	7	8	9	11	9	11	4	8	9
LINKS	[6]												
	[7]	12	8	6	6	14	15	11	14	10	5	10	13
DURCHSCHNITT	(1-7)	4.42	4.28	3.96	4.20	4.56	4.55	4.41	4.60	4.31	4.14	4.38	4.45
KEINE ANGABE		2	-	1	4	3	2	2	2	2	3	3	2
S U M M E		100	100	100	100	100	100	100	100	100	100	100	100
B A S I S (=100%)		2012	107	154	363	584	582	222	984	489	378	972	1040

(F O R T S E T Z U N G)

E M N I D - I N S T I T U T, B I E L E F E L D   BEFRAGUNGSZEITRAUM: 23.01. - 23.02. 1989
0043

TABELLE 2 : ASSOZIATIONEN ZUM BEGRIFF "GEWALT" ANHAND VON GEGENSATZPAAREN

FRAGE : HIER STEHEN ACHT PAARE VON GEGENSAETZLICHEN EIGENSCHAFTEN. IM FOLGENDEN GEHT ES DARUM, DEN BEGRIFF GEWALT ZU BESCHREIBEN. BITTE TRAGEN SIE FUER JEDES DER ACHT WORTPAARE IN DEN FRAGEBOGEN EIN, WAS SIE PERSOENLICH MIT DEM BEGRIFF "GEWALT" VERBINDEN.

GESTELLT AN : ALLE BEFRAGTEN

	TOTAL	KIRCHGANG				RELIGION + KIRCHGANG						POLIT. INTERESSE		
		HAEUF.	MANCH-MAL	SELTEN	NIE	EVANG. HAEUF.	EVANG. MANCH-MAL	EVANG. SELTEN NIE	KATH. HAEUF.	KATH. MANCH-MAL	KATH. SELTEN NIE	SEHR INT.	ZIEML. INT.	NICHT INT.
	%	%	%	%	%	%	%	%	%	%	%	%	%	%
GEWALT IST ...														
LANGWEILIG [1]	11	11	12	11	5	14	12	7	10	10	10	10	11	11
[2]	6	6	7	5	3	6	5	7	4	6	4	4	7	6
[3]	8	8	8	8	11	6	5	8	9	6	9	9	9	8
[4]	28	27	24	31	30	23	31	25	32	25	30	32	30	25
[5]	15	17	16	15	14	14	15	17	11	17	16	11	15	17
[6]	13	13	13	13	8	12	11	11	12	14	12	12	10	12
[7] AUFREGEND	19	19	19	17	26	21	17	25	23	17	19	23	16	20
DURCHSCHNITT (1-7)	4.50	4.86	4.45	4.45	4.89	4.46	4.41	4.79	4.66	4.46	4.52	4.66	4.39	4.55
KEINE ANGABE	2	2	1	2	3	2	2	1	1	1	1	1	2	1
S U M M E	100	100	100	100	100	100	100	100	100	100	100	100	100	100
RECHTS [1]	5	5	4	7	8	8	6	2	3	5	6	9	5	4
[2]	4	3	4	4	–	3	3	4	5	6	5	6	4	3
[3]	5	5	5	8	5	5	5	9	6	5	5	5	7	6
[4]	54	53	53	55	62	55	54	49	54	53	55	52	53	57
[5]	8	9	9	8	10	8	10	8	10	9	8	7	8	8
[6]	8	8	10	7	10	9	5	10	12	12	10	6	9	8
[7] LINKS	12	12	13	9	9	13	10	23	11	11	9	12	11	12
DURCHSCHNITT (1-7)	4.42	4.80	4.50	4.27	4.45	4.49	4.33	4.92	4.48	4.48	4.36	4.21	4.44	4.46
KEINE ANGABE	2	3	2	3	5	2	3	2	3	1	3	2	3	2
S U M M E	100	100	100	100	100	100	100	100	100	100	100	100	100	100
B A S I S (=100%)	2012	253	683	1063	42	325	559	185	303	288	327	893	781

(F O R T S E T Z U N G)

E M N I D - INSTITUT, BIELEFELD BEFRAGUNGSZEITRAUM: 23.01. – 23.02. 1989

0046

6.4 Standardtabellen

TABELLE 2   : ASSOZIATIONEN ZUM BEGRIFF "GEWALT" ANHAND VON GEGENSATZPAAREN

FRAGE   : HIER STEHEN ACHT PAARE VON GEGENSAETZLICHEN EIGENSCHAFTEN. IM FOLGENDEN GEHT ES
                 DARUM, DEN BEGRIFF GEWALT ZU BESCHREIBEN. BITTE TRAGEN SIE FUER JEDES DER ACHT
                 WORTPAARE IN DEN FRAGEBOGEN EIN, WAS SIE PERSOENLICH MIT DEM BEGRIFF "GEWALT"
                 VERBINDEN.

GESTELLT AN   : ALLE BEFRAGTEN

	TOTAL	PARTEIENPRAEFERENZ RANG 1						PARTEIIDENTIFIKATION					MAT./ POSTMAT. INDEX		
		GRUENE	SPD	FDP	CDU	CSU	GRUENE	SPD	FDP	CDU/CSU	ANDERE	KEINE	MAT.	GEM.	POST-MAT.
	%	%	%	%	%	%	%	%	%	%	%	%	%	%	%

G E W A L T   I S T ...

LANGWEILIG
(1)	11	12	11	10	11	7	10	11	13	8	5	13	7	11	13
(2)	6	6	7	5	5	4	7	5	9	5	5	4	8	5	7
(3)	10	10	8	5	10	4	10	6	15	8	7	8	7	8	8
(4)	28	30	27	32	30	32	29	27	30	31	41	27	29	27	31
(5)	15	22	16	20	10	14	10	14	19	14	9	18	13	16	16
(6)	11	11	12	11	10	11	7	12	7	11	10	11	13	11	10
(7)	19	11	19	16	21	24	12	21	8	21	12	18	22	20	14

AUFREGEND

DURCHSCHNITT (1-7) | 4.50 | 4.32 | 4.47 | 4.58 | 4.44 | 4.90 | 4.43 | 4.53 | 3.86 | 4.62 | 4.83 | 4.43 | 4.67 | 4.55 | 4.28 |

KEINE ANGABE | 2 | 2 | 1 | 2 | 1 | 3 | 5 | 1 | – | 2 | 9 | 1 | 1 | 1 | 2 |
S U M M E | 100 | 100 | 100 | 100 | 100 | 100 | 100 | 100 | 100 | 100 | 100 | 100 | 100 | 100 | 100 |

RECHTS
(1)	5	9	7	5	4	1	10	7	4	4	7	4	4	4	8
(2)	4	8	6	2	3	7	6	5	12	2	–	3	2	4	6
(3)	8	15	6	6	3	7	14	7	15	9	21	8	5	4	10
(4)	54	58	54	63	50	49	58	51	56	49	36	62	54	52	60
(5)	8	*	9	7	9	12	2	8	8	11	2	10	8	11	5
(6)	8	3	9	7	9	12	2	10	10	11	14	5	12	10	6
(7)	12	3	9	7	21	18	4	10	10	20	14	8	16	14	6

LINKS

DURCHSCHNITT (1-7) | 4.42 | 3.73 | 4.29 | 4.28 | 4.75 | 4.92 | 3.81 | 4.30 | 4.35 | 4.81 | 4.69 | 4.34 | 4.61 | 4.59 | 3.92 |

KEINE ANGABE | 2 | 3 | 2 | 3 | 1 | 3 | 4 | 2 | 1 | 2 | 9 | 2 | * | 2 | 3 |
S U M M E | 100 | 100 | 100 | 100 | 100 | 100 | 100 | 100 | 100 | 100 | 100 | 100 | 100 | 100 | 100 |

B A S I S (=100%) | 2012 | 216 | 883 | 107 | 494 | 185 | 147 | 674 | 61 | 514 | 19 | 592 | 255 | 1099 | 554 |

(F O R T S E T Z U N G)

E M N I D – INSTITUT, BIELEFELD   BEFRAGUNGSZEITRAUM: 23.01. – 23.02. 1989
0047

TABELLE 2   :   ASSOZIATIONEN ZUM BEGRIFF "GEWALT" ANHAND VON GEGENSATZPAAREN

FRAGE   :   HIER STEHEN ACHT PAARE VON GEGENSAETZLICHEN EIGENSCHAFTEN. IM FOLGENDEN GEHT ES
                DARUM, DEN BEGRIFF GEWALT ZU BESCHREIBEN. BITTE TRAGEN SIE FUER JEDES DER ACHT
                WORTPAARE IN DEN FRAGEBOGEN EIN, WAS SIE PERSOENLICH MIT DEM BEGRIFF "GEWALT"
                VERBINDEN.

GESTELLT AN :   ALLE BEFRAGTEN

		TOTAL	LINKS/RECHTS - SELBSTEINSTUFUNG			POLITISCHE ORIENTIERUNG							
			LINKS	MITTE	RECHTS	MAT. LINKS	MAT. MITTE	MAT. RECHTS	GEM. LINKS	GEM. MITTE	GEM. RECHTS	POST-MAT. LINKS	POST-MAT. MITTE	POST-MAT. RECHTS
		%	%	%	%	%	%	%	%	%	%	%	%	%
G E W A L T I S T ...														
LANGWEILIG	[1]	11	11	11	9	6	8	4	12	10	10	11	15	10
	[2]	6	9	5	4	16	10	5	8	4	5	8	8	3
	[3]	8	7	9	8	16	27	38	28	25	30	5	10	17
	[4]	28	30	26	31	15	8	11	15	19	12	33	29	27
	[5]	11	18	16	13	23	15	11	11	10	13	19	14	16
	[6]	15	10	11	13	9	24	27	17	22	20	11	15	20
AUFREGEND	[7]	19	14	21	21	15								
DURCHSCHNITT	(1-7)	4.50	4.30	4.54	4.65	4.20	4.67	4.86	4.38	4.65	4.57	4.30	4.06	4.61
KEINE ANGABE		2	2	1	2	1	2	1	1	1	2	1	1	2
S U M M E		100	100	100	100	100	100	100	100	100	100	100	100	100
RECHTS	[1]	5	10	5	2	3	3	2	7	5	2	14	5	5
	[2]	4	7	2	1	16	4	1	6	2	1	9	4	2
	[3]	6	11	5	3	3	4	2	6	4	3	14	9	9
	[4]	54	55	59	46	54	51	46	54	56	43	55	69	59
	[5]	8	4	10	12	14	5	10	9	13	11	2	5	10
	[6]	12	5	9	12	9	16	12	6	9	14	**	3	14
LINKS	[7]	12	6	10	22	2	18	26	11	10	24	3	3	15
DURCHSCHNITT	(1-7)	4.42	3.88	4.37	5.04	4.09	4.73	5.08	4.30	4.43	5.13	3.49	3.92	4.55
KEINE ANGABE		2	2	1	3	3	1	1	3	1	3	3	1	2
S U M M E		100	100	100	100	100	100	100	100	100	100	100	100	100
B A S I S (=100%)		2012	499	765	469	43	99	76	201	455	305	235	183	74

(F O R T S E T Z U N G)
E M N I D - INSTITUT, BIELEFELD   BEFRAGUNGSZEITRAUM: 23.01. - 23.02. 1989

0048

6.4 Standardtabellen

TABELLE 2 : ASSOZIATIONEN ZUM BEGRIFF "GEWALT" ANHAND VON GEGENSATZPAAREN

FRAGE : HIER STEHEN ACHT PAARE VON GEGENSAETZLICHEN EIGENSCHAFTEN. IM FOLGENDEN GEHT ES DARUM, DEN BEGRIFF GEWALT ZU BESCHREIBEN. BITTE TRAGEN SIE FUER JEDES DER ACHT WORTPAARE IN DEN FRAGEBOGEN EIN, WAS SIE PERSOENLICH MIT DEM BEGRIFF "GEWALT" VERBINDEN.

GESTELLT AN : ALLE BEFRAGTEN

		TOTAL	ALTER						BILDUNG			GESCHLECHT	
			14-17 JAHRE	18-21 JAHRE	22-30 JAHRE	31-45 JAHRE	46-65 JAHRE	66+ JAHRE	NIEDRIG	MITTEL	HOCH	M	W
		%	%	%	%	%	%	%	%	%	%	%	%
GEWALT IST...													
WIRKSAM	[1]	8	9	-	7	10	9	7	11	6	5	8	9
	[2]	11	9	5	9	8	11	7	8	8	12	10	8
	[3]	25	14	19	27	21	10	33	24	11	10	26	25
	[4]	13	32	28	11	13	24	23	24	26	26	13	13
	[5]	13	13	17	11	16	13	12	12	16	21	13	12
	[6]	20	12	12	12	16	13	12	12	19	14	17	23
UNWIRKSAM	[7]		10	13	19	23	21	19	21		20		
DURCHSCHNITT	(1-7)	4.51	4.12	4.34	4.51	4.65	4.47	4.58	4.43	4.63	4.58	4.40	4.62
KEINE ANGABE		1	-	-	2	1	1	2	1	2	1	1	1
SUMME		100	100	100	100	100	100	100	100	100	100	100	100
UNGEFAEHRLICH	[1]	*	-	-	*	*	1	*	*	1	1	*	*
	[2]	1	1	2	1	1	1	1	1	1	1	1	1
	[3]	1	1	1	1	1	1	1	1	1	1	1	1
	[4]	5	4	6	5	5	4	8	5	6	6	7	4
	[5]	7	8	5	8	6	6	7	6	6	7	8	6
	[6]	17	9	19	20	16	17	14	16	18	20	19	15
GEFAEHRLICH	[7]	68	76	67	63	69	69	68	70	66	64	64	72
DURCHSCHNITT	(1-7)	6.47	6.50	6.41	6.40	6.48	6.52	6.43	6.51	6.44	6.39	6.40	6.53
KEINE ANGABE		1	-	-	1	1	1	1	1	2	1	1	1
SUMME		100	100	100	100	100	100	100	100	100	100	100	100
BASIS (=100%)		2012	107	154	363	584	582	222	984	489	378	972	1040

EMNID - INSTITUT, BIELEFELD   BEFRAGUNGSZEITRAUM: 23.01. - 23.02. 1989

0049

6. Anhang

TABELLE 2 : ASSOZIATIONEN ZUM BEGRIFF "GEWALT" ANHAND VON GEGENSATZPAAREN

FRAGE : HIER STEHEN ACHT PAARE VON GEGENSAETZLICHEN EIGENSCHAFTEN. IM FOLGENDEN GEHT ES DARUM, DEN BEGRIFF GEWALT ZU BESCHREIBEN. BITTE TRAGEN SIE FUER JEDES DER ACHT WORTPAARE IN DEN FRAGEBOGEN EIN, WAS SIE PERSOENLICH MIT DEM BEGRIFF "GEWALT" VERBINDEN.

GESTELLT AN : ALLE BEFRAGTEN

	TOTAL	KIRCHGANG				RELIGION + KIRCHGANG							POLIT. INTERESSE			
		HAEUF.	MANCH-MAL	SELTEN	NIE	EVANG. HAEUF.	EVANG. MANCH-MAL	EVANG. SELTEN	EVANG. NIE	KATH. HAEUF.	KATH. MANCH-MAL	KATH. SELTEN	KATH. NIE	SEHR INT.	ZIEML. INT.	NICHT INT.
	%	%	%	%	%	%	%	%	%	%	%	%	%	%	%	%
GEWALT IST...																
WIRKSAM (1)	8	5	8	9	2	5	9	6	11	8	10	8	7	10
(2)	9	8	9	9	5	9	8	8	10	9	10	11	8	9
(3)	11	11	12	16	9	12	10	9	9	8	8	8	10
(4)	25	21	26	17	17	28	28	21	26	24	25	27	24
(5)	13	17	13	12	14	14	11	17	13	13	16	12	13	12
(6)	13	15	12	19	10	14	11	16	14	13	16	13	12
UNWIRKSAM (7)	20	22	19	30	20	19	22	19	21	19	18	22
DURCHSCHNITT (1-7)	4.51	4.78	4.53	4.44	5.17	4.66	4.46	4.75	4.37	4.54	4.50	4.52	4.50
KEINE ANGABE	1	1	1	1	5	2	2	*	-	*	1	1	1
SUMME	100	100	100	100	100	100	100	100	100	100	100	100	100
UNGEFAEHRLICH (1)	*	*	*	-	1	1	1	-	*	*	*	*
(2)	1	1	1	1	1	1	1	1	1	1	1	1
(3)	1	-	1	2	1	*	1	-	1	1	1	1
(4)	5	6	5	5	8	4	4	5	*	6	6	5	5
(5)	7	7	6	6	3	9	6	7	5	6	7	6	7
(6)	17	14	15	19	26	13	17	10	17	22	14	18	17
GEFAEHRLICH (7)	68	72	71	66	58	72	65	77	69	67	70	68	67
DURCHSCHNITT (1-7)	6.47	6.53	6.51	6.42	6.43	6.56	6.38	6.60	6.47	6.49	6.47	6.49	6.43
KEINE ANGABE	1	1	1	1	3	2	2	*	*	1	1	1	1
SUMME	100	100	100	100	100	100	100	100	100	100	100	100	100
BASIS (=100%)	2012	253	683	1063	42	325	559	185	303	288	327	893	781

EMNID-INSTITUT, BIELEFELD

BEFRAGUNGSZEITRAUM: 23.01. - 23.02. 1989

0052

6.4 Standardtabellen

TABELLE 2 : ASSOZIATIONEN ZUM BEGRIFF "GEWALT" ANHAND VON GEGENSATZPAAREN

FRAGE : HIER STEHEN ACHT PAARE VON GEGENSAETZLICHEN EIGENSCHAFTEN. IM FOLGENDEN GEHT ES DARUM, DEN BEGRIFF GEWALT ZU BESCHREIBEN. BITTE TRAGEN SIE FUER JEDES DER ACHT WORTPAARE IN DEN FRAGEBOGEN EIN, WAS SIE PERSOENLICH MIT DEM BEGRIFF "GEWALT" VERBINDEN.

GESTELLT AN : ALLE BEFRAGTEN

	TOTAL	PARTEIENPRAEFERENZ RANG 1					PARTEIIDENTIFIKATION					MAT./ POSTMAT. INDEX		
		GRUENE	SPD	FDP	CDU	CSU	GRUENE	SPD	FDP	CDU/CSU	ANDERE	KEINE	MAT.	GEM.	POST-MAT.
	%	%	%	%	%	%	%	%	%	%	%	%	%	%	%

G E W A L T   I S T ...

WIRKSAM (1)	8	8	8	6	10	4	7	10	6	10	2	5	12	8	7
(2)	*	9	7	12	10	7	9	7	10	12	1	8	12	9	7
(3)	1	11	11	9	8	15	9	11	10	10	7	12	11	11	10
(4)	25	30	25	27	22	30	38	23	26	23	43	27	13	24	29
(5)	13	13	14	13	13	12	6	14	13	12	5	13	12	13	12
(6)	13	12	14	13	13	12	8	15	13	12	5	13	12	13	14
UNWIRKSAM (7)	20	16	19	19	22	19	19	19	20	20	12	22	18	21	19
DURCHSCHNITT (1-7)	4.51	4.34	4.53	4.49	4.51	4.62	4.50	4.50	4.52	4.40	4.45	4.61	4.19	4.54	4.59
KEINE ANGABE	1	1	1	2	1	2	4	1	1	1	9	1	-	1	1
SUMME	100	100	100	100	100	100	100	100	100	100	100	100	100	100	100
UNGEFAEHRLICH (1)	*	1	*	1	*	1	1	*	1	*	1	*	1	*	*
(2)	1	1	1	1	*	1	2	1	1	1	1	1	2	1	1
(3)	1	1	1	1	1	2	4	1	4	1	5	1	2	1	1
(4)	5	4	4	3	7	6	6	6	15	8	10	7	7	6	5
(5)	7	7	7	9	6	7	7	6	4	7	2	7	9	6	4
(6)	17	18	19	16	14	13	17	19	16	14	26	17	16	18	8
GEFAEHRLICH (7)	68	68	68	68	71	68	69	71	61	69	48	66	63	69	16
DURCHSCHNITT (1-7)	6.47	6.43	6.48	6.49	6.47	6.44	6.53	6.54	6.27	6.46	6.40	6.39	6.23	6.49	71
KEINE ANGABE	1	*	1	1	1	2	2	*	1	1	9	1	*	1	6.56
SUMME	100	100	100	100	100	100	100	100	100	100	100	100	100	100	1
BASIS (=100%)	2012	216	883	107	494	185	147	674	61	514	19	592	255	1099	100
															554

E M N I D - INSTITUT, BIELEFELD   BEFRAGUNGSZEITRAUM: 23.01. - 23.02. 1989

0053

TABELLE 2	:	ASSOZIATIONEN ZUM BEGRIFF "GEWALT" ANHAND VON GEGENSATZPAAREN
FRAGE	:	HIER STEHEN ACHT PAARE VON GEGENSAETZLICHEN EIGENSCHAFTEN. IM FOLGENDEN GEHT ES DARUM, DEN BEGRIFF GEWALT ZU BESCHREIBEN. BITTE TRAGEN SIE FUER JEDES DER ACHT WORTPAARE IN DEN FRAGEBOGEN EIN, WAS SIE PERSOENLICH MIT DEM BEGRIFF "GEWALT" VERBINDEN.
GESTELLT AN	:	ALLE BEFRAGTEN

		TOTAL	LINKS/RECHTS - SELBSTEINSTUFUNG			POLITISCHE ORIENTIERUNG						
			LINKS	MITTE	RECHTS	MAT. LINKS	MAT. MITTE	MAT. RECHTS	GEM. LINKS	GEM. MITTE	GEM. RECHTS	POST-MAT. LINKS	POST-MAT. MITTE	POST-MAT. RECHTS
		%	%	%	%	%	%	%	%	%	%	%	%

G E W A L T   I S T ...

WIRKSAM	[1]	8	6	8	10	13	9	21	5	9	8	8	7	10
	[2]	9	9	8	11	15	9	17	12	8	9	9	7	9
	[3]	11	12	11	10	7	16	8	13	11	10	10	8	13
	[4]	25	26	29	20	22	19	23	19	29	19	32	32	20
	[5]	13	14	11	13	24	16	10	14	11	13	13	13	13
	[6]	13	15	12	14	20	11	11	17	13	16	13	15	15
UNWIRKSAM	[7]	20	17	20	20	8	30	11	18	20	22	17	18	21
DURCHSCHNITT	(1-7)	4.51	4.56	4.47	4.48	4.43	4.56	3.58	4.56	4.46	4.67	4.61	4.52	4.52
KEINE ANGABE		1	1	*	2	1	1	1	1	*	2	2	1	2
S U M M E		100	100	100	100	100	100	100	100	100	100	100	100	100

UNGEFAEHRLICH	[1]	*	*	1	1	1	1	1	*	*	1	1	1	1
	[2]	1	*	1	1	1	5	2	1	*	1	1	1	1
	[3]	1	1	1	1	3	2	2	1	*	1	1	1	1
	[4]	5	3	5	6	6	5	10	3	5	6	3	3	2
	[5]	7	8	6	6	6	8	11	7	6	6	7	9	10
	[6]	17	20	15	16	19	15	9	22	16	19	21	12	20
GEFAEHRLICH	[7]	68	67	70	68	70	64	66	67	71	66	67	74	84
DURCHSCHNITT	(1-7)	6.47	6.52	6.44	6.50	6.51	6.15	6.21	6.55	6.51	6.48	6.52	6.52	6.84
KEINE ANGABE		1	1	*	2	1	1	1	1	*	2	2	1	2
S U M M E		100	100	100	100	100	100	100	100	100	100	100	100	100
B A S I S .(=100%)		2012	499	765	469	43	99	76	201	455	305	235	183	74

E M N I D - INSTITUT, BIELEFELD
BEFRAGUNGSZEITRAUM: 23.01. - 23.02. 1989

0054

6.4 Standardtabellen

TABELLE 3   : RECHTFERTIGUNG VON GEWALT IN DER POLITIK UNTER BESTIMMTEN UMSTAENDEN?
FRAGE   : KOENNEN SIE PERSOENLICH SICH UMSTAENDE VORSTELLEN, UNTER DENEN ES GERECHTFERTIGT
               IST, DASS BUERGER GEWALT IN DER POLITIK ANWENDEN?
GESTELLT AN : ALLE BEFRAGTEN
ANTWORTEN   : VORGEGEBEN

	TOTAL	A L T E R						BILDUNG			GESCHLECHT	
		14-17 JAHRE	18-21 JAHRE	22-30 JAHRE	31-45 JAHRE	46-65 JAHRE	66+ JAHRE	NIEDRIG	MITTEL	HOCH	M	W
	%	%	%	%	%	%	%	%	%	%	%	%
JA	36	50	38	40	32	35	35	30	36	47	39	33
NEIN	63	49	59	59	67	65	64	70	62	51	59	66
KEINE ANGABE	1	2	3	1	1	1	1	1	2	1	1	1
S U M M E	100	100	100	100	100	100	100	100	100	100	100	100
B A S I S (=100%)	2012	107	154	363	584	582	222	984	489	378	972	1040

EMNID - INSTITUT, BIELEFELD   BEFRAGUNGSZEITRAUM: 23.01. - 23.02. 1989
0055

6. Anhang

TABELLE 3   : RECHTFERTIGUNG VON GEWALT IN DER POLITIK UNTER BESTIMMTEN UMSTAENDEN?
FRAGE   : KOENNEN SIE PERSOENLICH SICH UMSTAENDE VORSTELLEN, UNTER DENEN ES GERECHTFERTIGT
               IST, DASS BUERGER GEWALT IN DER POLITIK ANWENDEN?
GESTELLT AN : ALLE BEFRAGTEN
ANTWORTEN   : VORGEGEBEN

	TOTAL	KIRCHGANG			RELIGION + KIRCHGANG						POLIT. INTERESSE		
		HAEUF.	MANCH-MAL	SELTEN NIE	EVANG. HAEUF.	EVANG. MANCH-MAL	EVANG. SELTEN NIE	KATH. HAEUF.	KATH. MANCH-MAL	KATH. SELTEN NIE	SEHR INT.	ZIEML. INT.	NICHT INT.
	%	%	%	%	%	%	%	%	%	%	%	%	%
JA	36	26	32	41	28	33	40	23	33	39	43	40	29
NEIN	63	74	67	58	72	65	58	76	67	60	56	59	71
KEINE ANGABE	1	*	1	2	-	1	2	*	-	1	2	1	1
S U M M E	100	100	100	100	100	100	100	100	100	100	100	100	100
B A S I S (=100%)	2012	253	683	1063	42	325	559	185	303	288	327	893	781

E M N I D - INSTITUT, BIELEFELD   BEFRAGUNGSZEITRAUM: 23.01. - 23.02. 1989
0058

6.4 Standardtabellen

TABELLE 3 : RECHTFERTIGUNG VON GEWALT IN DER POLITIK UNTER BESTIMMTEN UMSTAENDEN?
FRAGE : KOENNEN SIE PERSOENLICH SICH UMSTAENDE VORSTELLEN, UNTER DENEN ES GERECHTFERTIGT IST, DASS BUERGER GEWALT IN DER POLITIK ANWENDEN?
GESTELLT AN : ALLE BEFRAGTEN
ANTWORTEN : VORGEGEBEN

	TOTAL	PARTEIENPRAEFERENZ RANG 1						PARTEIIDENTIFIKATION					MAT./ POSTMAT. INDEX		
		GRUENE	SPD	FDP	CDU	CSU	GRUENE	SPD	FDP	CDU/CSU	ANDERE	KEINE	MAT.	GEM.	POST-MAT.
	%	%	%	%	%	%	%	%	%	%	%	%	%	%	%
JA	36	58	37	39	30	25	67	35	53	28	43	35	19	32	52
NEIN	63	40	62	60	69	74	32	64	47	72	45	64	81	67	47
KEINE ANGABE	1	2	1	*	1	*	1	1	-	1	12	1	*	1	2
S U M M E	100	100	100	100	100	100	100	100	100	100	100	100	100	100	100
B A S I S (=100%)	2012	216	883	107	494	185	147	674	61	514	19	592	255	1099	554

E M N I D - INSTITUT, BIELEFELD   BEFRAGUNGSZEITRAUM: 23.01. - 23.02. 1989
0059

TABELLE 3 : RECHTFERTIGUNG VON GEWALT IN DER POLITIK UNTER BESTIMMTEN UMSTAENDEN?
FRAGE : KOENNEN SIE PERSOENLICH SICH UMSTAENDE VORSTELLEN, UNTER DENEN ES GERECHTFERTIGT IST, DASS BUERGER GEWALT IN DER POLITIK ANWENDEN?
GESTELLT AN : ALLE BEFRAGTEN
ANTWORTEN : VORGEGEBEN

	TOTAL	LINKS/RECHTS SELBSTEINSTUFUNG			POLITISCHE ORIENTIERUNG							
		LINKS	MITTE	RECHTS	MAT. LINKS	MAT. MITTE	MAT. RECHTS	GEM. LINKS	GEM. MITTE	GEM. RECHTS	POST-MAT. LINKS	POST-MAT. MITTE	POST-MAT. RECHTS
	%	%	%	%	%	%	%	%	%	%	%	%	%
JA	36	46	35	32	19	18	20	32	32	34	63	48	37
NEIN	63	53	64	67	81	82	80	67	66	65	36	48	63
KEINE ANGABE	1	1	2	*	-	*	-	1	1	1	1	3	-
S U M M E	100	100	100	100	100	100	100	100	100	100	100	100	100
B A S I S (=100%)	2012	499	765	469	43	99	76	201	455	305	235	183	74

E M N I D - INSTITUT, BIELEFELD BEFRAGUNGSZEITRAUM: 23.01. - 23.02.1989
0060

6.4 Standardtabellen

TABELLE 4 : BEFUERWORTUNG VERSCHIEDENER HANDLUNGEN UND SITUATIONEN

FRAGE : AUF DIESEM KARTENSPIEL STEHEN EINE REIHE VON HANDLUNGEN UND SITUATIONEN. BITTE
ORDNEN SIE DIE KARTEN AUF DEM VORLAGEBLATT DANACH EIN, OB SIE DAS IN ORDNUNG
FINDEN, NICHT IN ORDNUNG FINDEN ODER OB ES VON DEN UMSTAENDEN ABHAENGT, WIE SIE DAS
FINDEN.

GESTELLT AN : ALLE BEFRAGTEN

	TOTAL	ALTER						BILDUNG			GESCHLECHT	
		14-17 JAHRE	18-21 JAHRE	22-30 JAHRE	31-45 JAHRE	46-65 JAHRE	66+ JAHRE	NIEDRIG	MITTEL	HOCH	M	W
	%	%	%	%	%	%	%	%	%	%	%	%
PAROLEN AUF HAEUSERWAENDE SPRUEHEN												
IN ORDNUNG	6	8	10	9	5	3	5	4	6	8	5	7
NICHT IN ORDNUNG	79	61	68	68	83	87	87	85	84	67	82	78
HAENGT VON DEN UMSTAENDEN AB	14	31	22	22	12	9	8	11	9	24	13	15
KEINE ANGABE	*			1	*	1	*	*	1	1	*	1
S U M M E	100	100	100	100	100	100	100	100	100	100	100	100
WENN HAUSBESETZER SICH VERBARRI-KADIEREN UND BEWAFFNEN												
IN ORDNUNG	4	9	2	9	4	2	1	3	4	4	4	4
NICHT IN ORDNUNG	82	69	65	74	85	90	88	87	84	76	85	81
HAENGT VON DEN UMSTAENDEN AB	13	21	34	16	10	7	10	9	12	19	11	14
KEINE ANGABE	1	1		1	1	1	1	1	1	1	1	1
S U M M E	100	100	100	100	100	100	100	100	100	100	100	100
SICH BEI EINER DEMONSTRATION GEGEN UEBERGRIFFE DER POLIZEI MIT LATTEN ODER STEINEN ZUR WEHR SETZEN												
IN ORDNUNG	6	7	6	9	6	6	4	6	6	7	7	5
NICHT IN ORDNUNG	74	61	64	63	78	80	82	80	77	61	73	76
HAENGT VON DEN UMSTAENDEN AB	18	32	30	27	15	13	13	14	16	31	19	18
KEINE ANGABE	1			1	1	1	2	1	1	2	1	1
S U M M E	100	100	100	100	100	100	100	100	100	100	100	100
B A S I S (=100%)	2012	107	154	363	584	582	222	984	489	378	972	1040

(F O R T S E T Z U N G)
E M N I D - INSTITUT, BIELEFELD   BEFRAGUNGSZEITRAUM: 23.01. - 23.02. 1989
0061

TABELLE 4 : BEFUERWORTUNG VERSCHIEDENER HANDLUNGEN UND SITUATIONEN

FRAGE : AUF DIESEM KARTENSPIEL STEHEN EINE REIHE VON HANDLUNGEN UND SITUATIONEN. BITTE ORDNEN SIE DIE KARTEN AUF DEM VORLAGEBLATT DANACH EIN, OB SIE DAS IN ORDNUNG FINDEN, NICHT IN ORDNUNG FINDEN ODER OB ES VON DEN UMSTAENDEN ABHAENGT, WIE SIE DAS FINDEN.

GESTELLT AN : ALLE BEFRAGTEN

	TOTAL	KIRCHGANG				RELIGION + KIRCHGANG							POLIT. INTERESSE		
		HAEUF.	MANCH-MAL	SELTEN	NIE	EVANG. HAEUF.	EVANG. MANCH-MAL	EVANG. SELTEN NIE	KATH. HAEUF.	KATH. MANCH-MAL	KATH. SELTEN NIE	SEHR INT.	ZIEML. INT.	NICHT INT.
	%	%	%	%	%	%	%	%	%	%	%	%	%	%

PAROLEN AUF HAEUSERWAENDE SPRUEHEN

IN ORDNUNG	6	3	4	7	8	3	6	7	3	3	4	7	6	6
NICHT IN ORDNUNG	79	86	84	75	71	88	82	76	88	87	82	78	80	80
HAENGT VON DEN UMSTAENDEN AB	14	10	11	17	20	8	11	17	8	10	13	15	14	14
KEINE ANGABE	*	1	1	*	1	1	1	*	1	-	1	*	*	*
S U M M E	100	100	100	100	100	100	100	100	100	100	100	100	100	100

WENN HAUSBESETZER SICH VERBARRI-
KADIEREN UND BEWAFFNEN

IN ORDNUNG	4	3	3	5	6	2	3	6	2	2	4	4	4	5
NICHT IN ORDNUNG	82	86	86	80	76	89	87	79	89	86	82	86	81	83
HAENGT VON DEN UMSTAENDEN AB	13	9	11	15	15	8	9	14	8	12	13	10	15	12
KEINE ANGABE	1	1	1	1	2	1	1	1	1	-	1	1	1	1
S U M M E	100	100	100	100	100	100	100	100	100	100	100	100	100	100

SICH BEI EINER DEMONSTRATION GEGEN
UEBERGRIFFE DER POLIZEI MIT LATTEN
ODER STEINEN ZUR WEHR SETZEN

IN ORDNUNG	7	6	5	8	8	8	3	8	8	7	7	7	5	7
NICHT IN ORDNUNG	74	81	78	71	76	82	80	72	82	74	72	77	71	77
HAENGT VON DEN UMSTAENDEN AB	18	15	17	20	15	14	15	19	14	19	21	15	23	15
KEINE ANGABE	1	1	1	1	2	1	2	1	1	*	*	1	1	1
S U M M E	100	100	100	100	100	100	100	100	100	100	100	100	100	100

B A S I S (=100%) | 2012 | 253 | 683 | 1063 | 42 | 325 | 559 | 1063 | 185 | 303 | 288 | 327 | 893 | 781

(F O R T S E T Z U N G)

E M N I D - INSTITUT, BIELEFELD   BEFRAGUNGSZEITRAUM: 23.01. - 23.02. 1989

0064

6.4 Standardtabellen

TABELLE 4   : BEFUERWORTUNG VERSCHIEDENER HANDLUNGEN UND SITUATIONEN
FRAGE   : AUF DIESEM KARTENSPIEL STEHEN EINE REIHE VON HANDLUNGEN UND SITUATIONEN. BITTE
               ORDNEN SIE DIE KARTEN AUF DEM VORLAGEBLATT DANACH EIN, OB SIE DAS IN ORDNUNG
               FINDEN, NICHT IN ORDNUNG FINDEN ODER OB ES VON DEN UMSTAENDEN ABHAENGT, WIE SIE DAS
               FINDEN.
GESTELLT AN : ALLE BEFRAGTEN

	TOTAL	PARTEIENPRAEFERENZ RANG 1					PARTEIIDENTIFIKATION					MAT./ POSTMAT. INDEX		
		GRUENE	SPD	FDP	CDU	CSU	GRUENE	SPD	FDP	CDU/CSU	ANDERE	KEINE	MAT.	GEM.	POST-MAT.
	%	%	%	%	%	%	%	%	%	%	%	%	%	%	%
PAROLEN AUF HAEUSERWAENDE SPRUEHEN															
IN ORDNUNG	6	17	5	2	3	4	18	5	4	3	2	6	5	4	9
NICHT IN ORDNUNG	79	54	80	85	87	87	48	80	85	89	91	78	89	85	67
HAENGT VON DEN UMSTAENDEN AB	14	29	15	13	9	9	33	15	11	8	7	15	6	11	24
KEINE ANGABE	*	-	1	*	*	-	-	*	-	*	-	1	-	*	*
S U M M E	100	100	100	100	100	100	100	100	100	100	100	100	100	100	100
WENN HAUSBESITZER SICH VERBARRI-KADIEREN UND BEWAFFNEN															
IN ORDNUNG	4	13	3	-	3	4	11	3	1	4	2	5	3	4	4
NICHT IN ORDNUNG	82	62	84	87	87	87	56	85	90	88	88	81	87	86	76
HAENGT VON DEN UMSTAENDEN AB	13	26	12	12	9	8	33	11	9	8	7	14	9	9	20
KEINE ANGABE	1	-	1	*	*	*	-	1	-	*	2	1	*	*	*
S U M M E	100	100	100	100	100	100	100	100	100	100	100	100	100	100	100
SICH BEI EINER DEMONSTRATION GEGEN UEBERGRIFFE DER POLIZEI MIT LATTEN ODER STEINEN ZUR WEHR SETZEN															
IN ORDNUNG	6	15	5	8	4	7	11	5	9	5	9	7	3	6	8
NICHT IN ORDNUNG	74	52	75	71	82	77	51	77	73	81	79	71	84	79	63
HAENGT VON DEN UMSTAENDEN AB	18	33	18	19	13	16	38	17	15	14	12	20	12	15	28
KEINE ANGABE	1	*	1	1	1	*	1	1	3	*	-	1	1	1	1
S U M M E	100	100	100	100	100	100	100	100	100	100	100	100	100	100	100
B A S I S (=100%)	2012	216	883	107	494	185	147	674	61	514	19	592	255	1099	554

(F O R T S E T Z U N G)   BEFRAGUNGSZEITRAUM: 23.01. - 23.02. 1989
E M N I D - INSTITUT, BIELEFELD
0065

TABELLE 4 : BEFUERWORTUNG VERSCHIEDENER HANDLUNGEN UND SITUATIONEN

FRAGE : AUF DIESEM KARTENSPIEL STEHEN EINE REIHE VON HANDLUNGEN UND SITUATIONEN. BITTE ORDNEN SIE DIE KARTEN AUF DEM VORLAGEBLATT DANACH EIN, OB SIE DAS IN ORDNUNG FINDEN, NICHT IN ORDNUNG FINDEN ODER OB ES VON DEN UMSTAENDEN ABHAENGT, WIE SIE DAS FINDEN.

GESTELLT AN : ALLE BEFRAGTEN

	TOTAL	LINKS/RECHTS - SELBSTEINSTUFUNG			POLITISCHE ORIENTIERUNG							
		LINKS	MITTE	RECHTS	MAT. LINKS	MAT. MITTE	MAT. RECHTS	GEM. LINKS	GEM. MITTE RECHTS	GEM. RECHTS	POST-MAT. LINKS	POST-MAT. MITTE	POST-MAT. RECHTS
	%	%	%	%	%	%	%	%	%	%	%	%	%
PAROLEN AUF HAEUSERWAENDE SPRUEHEN													
IN ORDNUNG	6	10	5	2	9	4	2	4	3	13	7	2
NICHT IN ORDNUNG	79	66	83	90	82	91	95	75	88	89	58	70	87
HAENGT VON DEN UMSTAENDEN AB	14	23	12	8	8	5	3	18	8	8	29	23	11
KEINE ANGABE	*			*					*			*	
S U M M E	100	100	100	100	100	100	100	100	100	100	100	100	100
WENN HAUSBESETZER SICH VERBARRI-KADIEREN UND BEWAFFNEN													
IN ORDNUNG	4	6	3	3	5	3	2	5	3	4	6	3	
NICHT IN ORDNUNG	82	73	86	89	86	87	91	80	88	87	66	82	92
HAENGT VON DEN UMSTAENDEN AB	13	21	10	8	8	10	5	14	8	9	28	15	7
KEINE ANGABE	1	*	1	1			1	1		*		*	1
S U M M E	100	100	100	100	100	100	100	100	100	100	100	100	100
SICH BEI EINER DEMONSTRATION GEGEN UEBERGRIFFE DER POLIZEI MIT LATTEN ODER STEINEN ZUR WEHR SETZEN													
IN ORDNUNG	6	10	5	4	3	5		7	5	5	13	3	4
NICHT IN ORDNUNG	74	65	78	80	85	78	90	75	80	79	52	73	77
HAENGT VON DEN UMSTAENDEN AB	18	24	17	15	8	17	9	16	14	16	34	23	19
KEINE ANGABE	1	1	1	1	3		1	1	*	*	1	1	1
S U M M E	100	100	100	100	100	100	100	100	100	100	100	100	100
B A S I S (=100%)	2012	499	765	469	43	99	76	201	455	305	235	183	74

(F O R T S E T Z U N G)

E M N I D - INSTITUT, BIELEFELD

BEFRAGUNGSZEITRAUM: 23.01. - 23.02.1989

0066

6.4 Standardtabellen

TABELLE 4   : BEFUERWORTUNG VERSCHIEDENER HANDLUNGEN UND SITUATIONEN
FRAGE   : AUF DIESEM KARTENSPIEL STEHEN EINE REIHE VON HANDLUNGEN UND SITUATIONEN. BITTE
                 ORDNEN SIE DIE KARTEN AUF DEM VORLAGEBLATT DANACH EIN, OB SIE DAS IN ORDNUNG
                 FINDEN, NICHT IN ORDNUNG FINDEN ODER OB ES VON DEN UMSTAENDEN ABHAENGT, WIE SIE DAS
                 FINDEN.
GESTELLT AN   : ALLE BEFRAGTEN

	TOTAL	ALTER						BILDUNG			GESCHLECHT	
		14-17 JAHRE	18-21 JAHRE	22-30 JAHRE	31-45 JAHRE	46-65 JAHRE	66+ JAHRE	NIEDRIG	MITTEL	HOCH	M	W
	%	%	%	%	%	%	%	%	%	%	%	%
LEERSTEHENDE HAEUSER BESETZEN												
IN ORDNUNG	17	20	24	24	15	12	13	13	16	25	17	16
NICHT IN ORDNUNG	47	32	32	33	49	55	62	54	49	35	49	46
HAENGT VON DEN UMSTAENDEN AB	36	46	43	42	35	33	25	33	35	38	34	37
KEINE ANGABE	2	2	1	1	*	1	1	*	1	1	1	1
S U M M E	100	100	100	100	100	100	100	100	100	100	100	100
DURCH EINEN SITZSTREIK DEN ZUGANG ZU EINER KASERNE VERSPERREN, WEIL DORT ATOMWAFFEN SIND												
IN ORDNUNG	35	52	49	42	33	31	25	28	38	46	35	36
NICHT IN ORDNUNG	35	23	22	25	38	41	43	41	33	24	37	33
HAENGT VON DEN UMSTAENDEN AB	29	26	28	32	28	28	32	30	29	29	29	30
KEINE ANGABE	1	-	1	1	1	1	1	1	1	1	*	1
S U M M E	100	100	100	100	100	100	100	100	100	100	100	100
WENN BUERGER ASYLANTEN HANDGREIFLICH KLARMACHEN, DASS SIE IN IHRE HEIMAT ZURUECKFAHREN SOLLEN												
IN ORDNUNG	8	7	3	8	7	10	7	9	7	5	8	7
NICHT IN ORDNUNG	78	76	83	79	79	76	76	75	80	82	79	77
HAENGT VON DEN UMSTAENDEN AB	14	18	14	12	14	14	16	15	12	13	12	15
KEINE ANGABE	*	-	-	1	*	1	*	*	*	1	*	1
S U M M E	100	100	100	100	100	100	100	100	100	100	100	100
B A S I S (=100%)	2012	107	154	363	584	582	222	984	489	378	972	1040

(F O R T S E T Z U N G)

E M N I D - INSTITUT, BIELEFELD   BEFRAGUNGSZEITRAUM: 23.01. - 23.02. 1989

214   6. Anhang

TABELLE 4 : BEFUERWORTUNG VERSCHIEDENER HANDLUNGEN UND SITUATIONEN

FRAGE : AUF DIESEM KARTENSPIEL STEHEN EINE REIHE VON HANDLUNGEN UND SITUATIONEN, BITTE
ORDNEN SIE DIE KARTEN AUF DEM VORLAGEBLATT DANACH EIN, OB SIE DAS IN ORDNUNG
FINDEN, NICHT IN ORDNUNG FINDEN ODER OB ES VON DEN UMSTAENDEN ABHAENGT, WIE SIE DAS
FINDEN.

GESTELLT AN : ALLE BEFRAGTEN

	TOTAL	KIRCHGANG				RELIGION + KIRCHGANG						POLIT. INTERESSE		
		HAEUF.	MANCH-MAL	SELTEN	NIE	EVANG. HAEUF.	EVANG. MANCH-MAL	EVANG. SELTEN NIE	KATH. HAEUF.	KATH. MANCH-MAL	KATH. SELTEN	KATH. NIE	SEHR INT.	ZIEML. INT.	NICHT INT.
	%	%	%	%	%	%	%	%	%	%	%	%	%	%	%
LEERSTEHENDE HAEUSER BESETZEN															
IN ORDNUNG	17	13	15	18	11	16	16	13	13	19	20	17	14
NICHT IN ORDNUNG	47	59	49	43	61	47	47	60	49	40	51	44	50
HAENGT VON DEN UMSTAENDEN AB	36	27	36	37	26	36	37	25	38	40	29	39	35
KEINE ANGABE	1	1	*	1	2	1	1	1	-	1	*	1	1
S U M M E	100	100	100	100	100	100	100	100	100	100	100	100	100
DURCH EINEN SITZSTREIK DEN ZUGANG ZU EINER KASERNE VERSPERREN, WEIL DORT ATOMWAFFEN SIND															
IN ORDNUNG	35	21	32	40	14	31	39	19	32	42	38	37	32
NICHT IN ORDNUNG	35	49	36	31	49	32	33	52	40	27	38	32	38
HAENGT VON DEN UMSTAENDEN AB	29	29	31	28	34	36	27	29	28	30	24	31	30
KEINE ANGABE	1	1	1	1	2	1	1	*	*	1	*	1	1
S U M M E	100	100	100	100	100	100	100	100	100	100	100	100	100
WENN BUERGER ASYLANTEN HANDGREIFLICH KLARMACHEN, DASS SIE IN IHRE HEIMAT ZURUECKFAHREN SOLLEN															
IN ORDNUNG	8	6	7	8	5	7	8	6	8	10	6	7	9
NICHT IN ORDNUNG	78	73	79	79	61	79	78	77	77	77	82	80	74
HAENGT VON DEN UMSTAENDEN AB	14	20	14	13	31	13	13	17	15	12	12	12	17
KEINE ANGABE	*	1	*	*	2	1	1	*	-	1	*	1	*
S U M M E	100	100	100	100	100	100	100	100	100	100	100	100	100
B A S I S (= 100%)	2012	253	683	1063	42	325	559	185	303	288	327	893	781

(F O R T S E T Z U N G)
E M N I D - INSTITUT, BIELEFELD   BEFRAGUNGSZEITRAUM: 23.01. - 23.02. 1989
0070

6.4 Standardtabellen

TABELLE 4 : BEFUERWORTUNG VERSCHIEDENER HANDLUNGEN UND SITUATIONEN

FRAGE : AUF DIESEM KARTENSPIEL STEHEN EINE REIHE VON HANDLUNGEN UND SITUATIONEN. BITTE ORDNEN SIE DIE KARTEN AUF DEM VORLAGEBLATT DANACH EIN, OB SIE DAS IN ORDNUNG FINDEN, NICHT IN ORDNUNG FINDEN ODER OB ES VON DEN UMSTAENDEN ABHAENGT, WIE SIE DAS FINDEN.

GESTELLT AN : ALLE BEFRAGTEN

	TOTAL	PARTEIENPRAEFERENZ RANG 1						PARTEIIDENTIFIKATION					MAT./ POSTMAT. INDEX		
		GRUENE	SPD	FDP	CDU	CSU	GRUENE	SPD	FDP	CDU/CSU	ANDERE	KEINE	MAT.	GEM.	POST-MAT.
	%	%	%	%	%	%	%	%	%	%	%	%	%	%	%
LEERSTEHENDE HAEUSER BESETZEN															
IN ORDNUNG	17	41	16	17	10	8	42	16	16	9	14	18	13	13	26
NICHT IN ORDNUNG	47	12	46	53	61	64	7	46	50	64	48	43	61	53	31
HAENGT VON DEN UMSTAENDEN AB	36	47	37	30	29	28	51	37	35	26	38	38	26	34	42
KEINE ANGABE	1	*	1	*	1	1	-	1	-	1	-	1	-	*	1
S U M M E	100	100	100	100	100	100	100	100	100	100	100	100	100	100	100
DURCH EINEN SITZSTREIK DEN ZUGANG ZU EINER KASERNE VERSPERREN, WEIL DORT ATOMWAFFEN SIND															
IN ORDNUNG	35	74	38	30	24	14	76	38	36	21	19	35	22	27	58
NICHT IN ORDNUNG	35	4	31	27	50	54	4	31	33	52	57	32	48	41	17
HAENGT VON DEN UMSTAENDEN AB	29	22	30	42	25	32	20	30	30	27	24	32	30	32	25
KEINE ANGABE	1	-	1	*	*	*	-	1	-	*	-	1	-	*	*
S U M M E	100	100	100	100	100	100	100	100	100	100	100	100	100	100	100
WENN BUERGER ASYLANTEN HANDGREIFLICH KLARMACHEN, DASS SIE IN IHRE HEIMAT ZURUECKFAHREN SOLLEN															
IN ORDNUNG	8	7	8	3	8	10	6	7	3	8	19	9	9	9	4
NICHT IN ORDNUNG	78	81	80	86	75	70	80	81	89	76	45	76	77	77	84
HAENGT VON DEN UMSTAENDEN AB	14	13	11	11	17	20	14	11	8	16	36	15	14	15	11
KEINE ANGABE	*	-	*	*	*	-	-	1	-	*	-	1	-	*	*
S U M M E	100	100	100	100	100	100	100	100	100	100	100	100	100	100	100
B A S I S (=100%)	2012	216	883	107	494	185	147	674	61	514	19	592	255	1099	554

(F O R T S E T Z U N G)

E M N I D - INSTITUT, BIELEFELD   BEFRAGUNGSZEITRAUM: 23.01. - 23.02. 1989

0071

TABELLE 4 : BEFUERWORTUNG VERSCHIEDENER HANDLUNGEN UND SITUATIONEN

FRAGE : AUF DIESEM KARTENSPIEL STEHEN EINE REIHE VON HANDLUNGEN UND SITUATIONEN. BITTE ORDNEN SIE DIE KARTEN AUF DEM VORLAGEBLATT DANACH EIN, OB SIE DAS IN ORDNUNG FINDEN, NICHT IN ORDNUNG FINDEN ODER OB ES VON DEN UMSTAENDEN ABHAENGT, WIE SIE DAS FINDEN.

GESTELLT AN : ALLE BEFRAGTEN

	TOTAL	LINKS/RECHTS - SELBSTEINSTUFUNG			POLITISCHE ORIENTIERUNG							
		LINKS	MITTE	RECHTS	MAT. LINKS	MAT. MITTE	MAT. RECHTS	GEM. LINKS	GEM. MITTE	GEM. MITTE RECHTS	POST-MAT. LINKS	POST-MAT. MITTE	POST-MAT. RECHTS
	%	%	%	%	%	%	%	%	%	%	%	%	%

LEERSTEHENDE HAEUSER BESETZEN

IN ORDNUNG	17	25	15	10	13	19	4	21	10	11	31	24	13
NICHT IN ORDNUNG	47	32	48	64	59	58	77	39	51	64	19	35	53
HAENGT VON DEN UMSTAENDEN AB	36	43	36	27	28	24	20	40	38	25	49	39	33
KEINE ANGABE	-	*	1	*	-	-	-	-	*	*	-	1	1
S U M M E	100	100	100	100	100	100	100	100	100	100	100	100	100

DURCH EINEN SITZSTREIK DEN ZUGANG ZU EINER KASERNE VERSPERREN, WEIL DORT ATOMWAFFEN SIND

IN ORDNUNG	35	50	35	21	24	25	14	34	30	18	70	54	37
NICHT IN ORDNUNG	35	22	34	52	39	47	62	32	37	53	9	16	43
HAENGT VON DEN UMSTAENDEN AB	29	27	31	27	37	28	24	33	33	28	22	28	20
KEINE ANGABE	1	*	1	*	-	-	-	1	*	*	-	1	-
S U M M E	100	100	100	100	100	100	100	100	100	100	100	100	100

WENN BUERGER ASYLANTEN HANDGREIFLICH KLARMACHEN, DASS SIE IN IHRE HEIMAT ZURUECKFAHREN SOLLEN

IN ORDNUNG	8	6	8	7	7	7	13	8	10	6	3	3	5
NICHT IN ORDNUNG	78	85	77	76	84	79	69	82	76	76	89	82	85
HAENGT VON DEN UMSTAENDEN AB	14	9	14	16	8	15	18	9	14	18	8	15	9
KEINE ANGABE	*	*	*	*	-	-	-	1	-	-	-	*	-
S U M M E	100	100	100	100	100	100	100	100	100	100	100	100	100

| B A S I S (=100%) | 2012 | 499 | 765 | 469 | 43 | 99 | 76 | 201 | 455 | 305 | 235 | 183 | 74 |

(F O R T S E T Z U N G)

E M N I D - INSTITUT, BIELEFELD   BEFRAGUNGSZEITRAUM: 23.01. - 23.02. 1989

0072

6.4 Standardtabellen

TABELLE 4 : BEFUERWORTUNG VERSCHIEDENER HANDLUNGEN UND SITUATIONEN

FRAGE : AUF DIESEM KARTENSPIEL STEHEN EINE REIHE VON HANDLUNGEN UND SITUATIONEN. BITTE ORDNEN SIE DIE KARTEN AUF DEM VORLAGEBLATT DANACH EIN, OB SIE DAS IN ORDNUNG FINDEN, NICHT IN ORDNUNG FINDEN ODER OB ES VON DEN UMSTAENDEN ABHAENGT, WIE SIE DAS FINDEN.

GESTELLT AN : ALLE BEFRAGTEN

	TOTAL	ALTER						BILDUNG			GESCHLECHT	
		14-17 JAHRE	18-21 JAHRE	22-30 JAHRE	31-45 JAHRE	46-65 JAHRE	66+ JAHRE	NIEDRIG	MITTEL	HOCH	M	W
	%	%	%	%	%	%	%	%	%	%	%	%
BEI EINER BUERGERWEHR MITMACHEN, UM CHAOTEN IN DIE SCHRANKEN ZU WEISEN												
IN ORDNUNG	24	15	18	23	22	28	29	25	26	20	26	21
NICHT IN ORDNUNG	41	44	43	36	47	39	37	41	40	44	39	44
HAENGT VON DEN UMSTAENDEN AB	34	40	39	40	30	31	34	33	34	35	34	33
KEINE ANGABE	1	-	*	1	1	1	*	1	1	1	1	1
S U M M E	100	100	100	100	100	100	100	100	100	100	100	100
WENN LEUTE VON GREENPEACE MIT SCHLAUCHBOOTEN UND EIGENEN SCHIFFEN EINEN FRACHTER DARAN HINDERN, MIT GIFTIGEN ABFAELLEN IN DIE NORDSEE AUSZULAUFEN												
IN ORDNUNG	65	84	71	68	63	63	60	60	65	73	67	63
NICHT IN ORDNUNG	15	4	8	12	18	16	20	18	17	8	13	17
HAENGT VON DEN UMSTAENDEN AB	19	12	21	20	18	21	19	22	18	18	19	19
KEINE ANGABE	1	-	*	1	1	*	*	*	*	1	*	1
S U M M E	100	100	100	100	100	100	100	100	100	100	100	100
WENN POLIZEIKRAEFTE NACH MEHRMALIGER VERGEBLICHER AUFFORDERUNG EINE UNFRIEDLICHE DEMONSTRATION AUFLOESEN												
IN ORDNUNG	58	45	56	50	59	61	63	56	64	57	61	54
NICHT IN ORDNUNG	15	20	11	16	17	12	15	18	13	7	13	17
HAENGT VON DEN UMSTAENDEN AB	27	34	33	33	23	26	22	25	22	36	26	27
KEINE ANGABE	1	1	1	1	1	1	*	1	1	1	*	1
S U M M E	100	100	100	100	100	100	100	100	100	100	100	100
B A S I S (=100%)	2012	107	154	363	584	582	222	984	489	378	972	1040

(F O R T S E T Z U N G)

E M N I D - INSTITUT, BIELEFELD   BEFRAGUNGSZEITRAUM: 23.01. - 23.02. 1989

0073

TABELLE 4   :   BEFUERWORTUNG VERSCHIEDENER HANDLUNGEN UND SITUATIONEN

FRAGE   :   AUF DIESEM KARTENSPIEL STEHEN EINE REIHE VON HANDLUNGEN UND SITUATIONEN. BITTE
                 ORDNEN SIE DIE KARTEN AUF DEM VORLAGEBLATT DANACH EIN, OB SIE DAS IN ORDNUNG
                 FINDEN, NICHT IN ORDNUNG FINDEN ODER OB ES VON DEN UMSTAENDEN ABHAENGT, WIE SIE DAS
                 FINDEN.

GESTELLT AN :   ALLE BEFRAGTEN

	TOTAL	KIRCHGANG				RELIGION + KIRCHGANG						POLIT. INTERESSE			
		HAEUF.	MANCH-MAL	SELTEN	NIE	EVANG. HAEUF.	EVANG. MANCH-MAL	EVANG. SELTEN	EVANG. NIE	KATH. HAEUF.	KATH. MANCH-MAL	KATH. SELTEN	KATH. NIE	SEHR INT.	ZIEML. INT.	NICHT INT.
	%	%	%	%	%	%	%	%	%	%	%	%	%	%	%	%

BEI EINER BUERGERWEHR MITMACHEN, UM
CHAOTEN IN DIE SCHRANKEN ZU WEISEN

IN ORDNUNG	24	24	23	25	24	22	27	26	25	24	25	25	22
NICHT IN ORDNUNG	41	46	40	41	53	36	39	45	42	42	48	40	40
HAENGT VON DEN UMSTAENDEN AB	34	29	36	33	22	41	32	29	33	32	27	34	37
KEINE ANGABE	1	1	1	1	2	1	1	*	1	1	1	1	1
S U M M E	100	100	100	100	100	100	100	100	100	100	100	100	100

WENN LEUTE VON GREENPEACE MIT SCHLAUCH-
BOOTEN UND EIGENEN SCHIFFEN EINEN
FRACHTER DARAN HINDERN, MIT GIFTIGEN
ABFAELLEN IN DIE NORDSEE AUSZULAUFEN

IN ORDNUNG	65	56	65	67	52	70	63	57	60	72	70	71	56
NICHT IN ORDNUNG	15	27	14	13	37	11	14	26	17	9	16	11	19
HAENGT VON DEN UMSTAENDEN AB	19	16	20	19	11	18	22	17	23	18	13	17	25
KEINE ANGABE	1	1	*	1	1	1	1	*	-	1	1	1	*
S U M M E	100	100	100	100	100	100	100	100	100	100	100	100	100

WENN POLIZEIKRAEFTE NACH MEHRMALIGER
VERGEBLICHER AUFFORDERUNG EINE UN-
FRIEDLICHE DEMONSTRATION AUFLOESEN

IN ORDNUNG	58	65	57	56	59	56	55	68	59	56	67	61	50
NICHT IN ORDNUNG	15	19	14	15	25	12	16	14	15	14	10	12	20
HAENGT VON DEN UMSTAENDEN AB	27	15	29	28	15	31	27	14	26	29	22	26	29
KEINE ANGABE	1	1	*	1	1	1	1	*	*	1	*	1	1
S U M M E	100	100	100	100	100	100	100	100	100	100	100	100	100
B A S I S (=100%)	2012	253	683	1063	42	325	559	185	303	288	327	893	781

(F O R T S E T Z U N G)

E M N I D - I N S T I T U T , B I E L E F E L D   BEFRAGUNGSZEITRAUM: 23.01. - 23.02. 1989

0076

6.4 Standardtabellen 219

TABELLE 4 : BEFUERWORTUNG VERSCHIEDENER HANDLUNGEN UND SITUATIONEN

FRAGE : AUF DIESEM KARTENSPIEL STEHEN EINE REIHE VON HANDLUNGEN UND SITUATIONEN. BITTE ORDNEN SIE DIE KARTEN AUF DEM VORLAGEBLATT DANACH EIN, OB SIE DAS IN ORDNUNG FINDEN, NICHT IN ORDNUNG FINDEN ODER OB ES VON DEN UMSTAENDEN ABHAENGT, WIE SIE DAS FINDEN.

GESTELLT AN : ALLE BEFRAGTEN

	TOTAL	PARTEIENPRAEFERENZ RANG 1						PARTEIIDENTIFIKATION					MAT./ POSTMAT. INDEX			
		GRUENE	SPD	FDP	CDU	CSU	GRUENE	SPD	FDP	CDU/CSU	ANDERE	KEINE	MAT.	GEM.	POST-MAT.	
	%	%	%	%	%	%	%	%	%	%	%	%	%	%	%	
BEI EINER BUERGERWEHR MITMACHEN, UM CHAOTEN IN DIE SCHRANKEN ZU WEISEN																
IN ORDNUNG	24	21	22	28	27	33	17	22	30	30	43	22	24	28	17
NICHT IN ORDNUNG	41	41	43	38	42	36	47	43	31	38	36	42	45	37	48
HAENGT VON DEN UMSTAENDEN AB	34	37	34	33	31	31	35	34	39	31	21	35	31	34	34
KEINE ANGABE	1	*	1	*	1	*	1	1	-	*	-	1	*	1	1
SUMME	100	100	100	100	100	100	100	100	100	100	100	100	100	100	100
WENN LEUTE VON GREENPEACE MIT SCHLAUCH-BOOTEN UND EIGENEN SCHIFFEN EINEN FRACHTER DARAN HINDERN, MIT GIFTIGEN ABFAELLEN IN DIE NORDSEE AUSZULAUFEN																
IN ORDNUNG	65	88	69	65	55	48	87	69	67	54	71	65	49	61	82
NICHT IN ORDNUNG	15	3	13	9	22	25	5	14	7	22	9	13	26	16	7
HAENGT VON DEN UMSTAENDEN AB	19	10	17	26	23	27	9	16	25	24	19	21	25	22	11
KEINE ANGABE	1	-	1	*	*	-	-	1	1	*	-	1	-	*	-
SUMME	100	100	100	100	100	100	100	100	100	100	100	100	100	100	100
WENN POLIZEIKRAEFTE NACH MEHRMALIGER VERGEBLICHER AUFFORDERUNG EINE UN-FRIEDLICHE DEMONSTRATION AUFLOESEN																
IN ORDNUNG	58	41	55	69	64	64	34	56	66	68	64	55	60	61	51
NICHT IN ORDNUNG	15	15	16	5	17	16	18	15	6	16	12	15	20	15	12
HAENGT VON DEN UMSTAENDEN AB	27	45	29	25	19	20	48	28	27	16	24	29	19	24	36
KEINE ANGABE	1	*	1	*	*	*	-	1	1	*	-	1	1	*	1
SUMME	100	100	100	100	100	100	100	100	100	100	100	100	100	100	100
BASIS (=100%)	2012	216	883	107	494	185	147	674	61	514	19	592	255	1099	554

(FORTSETZUNG)

EMNID - INSTITUT, BIELEFELD   BEFRAGUNGSZEITRAUM: 23.01. - 23.02. 1989

0077

TABELLE 4   : BEFUERWORTUNG VERSCHIEDENER HANDLUNGEN UND SITUATIONEN

FRAGE   : AUF DIESEM KARTENSPIEL STEHEN EINE REIHE VON HANDLUNGEN UND SITUATIONEN. BITTE
                ORDNEN SIE DIE KARTEN AUF DEM VORLAGEBLATT DANACH EIN OB SIE DAS IN ORDNUNG
                FINDEN, NICHT IN ORDNUNG FINDEN ODER OB ES VON DEN UMSTAENDEN ABHAENGT, WIE SIE DAS
                FINDEN.

GESTELLT AN : ALLE BEFRAGTEN

	TOTAL	LINKS/RECHTS - SELBSTEINSTUFUNG			POLITISCHE ORIENTIERUNG							
		LINKS	MITTE	RECHTS	MAT. LINKS	MAT. MITTE	MAT. RECHTS	GEM. LINKS	GEM. MITTE	GEM. RECHTS	POST-MAT. LINKS	POST-MAT. MITTE	POST-MAT. RECHTS
	%	%	%	%	%	%	%	%	%	%	%	%	%
BEI EINER BUERGERWEHR MITMACHEN, UM CHAOTEN IN DIE SCHRANKEN ZU WEISEN													
IN ORDNUNG	24	20	24	30	28	24	24	28	29	31	13	14	29
NICHT IN ORDNUNG	41	44	40	38	45	40	47	34	34	35	53	47	45
HAENGT VON DEN UMSTAENDEN AB	34	34	35	31	26	36	28	36	34	34	33	38	23
KEINE ANGABE	1	1	1	1	-	-	1	2	1	-	*	1	2
S U M M E	100	100	100	100	100	100	100	100	100	100	100	100	100
WENN LEUTE VON GREENPEACE MIT SCHLAUCH-BOOTEN UND EIGENEN SCHIFFEN EINEN FRACHTER DARAN HINDERN, MIT GIFTIGEN ABFAELLEN IN DIE NORDSEE AUSZULAUFEN													
IN ORDNUNG	65	76	68	53	63	53	33	68	65	55	88	85	70
NICHT IN ORDNUNG	15	9	12	22	14	25	38	12	14	20	3	3	15
HAENGT VON DEN UMSTAENDEN AB	19	15	19	24	23	22	29	19	21	26	9	12	15
KEINE ANGABE	1	*	1	*	-	-	-	1	*	-	*	*	-
S U M M E	100	100	100	100	100	100	100	100	100	100	100	100	100
WENN POLIZEIKRAEFTE NACH MEHRMALIGER VERGEBLICHER AUFFORDERUNG EINE UN-FRIEDLICHE DEMONSTRATION AUFLOESEN													
IN ORDNUNG	58	49	62	63	39	66	60	60	62	63	43	60	62
NICHT IN ORDNUNG	15	13	13	17	22	21	19	13	12	17	11	10	15
HAENGT VON DEN UMSTAENDEN AB	27	37	24	20	36	12	19	27	25	20	46	29	24
KEINE ANGABE	1	1	1	*	3	-	2	*	1	-	*	1	-
S U M M E	100	100	100	100	100	100	100	100	100	100	100	100	100
B A S I S (=100%)	2012	499	765	469	43	99	76	201	455	305	235	183	74

(F O R T S E T Z U N G)

E M N I D - INSTITUT, BIELEFELD   BEFRAGUNGSZEITRAUM: 23.01. - 23.02. 1989

0078

6.4 Standardtabellen 221

TABELLE 4 : BEFUERWORTUNG VERSCHIEDENER HANDLUNGEN UND SITUATIONEN

FRAGE : AUF DIESEM KARTENSPIEL STEHEN EINE REIHE VON HANDLUNGEN UND SITUATIONEN. BITTE ORDNEN SIE DIE KARTEN AUF DEM VORLAGEBLATT DANACH EIN, OB SIE DAS IN ORDNUNG FINDEN, NICHT IN ORDNUNG FINDEN ODER OB ES VON DEN UMSTAENDEN ABHAENGT, WIE SIE DAS FINDEN.

GESTELLT AN : ALLE BEFRAGTEN

	TOTAL	14-17 JAHRE	18-21 JAHRE	22-30 JAHRE	31-45 JAHRE	46-65 JAHRE	66+ JAHRE	NIEDRIG	MITTEL	HOCH	M	W
	%	%	%	%	%	%	%	%	%	%	%	%
WENN BAUERN MIT IHREN TRAKTOREN DEN VERKEHR BLOCKIEREN, UM GEGEN DIE LANDWIRTSCHAFTSPOLITIK ZU PROTESTIEREN												
IN ORDNUNG	41	45	42	45	41	39	40	38	40	49	42	41
NICHT IN ORDNUNG	24	17	21	19	24	28	29	27	27	17	25	23
HAENGT VON DEN UMSTAENDEN AB	34	38	37	35	35	32	30	35	33	33	33	35
KEINE ANGABE	-	-	-	1	*	*	1	*	1	1	*	1
S U M M E	100	100	100	100	100	100	100	100	100	100	100	100
WENN WERKSFREMDE STREIKPOSTEN ARBEITSWILLIGE KOLLEGEN DARAN HINDERN, IHRE ARBEIT AUFZUNEHMEN												
IN ORDNUNG	10	8	10	13	10	8	11	12	8	9	11	9
NICHT IN ORDNUNG	60	50	49	53	64	63	63	59	65	58	58	62
HAENGT VON DEN UMSTAENDEN AB	29	41	41	32	25	28	26	29	26	32	31	28
KEINE ANGABE	1	1	-	2	1	1	1	1	1	1	1	1
S U M M E	100	100	100	100	100	100	100	100	100	100	100	100
WENN POLIZISTEN DEN ZUGANG ZU EINER KASERNE SPERREN, UM LEUTE DARAN ZU HINDERN, DORT ZU DEMONSTRIEREN												
IN ORDNUNG	27	13	18	21	26	32	36	29	27	23	27	26
NICHT IN ORDNUNG	37	55	36	39	36	37	31	35	35	39	36	38
HAENGT VON DEN UMSTAENDEN AB	35	32	45	39	37	30	33	34	37	38	36	35
KEINE ANGABE	1	1	1	1	1	1	1	1	1	1	1	1
S U M M E	100	100	100	100	100	100	100	100	100	100	100	100
B A S I S (=100%)	2012	107	154	363	584	582	222	984	489	378	972	1040

(F O R T S E T Z U N G)

E M N I D - INSTITUT, BIELEFELD   BEFRAGUNGSZEITRAUM: 23.01. - 23.02. 1989

0079

6. Anhang

TABELLE 4   : BEFUERWORTUNG VERSCHIEDENER HANDLUNGEN UND SITUATIONEN

FRAGE   : AUF DIESEM KARTENSPIEL STEHEN EINE REIHE VON HANDLUNGEN UND SITUATIONEN. BITTE
                ORDNEN SIE DIE KARTEN AUF DEM VORLAGEBLATT DANACH EIN, OB SIE DAS IN ORDNUNG
                FINDEN, NICHT IN ORDNUNG FINDEN ODER OB ES VON DEN UMSTAENDEN ABHAENGT, WIE SIE DAS
                FINDEN.

GESTELLT AN : ALLE BEFRAGTEN

	TOTAL	KIRCHGANG				RELIGION + KIRCHGANG						POLIT. INTERESSE			
		HAEUF.	MANCH-MAL	SELTEN	NIE	EVANG. HAEUF.	EVANG. MANCH-MAL	EVANG. SELTEN NIE	KATH. HAEUF.	KATH. MANCH-MAL	KATH. SELTEN NIE	SEHR INT.	ZIEML. INT.	NICHT INT.	
	%	%	%	%	%	%	%	%	%	%	%	%	%	%	

WENN BAUERN MIT IHREN TRAKTOREN DEN VERKEHR BLOCKIEREN, UM GEGEN DIE LANDWIRTSCHAFTSPOLITIK ZU PROTESTIEREN

IN ORDNUNG	41	41	43	44	41	43	41	37	39	40	42	44	38		
NICHT IN ORDNUNG	24	25	23	26	23	22	23	25	26	26	29	22	25		
HAENGT VON DEN UMSTAENDEN AB	34	34	34	27	35	34	35	37	34	34	29	34	36		
KEINE ANGABE	1	1	*	3	1	1	1	*	1	1	*	1	1		
S U M M E	100	100	100	100	100	100	100	100	100	100	100	100	100		

WENN WERKSFREMDE STREIKPOSTEN ARBEITS- WILLIGE KOLLEGEN DARAN HINDERN, IHRE ARBEIT AUFZUNEHMEN

IN ORDNUNG	10	10	11	10	7	11	11	11	11	10	10	10	10		
NICHT IN ORDNUNG	60	70	56	58	60	59	59	70	64	52	69	58	59		
HAENGT VON DEN UMSTAENDEN AB	29	19	32	29	33	29	29	19	25	37	20	31	31		
KEINE ANGABE	1	1	1	3	1	1	1	*	-	1	*	1	1		
S U M M E	100	100	100	100	100	100	100	100	100	100	100	100	100		

WENN POLIZISTEN DEN ZUGANG ZU EINER KASERNE SPERREN, UM LEUTE DARAN ZU HINDERN, DORT ZU DEMONSTRIEREN

IN ORDNUNG	27	38	22	28	29	21	28	41	31	24	34	24	26		
NICHT IN ORDNUNG	37	32	40	42	36	38	36	27	31	40	37	39	35		
HAENGT VON DEN UMSTAENDEN AB	35	29	36	25	34	40	34	32	37	35	28	35	38		
KEINE ANGABE	1	1	1	5	1	2	1	*	-	1	*	1	1		
S U M M E	100	100	100	100	100	100	100	100	100	100	100	100	100		

| B A S I S (=100%) | 2012 | 253 | 683 | 1063 | 42 | 325 | 559 | 1063 | 185 | 303 | 288 | 327 | 893 | 781 | | |

(F O R T S E T Z U N G)

E M N I D - INSTITUT, BIELEFELD   BEFRAGUNGSZEITRAUM: 23.01. - 23.02. 1989

0082

6.4 Standardtabellen

TABELLE 4 : BEFUERWORTUNG VERSCHIEDENER HANDLUNGEN UND SITUATIONEN
FRAGE : AUF DIESEM KARTENSPIEL STEHEN EINE REIHE VON HANDLUNGEN UND SITUATIONEN. BITTE ORDNEN SIE DIE KARTEN AUF DEM VORLAGEBLATT DANACH EIN, OB SIE DAS IN ORDNUNG FINDEN, NICHT IN ORDNUNG FINDEN ODER OB ES VON DEN UMSTAENDEN ABHAENGT, WIE SIE DAS FINDEN.
GESTELLT AN : ALLE BEFRAGTEN

	TOTAL	PARTEIENPRAEFERENZ RANG 1						PARTEIIDENTIFIKATION					MAT./ POSTMAT. INDEX		
		GRUENE	SPD	FDP	CDU	CSU	GRUENE	SPD	FDP	CDU/CSU	ANDERE	KEINE	MAT.	GEM.	POST-MAT.
	%	%	%	%	%	%	%	%	%	%	%	%	%	%	%
WENN BAUERN MIT IHREN TRAKTOREN DEN VERKEHR BLOCKIEREN, UM GEGEN DIE LANDWIRTSCHAFTSPOLITIK ZU PROTESTIEREN															
IN ORDNUNG	41	60	43	45	34	28	65	44	53	33	48	39	38	37	52
NICHT IN ORDNUNG	24	10	24	19	29	34	7	23	17	32	28	23	33	25	18
HAENGT VON DEN UMSTAENDEN AB	34	29	32	35	37	37	28	33	30	35	24	37	29	37	30
KEINE ANGABE	1	*	1	*	*	-	*	*	-	*	-	1	-	*	1
S U M M E	100	100	100	100	100	100	100	100	100	100	100	100	100	100	100
WENN WERKSFREMDE STREIKPOSTEN ARBEITS-WILLIGE KOLLEGEN DARAN HINDERN, IHRE ARBEIT AUFZUNEHMEN															
IN ORDNUNG	10	14	10	8	9	7	9	10	8	8	12	12	10	8	12
NICHT IN ORDNUNG	60	41	57	70	68	67	40	58	67	72	43	55	70	62	54
HAENGT VON DEN UMSTAENDEN AB	29	45	32	22	22	25	49	31	25	19	45	31	20	30	33
KEINE ANGABE	1	*	1	*	1	1	*	1	-	*	-	1	-	*	1
S U M M E	100	100	100	100	100	100	100	100	100	100	100	100	100	100	100
WENN POLIZISTEN DEN ZUGANG ZU EINER KASERNE SPERREN, UM LEUTE DARAN ZU HINDERN, DORT ZU DEMONSTRIEREN															
IN ORDNUNG	27	13	22	22	36	40	12	23	15	39	55	25	30	30	18
NICHT IN ORDNUNG	37	58	39	35	31	27	62	39	50	30	21	33	37	31	49
HAENGT VON DEN UMSTAENDEN AB	35	29	38	42	32	33	25	37	33	30	24	41	31	38	32
KEINE ANGABE	1	*	1	2	1	*	*	1	2	1	-	1	1	*	1
S U M M E	100	100	100	100	100	100	100	100	100	100	100	100	100	100	100
B A S I S (=100%)	2012	216	883	107	494	185	147	674	61	514	19	592	255	1099	554

(F O R T S E T Z U N G)
E M N I D - INSTITUT, BIELEFELD   BEFRAGUNGSZEITRAUM: 23.01. - 23.02. 1989
0083

6. Anhang

TABELLE 4 : BEFUERWORTUNG VERSCHIEDENER HANDLUNGEN UND SITUATIONEN

FRAGE : AUF DIESEM KARTENSPIEL STEHEN EINE REIHE VON HANDLUNGEN UND SITUATIONEN. BITTE
ORDNEN SIE DIE KARTEN AUF DEM VORLAGEBLATT DANACH EIN, OB SIE DAS IN ORDNUNG
FINDEN, NICHT IN ORDNUNG FINDEN ODER OB ES VON DEN UMSTAENDEN ABHAENGT, WIE SIE DAS
FINDEN.

GESTELLT AN : ALLE BEFRAGTEN

	TOTAL	LINKS/RECHTS SELBSTEINSTUFUNG			POLITISCHE ORIENTIERUNG							
		LINKS	MITTE	RECHTS	MAT. LINKS	MAT. MITTE	MAT. RECHTS	GEM. LINKS	GEM. MITTE	GEM. RECHTS	POST-MAT. LINKS	POST-MAT. MITTE	POST-MAT. RECHTS
	%	%	%	%	%	%	%	%	%	%	%	%	%

WENN BAUERN MIT IHREN TRAKTOREN DEN VERKEHR BLOCKIEREN, UM GEGEN DIE LANDWIRTSCHAFTSPOLITIK ZU PROTESTIEREN

IN ORDNUNG	41	50	40	35	26	42	36	43	37	36	61	48	37
NICHT IN ORDNUNG	24	19	22	30	36	32	35	22	21	29	12	19	29
HAENGT VON DEN UMSTAENDEN AB	34	31	37	35	38	26	29	34	42	35	27	32	34
KEINE ANGABE	1	*	1	1	-	-	-	*	*	-	-	*	-
S U M M E	100	100	100	100	100	100	100	100	100	100	100	100	100

WENN WERKSFREMDE STREIKPOSTEN ARBEITSWILLIGE KOLLEGEN DARAN HINDERN, IHRE ARBEIT AUFZUNEHMEN

IN ORDNUNG	10	14	8	8	11	5	11	13	8	7	15	9	11
NICHT IN ORDNUNG	60	51	62	70	60	77	70	53	61	71	48	61	66
HAENGT VON DEN UMSTAENDEN AB	29	35	29	21	29	18	18	33	31	21	37	30	22
KEINE ANGABE	1	1	1	*	-	-	-	1	*	*	-	*	1
S U M M E	100	100	100	100	100	100	100	100	100	100	100	100	100

WENN POLIZISTEN DEN ZUGANG ZU EINER KASERNE SPERREN, UM LEUTE DARAN ZU HINDERN, DORT ZU DEMONSTRIEREN

IN ORDNUNG	27	18	28	37	18	35	37	23	28	40	13	21	26
NICHT IN ORDNUNG	37	48	32	32	44	38	25	38	29	31	57	40	44
HAENGT VON DEN UMSTAENDEN AB	35	33	39	30	38	27	33	37	42	29	30	37	29
KEINE ANGABE	1	1	1	1	-	-	4	1	*	-	-	1	1
S U M M E	100	100	100	100	100	100	100	100	100	100	100	100	100

| B A S I S (=100%) | 2012 | 499 | 765 | 469 | 43 | 99 | 76 | 201 | 455 | 305 | 235 | 183 | 74 |

(F O R T S E T Z U N G)

E M N I D - INSTITUT, BIELEFELD

BEFRAGUNGSZEITRAUM: 23.01. - 23.02. 1989

6.4 Standardtabellen

TABELLE 4 : BEFUERWORTUNG VERSCHIEDENER HANDLUNGEN UND SITUATIONEN

FRAGE : AUF DIESEM KARTENSPIEL STEHEN EINE REIHE VON HANDLUNGEN UND SITUATIONEN. BITTE ORDNEN SIE DIE KARTEN AUF DEM VORLAGEBLATT DANACH EIN, OB SIE DAS IN ORDNUNG FINDEN, NICHT IN ORDNUNG FINDEN ODER OB ES VON DEN UMSTAENDEN ABHAENGT, WIE SIE DAS FINDEN.

GESTELLT AN : ALLE BEFRAGTEN

	TOTAL	ALTER						BILDUNG			GESCHLECHT	
		14-17 JAHRE	18-21 JAHRE	22-30 JAHRE	31-45 JAHRE	46-65 JAHRE	66+ JAHRE	NIEDRIG	MITTEL	HOCH	M	W
	%	%	%	%	%	%	%	%	%	%	%	%
BEI EINER DEMONSTRATION MAL RICHTIG KRACH SCHLAGEN, AUCH WENN DABEI EINIGES ZU BRUCH GEHT												
IN ORDNUNG	6	8	10	9	5	3	5	4	6	8	5	7
NICHT IN ORDNUNG	79	61	68	68	83	87	87	85	84	67	82	78
HAENGT VON DEN UMSTAENDEN AB	14	31	22	22	12	9	8	11	9	24	13	15
KEINE ANGABE	*	-	-	1	*	1	*	*	1	1	*	1
SUMME	100	100	100	100	100	100	100	100	100	100	100	100
BASIS (=100%)	2012	107	154	363	584	582	222	984	489	378	972	1040

E M N I D - INSTITUT, BIELEFELD   BEFRAGUNGSZEITRAUM: 23.01. - 23.02. 1989

0085

TABELLE 4   : BEFUERWORTUNG VERSCHIEDENER HANDLUNGEN UND SITUATIONEN
FRAGE   : AUF DIESEM KARTENSPIEL STEHEN EINE REIHE VON HANDLUNGEN UND SITUATIONEN. BITTE
              ORDNEN SIE DIE KARTEN AUF DEM VORLAGEBLATT DANACH EIN, OB SIE DAS IN ORDNUNG
              FINDEN, NICHT IN ORDNUNG FINDEN ODER OB ES VON DEN UMSTAENDEN ABHAENGT, WIE SIE DAS
              FINDEN.

GESTELLT AN : ALLE BEFRAGTEN

	TOTAL	KIRCHGANG			RELIGION + KIRCHGANG				POLIT. INTERESSE		
		HAEUF. MAL %	MANCH- MAL %	SELTEN NIE %	EVANG. HAEUF. MAL %	EVANG. MANCH- MAL %	EVANG. SELTEN NIE %	KATH. HAEUF. MAL %	KATH. MANCH- MAL %	KATH. SELTEN NIE %	SEHR INT. %	ZIEML. INT. %	NICHT INT. %
	%												

BEI EINER DEMONSTRATION MAL RICHTIG
KRACH SCHLAGEN, AUCH WENN DABEI
EINIGES ZU BRUCH GEHT

IN ORDNUNG	6	3	4	7	3	6	7	3	3	7	7	6	6
NICHT IN ORDNUNG	79	86	84	75	77	82	76	88	87	75	78	80	80
HAENGT VON DEN UMSTAENDEN AB	14	10	11	17	17	11	17	8	10	17	15	14	14
KEINE ANGABE		1	1		2	1							
SUMME	100	100	100	100	100	100	100	100	100	100	100	100	100
BASIS (=100%)	2012	253	683	1063	42	325	559	185	303	288	327	893	781

E M N I D - INSTITUT, BIELEFELD   BEFRAGUNGSZEITRAUM: 23.01. - 23.02. 1989

0088

6.4 Standardtabellen

TABELLE 4   :   BEFUERWORTUNG VERSCHIEDENER HANDLUNGEN UND SITUATIONEN

FRAGE   :   AUF DIESEM KARTENSPIEL STEHEN EINE REIHE VON HANDLUNGEN UND SITUATIONEN. BITTE
                ORDNEN SIE DIE KARTEN AUF DEM VORLAGEBLATT DANACH EIN, OB SIE ES DAS IN ORDNUNG
                FINDEN, NICHT IN ORDNUNG FINDEN ODER OB ES VON DEN UMSTAENDEN ABHAENGT, WIE SIE DAS
                FINDEN.

GESTELLT AN :   ALLE BEFRAGTEN

	TOTAL	PARTEIENPRAEFERENZ RANG 1					PARTEIIDENTIFIKATION					MAT./ POSTMAT. INDEX		
		GRUENE	SPD	FDP	CDU	CSU	GRUENE	SPD	FDP	CDU/CSU	ANDERE	KEINE	MAT.	GEM.	POST-MAT.
	%	%	%	%	%	%	%	%	%	%	%	%	%	%	%
BEI EINER DEMONSTRATION MAL RICHTIG KRACH SCHLAGEN, AUCH WENN DABEI EINIGES ZU BRUCH GEHT															
IN ORDNUNG	6	17	5	2	3	4	18	5	4	3	-	6	5	4	9
NICHT IN ORDNUNG	79	54	80	85	87	87	48	80	85	89	91	78	89	85	67
HAENGT VON DEN UMSTAENDEN AB	14	29	15	13	9	9	33	15	11	8	7	15	6	11	24
KEINE ANGABE	1	-	1	-	-	-	-	-	-	*	-	1	-	-	*
S U M M E	100	100	100	100	100	100	100	100	100	100	100	100	100	100	100
B A S I S (=100%)	2012	216	883	107	494	185	147	674	61	514	19	592	255	1099	554

E M N I D - INSTITUT, BIELEFELD   BEFRAGUNGSZEITRAUM: 23.01. - 23.02. 1989
0089

TABELLE 4   : BEFUERWORTUNG VERSCHIEDENER HANDLUNGEN UND SITUATIONEN

FRAGE   : AUF DIESEM KARTENSPIEL STEHEN EINE REIHE VON HANDLUNGEN UND SITUATIONEN. BITTE
              ORDNEN SIE DIE KARTEN AUF DEM VORLAGEBLATT DANACH EIN, OB SIE DAS IN ORDNUNG
              FINDEN, NICHT IN ORDNUNG FINDEN ODER OB ES VON DEN UMSTAENDEN ABHAENGT, WIE SIE DAS
              FINDEN.

GESTELLT AN : ALLE BEFRAGTEN

	TOTAL	LINKS/RECHTS SELBSTEINSTUFUNG			POLITISCHE ORIENTIERUNG						
		LINKS	MITTE	RECHTS	MAT. LINKS	MAT. MITTE	MAT. RECHTS	GEM. LINKS	GEM. MITTE	GEM. RECHTS	POST-MAT. LINKS	POST-MAT. MITTE	POST-MAT. RECHTS
	%	%	%	%	%	%	%	%	%	%	%	%	%
BEI EINER DEMONSTRATION MAL RICHTIG KRACH SCHLAGEN, AUCH WENN ES EINIGES ZU BRUCH GEHT													
IN ORDNUNG	6	10	5	2	9	4	2	7	4	3	13	7	2
NICHT IN ORDNUNG	79	66	83	90	82	91	95	75	88	89	58	70	87
HAENGT VON DEN UMSTAENDEN AB	14	23	12	8	8	5	3	18	8	8	29	23	11
KEINE ANGABE	*	*	*	*	-	-	-	*	*	-	-	*	-
S U M M E	100	100	100	100	100	100	100	100	100	100	100	100	100
B A S I S (=100%)	2012	499	765	469	43	99	76	201	455	305	235	183	74

E M N I D - INSTITUT, BIELEFELD   BEFRAGUNGSZEITRAUM: 23.01. - 23.02. 1989
0090

6.4 Standardtabellen

TABELLE 5   : HANDLUNGEN UND SITUATIONEN, DIE ALS GEWALTANWENDUNG EINGESTUFT WERDEN
FRAGE   : WENN SIE DIE KARTEN NUN BITTE NOCH EINMAL DURCHSEHEN UND MIR DANACH SAGEN, IN
               WELCHEM FALL MAN VON GEWALT, VON GEWALTANWENDUNG SPRECHEN KANN. LEGEN SIE MIR ALLE
               KARTEN HERAUS, WO SIE DENKEN, DAS ZAEHLT ZU GEWALT.
GESTELLT AN : ALLE BEFRAGTEN
ANTWORTEN   : VORGEGEBEN

	TOTAL	ALTER							BILDUNG			GESCHLECHT	
		14-17 JAHRE	18-21 JAHRE	22-30 JAHRE	31-45 JAHRE	46-65 JAHRE	66+ JAHRE		NIEDRIG	MITTEL	HOCH	M	W
	%	%	%	%	%	%	%		%	%	%	%	%
PAROLEN AUF HAEUSERWAENDE SPRUEHEN	29	18	19	22	30	34	33		30	30	27	29	28
WENN HAUSBESETZER SICH VERBARRIKADIEREN UND BEWAFFNEN	75	59	70	68	77	82	77		77	80	71	76	75
SICH BEI EINER DEMONSTRATION GEGEN UEBERGRIFFE DER POLIZEI MIT LATTEN ODER STEINEN ZUR WEHR SETZEN	81	78	75	80	81	82	82		81	82	79	81	80
LEERSTEHENDE HAEUSER BESETZEN	32	20	16	26	35	40	34		35	33	33	35	29
DURCH EINEN SITZSTREIK DEN ZUGANG ZU EINER KASERNE VERSPERREN, WEIL DORT ATOMWAFFEN SIND	23	9	13	17	26	27	26		26	21	21	23	22
WENN BUERGER ASYLANTEN HANDGREIFLICH KLARMACHEN, DASS SIE IN IHRE HEIMAT ZURUECKFAHREN SOLLEN	76	71	83	78	74	74	75		72	78	81	78	73
BEI EINER BUERGERWEHR MITMACHEN, UM CHAOTEN IN DIE SCHRANKEN ZU WEISEN	44	43	55	45	46	42	37		38	47	58	48	41
WENN LEUTE VON GREENPEACE MIT SCHLAUCHBOOTEN UND EIGENEN SCHIFFEN EINEN FRACHTER DARAN HINDERN, MIT GIFTIGEN ABFAELLEN IN DIE NORDSEE AUSZULAUFEN	17	9	16	13	20	20	14		16	17	20	17	17
WENN POLIZEIKRAEFTE NACH MEHRMALIGER AUFFORDERUNG EINE UNFRIEDLICHE DEMONSTRATION AUFLOESEN	34	43	54	33	33	30	30		30	33	41	32	36
Z W I S C H E N S U M M E	410	350	402	382	422	430	407		405	421	431	420	402
B A S I S (=100%)	2012	107	154	363	584	582	222		984	489	378	972	1040

(FORTSETZUNG)
EMNID - INSTITUT, BIELEFELD   BEFRAGUNGSZEITRAUM: 23.01. - 23.02. 1989
0091

TABELLE 5   : HANDLUNGEN UND SITUATIONEN, DIE ALS GEWALTANWENDUNG EINGESTUFT WERDEN

FRAGE   : WENN SIE DIE KARTEN NUN BITTE NOCH EINMAL DURCHSEHEN UND MIR DANACH SAGEN, IN WELCHEM FALL MAN VON GEWALT, VON GEWALTANWENDUNG SPRECHEN KANN. LEGEN SIE MIR ALLE KARTEN HERAUS, WO SIE DENKEN, DAS ZAEHLT ZU GEWALT.

GESTELLT AN : ALLE BEFRAGTEN

ANTWORTEN   : VORGEGEBEN

	TOTAL %	KIRCHGANG			RELIGION + KIRCHGANG							POLIT. INTERESSE		
		HAEUF. %	MANCH-MAL %	SELTEN NIE %	EVANG. HAEUF. %	EVANG. MANCH-MAL %	EVANG. SELTEN NIE %	KATH. HAEUF. %	KATH. MANCH-MAL %	KATH. SELTEN NIE %	SEHR INT. %	ZIEML. INT. %	NICHT INT. %
PAROLEN AUF HAEUSERWAENDE SPRUEHEN	29	39	29	26	46	27	27	38	31	22	29	29	28
WENN HAUSBESETZER SICH VERBARRIKADIEREN UND BEWAFFNEN	75	82	80	71	77	79	71	82	81	70	80	76	73
SICH BEI EINER DEMONSTRATION GEGEN UEBERGRIFFE DER POLIZEI MIT LATTEN ODER STEINEN ZUR WEHR SETZEN	81	83	82	79	77	82	79	85	81	78	83	82	78
LEERSTEHENDE HAEUSER BESETZEN	32	38	32	32	43	29	33	40	32	30	37	32	31
DURCH EINEN SITZSTREIK DEN ZUGANG ZU EINER KASERNE VERSPERREN, WEIL DORT ATOMWAFFEN SIND	23	36	21	21	49	22	22	35	21	17	27	21	23
WENN BUERGER ASYLANTEN HANDGREIFLICH KLARMACHEN, DASS SIE IN IHRE HEIMAT ZURUECKFAHREN SOLLEN	76	71	77	76	60	79	74	73	75	74	82	76	72
BEI EINER BUERGERWEHR MITMACHEN, UM CHAOTEN IN DIE SCHRANKEN ZU WEISEN	44	40	42	46	43	41	45	41	42	43	48	47	39
WENN LEUTE VON GREENPEACE MIT SCHLAUCHBOOTEN UND EIGENEN SCHIFFEN EINEN FRACHTER DARAN HINDERN, MIT GIFTIGEN ABFAELLEN IN DIE NORDSEE AUSZULAUFEN	17	24	17	16	28	16	14	24	19	14	21	16	16
WENN POLIZEIKRAEFTE NACH MEHRMALIGER AUFFORDERUNG EINE UNFRIEDLICHE DEMONSTRATION AUFLOESEN	34	32	33	35	34	37	31	34	30	37	31	37	32
Z W I S C H E N S U M M E	410	445	413	401	459	412	397	451	412	384	437	416	393
B A S I S (=100%)	2012	253	683	1063	42	325	559	185	303	288	327	893	781

(FORTSETZUNG)

E M N I D - INSTITUT, BIELEFELD

BEFRAGUNGSZEITRAUM: 23.01. - 23.02.1989

0094

6.4 Standardtabellen

TABELLE 5 : HANDLUNGEN UND SITUATIONEN, DIE ALS GEWALTANWENDUNG EINGESTUFT WERDEN

FRAGE : WENN SIE DIE KARTEN NUN BITTE NOCH EINMAL DURCHSEHEN UND MIR DANACH SAGEN, IN WELCHEM FALL MAN VON GEWALT, VON GEWALTANWENDUNG SPRECHEN KANN. LEGEN SIE MIR ALLE KARTEN HERAUS, WO SIE DENKEN, DAS ZAEHLT ZU GEWALT.

GESTELLT AN : ALLE BEFRAGTEN
ANTWORTEN : VORGEGEBEN

	TOTAL	LINKS/RECHTS SELBSTEINSTUFUNG			POLITISCHE ORIENTIERUNG							
		LINKS	MITTE	RECHTS	MAT. LINKS	MAT. MITTE	MAT. RECHTS	GEM. LINKS	GEM. MITTE	GEM. RECHTS	POST-MAT. LINKS	POST-MAT. MITTE	POST-MAT. RECHTS
	%	%	%	%	%	%	%	%	%	%	%	%	%
PAROLEN AUF HAEUSERWAENDE SPRUEHEN	29	26	31	27	25	29	27	30	34	28	25	24	25
WENN HAUSBESETZER SICH VERBARRIKADIEREN UND BEWAFFNEN	75	70	79	80	80	77	77	74	80	80	65	79	84
SICH BEI EINER DEMONSTRATION GEGEN UEBERGRIFFE DER POLIZEI MIT LATTEN ODER STEINEN ZUR WEHR SETZEN	81	80	83	81	82	81	83	79	84	78	80	84	90
LEERSTEHENDE HAEUSER BESETZEN	32	22	36	40	26	28	45	24	41	40	19	29	38
DURCH EINEN SITZSTREIK DEN ZUGANG ZU EINER KASERNE VERSPERREN, WEIL DORT ATOMWAFFEN SIND	23	16	24	29	16	26	36	21	26	29	12	15	24
WENN BUERGER ASYLANTEN HANDGREIFLICH KLARMACHEN, DASS SIE IN IHRE HEIMAT ZURUECKFAHREN SOLLEN	76	79	77	76	56	71	66	76	75	76	86	84	84
BEI EINER BUERGERWEHR MIT-MACHEN, UM CHAOTEN IN DIE SCHRANKEN ZU WEISEN	44	50	46	35	18	37	35	43	42	36	62	62	34
WENN LEUTE VON GREENPEACE MIT SCHLAUCHBOTEN UND EIGENEN SCHIFFEN EINEN FRACHTER DARAN HINDERN, MIT GIFTIGEN ABFAELLEN IN DIE NORDSEE AUSZULAUFEN	17	13	17	20	17	21	24	13	16	21	13	14	14
WENN POLIZEIKRAEFTE NACH MEHRMALIGER AUFFORDERUNG EINE UNFRIEDLICHE DEMONSTRATION AUFLOESEN	34	39	34	30	25	33	29	29	29	28	49	46	38
Z W I S C H E N S U M M E	410	396	426	418	345	403	421	389	427	417	411	436	432
B A S I S (=100%)	2012	499	765	469	43	99	76	201	455	305	235	183	74

(FORTSETZUNG)
E M N I D - INSTITUT, BIELEFELD   BEFRAGUNGSZEITRAUM: 23.01. - 23.02. 1989
0096

6. Anhang

TABELLE 5 : HANDLUNGEN UND SITUATIONEN, DIE ALS GEWALTANWENDUNG EINGESTUFT WERDEN

FRAGE : WENN SIE DIE KARTEN NUN BITTE NOCH EINMAL DURCHSEHEN UND MIR DANACH SAGEN, IN WELCHEM FALL MAN VON GEWALT, VON GEWALTANWENDUNG SPRECHEN KANN. LEGEN SIE MIR ALLE KARTEN HERAUS, WO SIE DENKEN, DAS ZAEHLT ZU GEWALT.

GESTELLT AN : ALLE BEFRAGTEN

ANTWORTEN : VORGEGEBEN

	TOTAL	PARTEIENPRAEFERENZ RANG 1					PARTEIIDENTIFIKATION					MAT./POSTMAT. INDEX		
		GRUENE	SPD	FDP	CDU	CSU	GRUENE	SPD	FDP	CDU/CSU	ANDERE	KEINE	MAT.	GEM.	POST-MAT.
	%	%	%	%	%	%	%	%	%	%	%	%	%	%	%
PAROLEN AUF HAEUSERWAENDE SPRUEHEN	29	17	29	27	32	31	18	31	22	31	9	28	26	32	24
WENN HAUSBESETZER SICH VERBARRIKADIEREN UND BEWAFFNEN	75	62	74	84	83	72	57	75	79	83	74	73	75	79	71
SICH BEI EINER DEMONSTRATION GEGEN UEBERGRIFFE DER POLIZEI MIT LATTEN ODER STEINEN ZUR WEHR SETZEN	81	79	81	77	82	76	78	81	80	82	83	79	81	81	82
LEERSTEHENDE HAEUSER BESETZEN	32	15	29	38	39	41	18	30	30	41	40	31	31	36	25
DURCH EINEN SITZSTREIK DEN ZUGANG ZU EINER KASERNE VERSPERREN, WEIL DORT ATOMWAFFEN SIND	23	9	20	19	28	34	11	20	19	31	24	22	27	26	15
WENN BUERGER ASYLANTEN HANDGREIFLICH KLARMACHEN, DASS SIE IN IHRE HEIMAT ZURUECKFAHREN SOLLEN	76	84	74	81	76	69	85	74	80	77	64	74	66	74	84
BEI EINER BUERGERWEHR MIT- MACHEN, UM CHAOTEN IN DIE SCHRANKEN ZU WEISEN	44	59	44	54	38	36	58	42	51	40	45	47	33	40	57
WENN LEUTE VON GREENPEACE MIT SCHLAUCHBOOTEN UND EIGENEN SCHIFFEN EINEN FRACHTER DARAN HINDERN, MIT GIFTIGEN ABFAELLEN IN DIE NORDSEE AUSZULAUFEN	17	11	15	19	21	22	14	16	7	21	14	17	20	18	13
WENN POLIZEIKRAEFTE NACH MEHRMALIGER AUFFORDERUNG EINE UNFRIEDLICHE DEMON- STRATION AUFLOESEN	34	56	32	43	26	31	59	28	39	28	36	39	30	29	46
Z W I S C H E N S U M M E	410	393	399	441	425	412	398	396	407	436	391	409	390	414	417
B A S I S (=100%)	2012	216	883	107	494	185	147	674	61	514	19	592	255	1099	554

(F O R T S E T Z U N G)

E M N I D - INSTITUT, BIELEFELD   BEFRAGUNGSZEITRAUM: 23.01. - 23.02. 1989

6.4 Standardtabellen

TABELLE 5 : HANDLUNGEN UND SITUATIONEN, DIE ALS GEWALTANWENDUNG EINGESTUFT WERDEN

FRAGE : WENN SIE DIE KARTEN NUN BITTE NOCH EINMAL DURCHSEHEN UND MIR DANACH SAGEN, IN WELCHEM FALL MAN VON GEWALT, VON GEWALTANWENDUNG SPRECHEN KANN. LEGEN SIE MIR ALLE KARTEN HERAUS, WO SIE DENKEN, DAS ZAEHLT ZU GEWALT.

GESTELLT AN : ALLE BEFRAGTEN

ANTWORTEN : VORGEGEBEN

	TOTAL	ALTER						BILDUNG			GESCHLECHT	
		14-17 JAHRE	18-21 JAHRE	22-30 JAHRE	31-45 JAHRE	46-65 JAHRE	66+ JAHRE	NIEDRIG	MITTEL	HOCH	M	W
	%	%	%	%	%	%	%	%	%	%	%	%
U E B E R T R A G	410	350	402	382	422	430	407	405	421	431	420	402
WENN BAUERN MIT IHREN TRAKTOREN DEN VERKEHR BLOCKIEREN, UM GEGEN DIE LANDWIRTSCHAFTSPOLITIK ZU PROTESTIEREN	20	10	18	15	19	26	20	20	20	24	20	20
WENN WERKSFREMDE STREIK-POSTEN ARBEITSWILLIGE KOLLEGEN DARAN HINDERN, IHRE ARBEIT AUFZUNEHMEN	48	40	47	45	51	50	48	47	51	54	50	47
WENN POLIZISTEN DEN ZUGANG ZU EINER KASERNE SPERREN, UM LEUTE DARAN ZU HINDERN, DORT ZU DEMONSTRIEREN	27	31	27	30	27	25	22	24	27	32	27	26
BEI EINER DEMONSTRATION MAL RICHTIG KRACH SCHLAGEN, AUCH WENN DABEI EINIGES ZU BRUCH GEHR	79	84	78	79	79	80	73	77	80	82	80	78
KEINE ANGABE	-	-	-	-	-	-	-	-	-	-	-	-
S U M M E	584	515	571	552	599	612	570	573	599	623	597	573
B A S I S (=100%)	2012	107	154	363	584	582	222	984	489	378	972	1040

E M N I D - INSTITUT, BIELEFELD BEFRAGUNGSZEITRAUM: 23.01. - 23.02. 1989
0097

TABELLE 5   :   HANDLUNGEN UND SITUATIONEN, DIE ALS GEWALTANWENDUNG EINGESTUFT WERDEN
FRAGE   :   WENN SIE DIE KARTEN NUN BITTE NOCH EINMAL DURCHSEHEN UND MIR DANACH SAGEN, IN
                 WELCHEM FALL MAN VON GEWALT, VON GEWALTANWENDUNG SPRECHEN KANN. LEGEN SIE MIR ALLE
                 KARTEN HERAUS, WO SIE DENKEN, DAS ZAEHLT ZU GEWALT.
GESTELLT AN :   ALLE BEFRAGTEN
ANTWORTEN   :   VORGEGEBEN

	TOTAL	KIRCHGANG				RELIGION + KIRCHGANG						POLIT. INTERESSE		
		HAEUF.	MANCH-MAL	SELTEN NIE		EVANG. HAEUF.	EVANG. MANCH-MAL	EVANG. SELTEN NIE	KATH. HAEUF.	KATH. MANCH-MAL	KATH. SELTEN NIE	SEHR INT.	ZIEML. INT.	NICHT INT.
	%	%	%	%		%	%	%	%	%	%	%	%	%
U E B E R T R A G	410	445	413	401		459	412	397	451	412	384	437	416	393
	20	22	19	21		32	20	20	21	18	18	24	19	20
WENN BAUERN MIT IHREN TRAKTOREN DEN VERKEHR BLOCKIEREN, UM GEGEN DIE LANDWIRTSCHAFTSPOLITIK ZU PROTESTIEREN														
WENN WERKSFREMDE STREIK- POSTEN ARBEITSWILLIGE KOLLEGEN DARAN HINDERN, IHRE ARBEIT AUFZUNEHMEN	48	51	50	47		48	50	46	51	52	46	55	50	44
WENN POLIZISTEN DEN ZUGANG ZU EINER KASERNE SPERREN, UM LEUTE DARAN ZU HINDERN, DORT ZU DEMONSTRIEREN	27	25	24	29		42	27	29	21	21	24	26	27	27
BEI EINER DEMONSTRATION MAL RICHTIG KRACH SCHLAGEN, AUCH WENN DABEI EINIGES ZU BRUCH GEHR	79	78	79	79		68	81	77	80	78	82	83	82	74
KEINE ANGABE	-	-	-	-		-	-	-	-	-	-	-	-	-
S U M M E	584	622	585	576		650	590	570	625	580	555	625	594	558
B A S I S (=100%)	2012	253	683	1063		42	325	559	185	303	288	327	893	781

E M N I D - INSTITUT, BIELEFELD   BEFRAGUNGSZEITRAUM: 23.01. - 23.02. 1989
0100

6.4 Standardtabellen

```
TABELLE  5    :  HANDLUNGEN UND SITUATIONEN, DIE ALS GEWALTANWENDUNG EINGESTUFT WERDEN
FRAGE         :  WENN SIE DIE KARTEN NUN BITTE NOCH EINMAL DURCHSEHEN UND MIR DANACH SAGEN, IN
                 WELCHEM FALL MAN VON GEWALT, VON GEWALTANWENDUNG SPRECHEN KANN. LEGEN SIE MIR ALLE
                 KARTEN HERAUS, WO SIE DENKEN, DAS ZAEHLT ZU GEWALT.
GESTELLT AN   :  ALLE BEFRAGTEN
ANTWORTEN     :  VORGEGEBEN
```

	TOTAL	PARTEIENPRAEFERENZ RANG 1					PARTEIIDENTIFIKATION					MAT./ POSTMAT. INDEX		
		GRUENE	SPD	FDP	CDU	CSU	GRUENE	SPD	FDP	CDU/CSU	ANDERE	KEINE	MAT.	GEM.	POST-MAT.
	%	%	%	%	%	%	%	%	%	%	%	%	%	%	%
U E B E R T R A G	410	393	399	441	425	412	398	396	407	436	391	409	390	414	417
WENN BAUERN MIT IHREN TRAKTOREN DEN VERKEHR BLOCKIEREN, UM GEGEN DIE LANDWIRTSCHAFTSPOLITIK ZU PROTESTIEREN	20	14	20	20	22	23	13	19	14	24	9	20	22	21	18
WENN WERKSFREMDE STREIK-POSTEN ARBEITSWILLIGE KOLLEGEN DARAN HINDERN, IHRE ARBEIT AUFZUNEHMEN	48	51	46	54	52	45	45	46	51	55	50	46	51	48	50
WENN POLITISTEN DEN ZUGANG ZU EINER KASERNE SPERREN, UM LEUTE DARAN ZU HINDERN, DORT ZU DEMONSTRIEREN	27	37	26	28	25	20	40	27	21	23	36	28	20	24	36
BEI EINER DEMONSTRATION MAL RICHTIG KRACH SCHLAGEN, AUCH WENN DABEI EINIGES ZU BRUCH GEHR	79	86	78	78	81	73	83	80	74	81	93	76	75	76	89
KEINE ANGABE	-	-	-	-	-	-	-	-	-	-	-	-	-	-	-
S U M M E	584	581	569	622	605	573	578	567	568	619	579	580	558	582	609
B A S I S (=100%)	2012	216	883	107	494	185	147	674	61	514	19	592	255	1099	554

```
E M N I D - INSTITUT, BIELEFELD                          BEFRAGUNGSZEITRAUM: 23.01. - 23.02. 1989
0101
```

TABELLE 5   : HANDLUNGEN UND SITUATIONEN, DIE ALS GEWALTANWENDUNG EINGESTUFT WERDEN

FRAGE   : WENN SIE DIE KARTEN NUN BITTE NOCH EINMAL DURCHSEHEN UND MIR DANACH SAGEN, IN WELCHEM FALL MAN VON GEWALT, VON GEWALTANWENDUNG SPRECHEN KANN. LEGEN SIE MIR ALLE KARTEN HERAUS, WO SIE DENKEN, DAS ZAEHLT ZU GEWALT.

GESTELLT AN : ALLE BEFRAGTEN

ANTWORTEN   : VORGEGEBEN

	TOTAL	LINKS/RECHTS SELBSTEINSTUFUNG			POLITISCHE ORIENTIERUNG							
		LINKS	MITTE	RECHTS	MAT. LINKS	MAT. MITTE	MAT. RECHTS	GEM. LINKS	GEM. MITTE	GEM. RECHTS	POST-MAT. LINKS	POST-MAT. MITTE	POST-MAT. RECHTS
	%	%	%	%	%	%	%	%	%	%	%	%	%
U E B E R T R A G	410	396	426	418	345	403	421	389	427	417	411	436	432
WENN BAUERN MIT IHREN TRAKTOREN DEN VERKEHR BLOCKIEREN, UM GEGEN DIE LANDWIRTSCHAFTSPOLITIK ZU PROTESTIEREN	20	16	20	23	12	24	26	21	18	22	15	19	24
WENN WERKSFREMDE STREIK-POSTEN ARBEITSWILLIGE KOLLEGEN DARAN HINDERN, IHRE ARBEIT AUFZUNEHMEN	48	44	52	52	41	50	60	44	49	53	45	60	47
WENN POLIZISTEN DEN ZUGANG ZU EINER KASERNE SPERREN, UM LEUTE DARAN ZU HINDERN, DORT ZU DEMONSTRIEREN	27	31	27	20	20	20	17	25	24	22	39	40	18
BEI EINER DEMONSTRATION MAL RICHTIG KRACH SCHLAGEN, AUCH WENN DABEI EINIGES ZU BRUCH GEHR	79	81	81	78	68	74	81	73	78	76	91	90	88
KEINE ANGABE	-	-	-	-	-	-	-	-	-	-	-	-	-
S U M M E	584	569	606	592	486	571	604	552	597	589	599	646	609
B A S I S (=100%)	2012	499	765	469	43	99	76	201	455	305	235	183	74

E M N I D - INSTITUT, BIELEFELD   BEFRAGUNGSZEITRAUM: 23.01. - 23.02. 1989
0102

6.4 Standardtabellen

TABELLE 6 : UNTERSTUETZUNG VON DEMONSTRANTEN ODER POLIZISTEN BEI GEWALTSAMER AUSEINANDERSETZUNG?

FRAGE : WENN DEMONSTRANTEN WAEHREND EINER DEMONSTRATION MIT POLIZISTEN IN EINE GEWALTSAME AUSEINANDERSETZUNG GERIETEN, WUERDEN SIE DANN VERSUCHEN, EINE DER SEITEN IRGENDWIE ZU UNTERSTUETZEN ODER WUERDEN SIE DAS NICHT TUN?

GESTELLT AN : ALLE BEFRAGTEN

	TOTAL	ALTER						BILDUNG			GESCHLECHT	
		14-17 JAHRE	18-21 JAHRE	22-30 JAHRE	31-45 JAHRE	46-65 JAHRE	66+ JAHRE	NIEDRIG	MITTEL	HOCH	M	W
	%	%	%	%	%	%	%	%	%	%	%	%
JA, DIE DEMONSTRANTEN UNTERSTUETZEN	4	9	9	9	3	1	1	3	3	8	5	4
JA, DIE POLIZISTEN UNTERSTUETZEN	10	5	5	7	12	11	17	13	11	5	11	9
KEINE VON BEIDEN SEITEN UNTERSTUETZEN	85	86	84	82	85	87	81	83	85	87	83	87
KEINE ANGABE	1	-	1	3	*	1	1	1	2	1	1	1
SUMME	100	100	100	100	100	100	100	100	100	100	100	100
BASIS (=100%)	2012	107	154	363	584	582	222	984	489	378	972	1040

EMNID - INSTITUT, BIELEFELD   BEFRAGUNGSZEITRAUM: 23.01. - 23.02. 1989
0127

TABELLE 6 : UNTERSTUETZUNG VON DEMONSTRANTEN ODER POLIZISTEN BEI GEWALTSAMER AUSEINANDERSETZUNG?

FRAGE : WENN DEMONSTRANTEN WAEHREND EINER DEMONSTRATION MIT POLIZISTEN IN EINE GEWALTSAME AUSEINANDERSETZUNG GERIETEN, WUERDEN SIE DANN VERSUCHEN, EINE DER SEITEN IRGENDWIE ZU UNTERSTUETZEN ODER WUERDEN SIE DAS NICHT TUN?

GESTELLT AN : ALLE BEFRAGTEN

	TOTAL	KIRCHGANG			RELIGION + KIRCHGANG						POLIT. INTERESSE		
		HAEUF.	MANCH-MAL	SELTEN NIE	EVANG. HAEUF.	EVANG. MANCH-MAL	EVANG. SELTEN NIE	KATH. HAEUF.	KATH. MANCH-MAL	KATH. SELTEN NIE	SEHR INT.	ZIEML. INT.	NICHT INT.
	%	%	%	%	%	%	%	%	%	%	%	%	%
JA, DIE DEMONSTRANTEN UNTERSTUETZEN	4	1	3	6	-	4	5	1	1	5	6	4	4
JA, DIE POLIZISTEN UNTERSTUETZEN	10	19	10	8	24	7	9	19	11	9	11	9	10
KEINE VON BEIDEN SEITEN UNTERSTUETZEN	85	80	86	85	76	88	85	80	87	85	81	86	85
KEINE ANGABE	1	-	1	1	-	1	2	-	*	*	1	1	1
S U M M E	100	100	100	100	100	100	100	100	100	100	100	100	100
B A S I S (=100%)	2012	253	683	1063	42	325	559	185	303	288	327	893	781

E M N I D - INSTITUT, BIELEFELD
0130
BEFRAGUNGSZEITRAUM: 23.01. - 23.02. 1989

6.4 Standardtabellen

TABELLE 6 : UNTERSTUETZUNG VON DEMONSTRANTEN ODER POLIZISTEN BEI GEWALTSAMER AUSEINANDERSETZUNG?

FRAGE : WENN DEMONSTRANTEN WAEHREND EINER DEMONSTRATION MIT POLIZISTEN IN EINE GEWALTSAME AUSEINANDERSETZUNG GERIETEN, WUERDEN SIE DANN VERSUCHEN, EINE DER SEITEN IRGENDWIE ZU UNTERSTUETZEN ODER WUERDEN SIE DAS NICHT TUN?

GESTELLT AN : ALLE BEFRAGTEN

	TOTAL	PARTEIENPRAEFERENZ RANG 1					PARTEIIDENTIFIKATION				MAT./ POSTMAT. INDEX		
		GRUENE	SPD	FDP	CDU	CSU	GRUENE	SPD	FDP	CDU/CSU	ANDERE	KEINE	MAT.	GEM.	POST-MAT.
	%	%	%	%	%	%	%	%	%	%	%	%	%	%	%
JA, DIE DEMONSTRANTEN UNTERSTUETZEN	4	15	4	1	1	3	20	3	-	1	9	5	2	3	6
JA, DIE POLIZISTEN UNTERSTUETZEN	10	2	8	7	17	19	-	7	9	20	12	8	13	13	3
KEINE VON BEIDEN SEITEN UNTERSTUETZEN	85	82	88	92	81	77	80	89	91	79	79	86	85	83	89
KEINE ANGABE	1	1	1	-	1	*	1	1	-	1	-	1	-	1	2
S U M M E	100	100	100	100	100	100	100	100	100	100	100	100	100	100	100
B A S I S (=100%)	2012	216	883	107	494	185	147	674	61	514	19	592	255	1099	554

E M N I D - INSTITUT, BIELEFELD   BEFRAGUNGSZEITRAUM: 23.01. - 23.02. 1989
0131

TABELLE 6 : UNTERSTUETZUNG VON DEMONSTRANTEN ODER POLIZISTEN BEI GEWALTSAMER AUSEINANDERSETZUNG?

FRAGE : WENN DEMONSTRANTEN WAEHREND EINER DEMONSTRATION MIT POLIZISTEN IN EINE GEWALTSAME AUSEINANDERSETZUNG GERIETEN, WUERDEN SIE DANN VERSUCHEN, EINE DER SEITEN IRGENDWIE ZU UNTERSTUETZEN ODER WUERDEN SIE DAS NICHT TUN?

GESTELLT AN : ALLE BEFRAGTEN

	TOTAL	LINKS/RECHTS - SELBSTEINSTUFUNG			POLITISCHE ORIENTIERUNG						
		LINKS	MITTE	RECHTS	MAT. LINKS	MAT. MITTE	MAT. RECHTS	GEM. LINKS	GEM. MITTE RECHTS	GEM. RECHTS	POST-MAT. LINKS	POST-MAT. MITTE	POST-MAT. RECHTS
	%	%	%	%	%	%	%	%	%	%	%	%	%
JA, DIE DEMONSTRANTEN UNTERSTUETZEN	4	8	3	2	-	3	2	5	3	2	11	1	1
JA, DIE POLIZISTEN UNTERSTUETZEN	10	5	8	16	6	10	24	10	10	15	1	2	7
KEINE VON BEIDEN SEITEN UNTERSTUETZEN	85	86	88	82	94	87	74	83	86	82	87	94	92
KEINE ANGABE	1	1	1	*	-	-	-	2	1	1	1	3	-
S U M M E	100	100	100	100	100	100	100	100	100	100	100	100	100
B A S I S (=100%)	2012	499	765	469	43	99	76	201	455	305	235	183	74

E M N I D - INSTITUT, BIELEFELD   BEFRAGUNGSZEITRAUM: 23.01. - 23.02. 1989
0132

6.4 Standardtabellen

TABELLE 7 : ZEUGENAUSSAGE NACH EINER GEWALTSAMEN AUSEINANDERSETZUNG ZWISCHEN POLIZISTEN UND DEMONSTRANTEN?

FRAGE : WENN SIE EINE SOLCHE GEWALTSAME AUSEINANDERSETZUNG ZWISCHEN POLIZISTEN UND DEMONSTRANTEN GENAU BEOBACHTET HAETTEN UND ES KAEME DARUEBER SPAETER ZU EINEM GERICHTSVERFAHREN, WUERDEN SIE SICH DANN ALS ZEUGE ZUR VERFUEGUNG STELLEN?

GESTELLT AN : ALLE BEFRAGTEN

	TOTAL	ALTER						BILDUNG			GESCHLECHT	
		14-17 JAHRE	18-21 JAHRE	22-30 JAHRE	31-45 JAHRE	46-65 JAHRE	66+ JAHRE	NIEDRIG	MITTEL	HOCH	M	W
	%	%	%	%	%	%	%	%	%	%	%	%
NUR ALS ZEUGE DER POLIZEI	9	3	1	5	9	12	14	11	8	5	9	8
NUR ALS ZEUGE DER DEMONSTRANTEN	5	16	7	10	3	2	2	3	3	11	5	5
ALS ZEUGE FUER BEIDE SEITEN	48	44	59	49	50	47	42	40	53	63	52	44
AUF KEINEN FALL	38	36	32	36	38	39	42	45	34	22	34	42
KEINE ANGABE	1	2	1	*	*	*	*	*	1	*	*	1
SUMME	100	100	100	100	100	100	100	100	100	100	100	100
BASIS (=100%)	2012	107	154	363	584	582	222	984	489	378	972	1040

EMNID - INSTITUT, BIELEFELD   BEFRAGUNGSZEITRAUM: 23.01. - 23.02. 1989
0133

6. Anhang

TABELLE 7 : ZEUGENAUSSAGE NACH EINER GEWALTSAMEN AUSEINANDERSETZUNG ZWISCHEN POLIZISTEN UND DEMONSTRANTEN?

FRAGE : WENN SIE EINE SOLCHE GEWALTSAME AUSEINANDERSETZUNG ZWISCHEN POLIZISTEN UND DEMONSTRANTEN GENAU BEOBACHTET HAETTEN UND ES KAEME DARUEBER SPAETER ZU EINEM GERICHTSVERFAHREN, WUERDEN SIE SICH DANN ALS ZEUGE ZUR VERFUEGUNG STELLEN?

GESTELLT AN : ALLE BEFRAGTEN

	TOTAL	KIRCHGANG				RELIGION + KIRCHGANG						POLIT. INTERESSE		
		HAEUF.	MANCH-MAL	SELTEN NIE		EVANG. HAEUF.	EVANG. MANCH-MAL	EVANG. SELTEN NIE	KATH. HAEUF.	KATH. MANCH-MAL	KATH. SELTEN NIE	SEHR INT.	ZIEML. INT.	NICHT INT.
	%	%	%	%		%	%	%	%	%	%	%	%	%
NUR ALS ZEUGE DER POLIZEI	9	17	9	6		17	9	7	16	10	6	10	8	8
NUR ALS ZEUGE DER DEMONSTRANTEN	5	3	3	7		5	3	4	3	1	9	5	6	4
ALS ZEUGE FUER BEIDE SEITEN	48	42	50	48		39	49	47	43	53	47	61	55	34
AUF KEINEN FALL	38	38	37	38		39	38	42	38	35	38	24	30	53
KEINE ANGABE	1	*	1	*		-	2	*	*	*	-	*	1	*
S U M M E	100	100	100	100		100	100	100	100	100	100	100	100	100
B A S I S (=100%)	2012	253	683	1063		42	325	559	185	303	288	327	893	781

E M N I D - INSTITUT, BIELEFELD   BEFRAGUNGSZEITRAUM: 23.01. - 23.02. 1989
0136

6.4 Standardtabellen

TABELLE 7 : ZEUGENAUSSAGE NACH EINER GEWALTSAMEN AUSEINANDERSETZUNG ZWISCHEN POLIZISTEN UND DEMONSTRANTEN?

FRAGE : WENN SIE EINE SOLCHE GEWALTSAME AUSEINANDERSETZUNG ZWISCHEN POLIZISTEN UND DEMONSTRANTEN GENAU BEOBACHTET HAETTEN UND ES KAEME DARUEBER SPAETER ZU EINEM GERICHTSVERFAHREN, WUERDEN SIE SICH DANN ALS ZEUGE ZUR VERFUEGUNG STELLEN?

GESTELLT AN : ALLE BEFRAGTEN

	TOTAL	PARTEIENPRAEFERENZ RANG 1						PARTEIIDENTIFIKATION						MAT./ POSTMAT. INDEX		
		GRUENE	SPD	FDP	CDU	CSU	GRUENE	SPD	FDP	CDU/CSU	ANDERE	KEINE		MAT.	GEM.	POST-MAT.
	%	%	%	%	%	%	%	%	%	%	%	%		%	%	%
NUR ALS ZEUGE DER POLIZEI	9	1	6	5	15	17	1	7	2	18	7	5		10	12	3
NUR ALS ZEUGE DER DEMONSTRANTEN	5	25	3	2	2	4	33	3	3	*	21	4		2	3	9
ALS ZEUGE FUER BEIDE SEITEN	48	47	47	71	46	39	47	49	75	44	41	49		36	43	63
AUF KEINEN FALL	38	26	43	22	36	39	19	41	20	37	31	42		51	41	25
KEINE ANGABE	1	1	*	-	1	1	-	*	-	1	-	1		*	1	*
SUMME	100	100	100	100	100	100	100	100	100	100	100	100		100	100	100
BASIS (=100%)	2012	216	883	107	494	185	147	674	61	514	19	592		255	1099	554

EMNID - INSTITUT, BIELEFELD   BEFRAGUNGSZEITRAUM: 23.01. - 23.02. 1989
0137

TABELLE 7 : ZEUGENAUSSAGE NACH EINER GEWALTSAMEN AUSEINANDERSETZUNG ZWISCHEN POLIZISTEN UND DEMONSTRANTEN?

FRAGE : WENN SIE EINE SOLCHE GEWALTSAME AUSEINANDERSETZUNG ZWISCHEN POLIZISTEN UND DEMONSTRANTEN GENAU BEOBACHTET HAETTEN UND ES KAEME DARUEBER SPAETER ZU EINEM GERICHTSVERFAHREN, WUERDEN SIE SICH DANN ALS ZEUGE ZUR VERFUEGUNG STELLEN?

GESTELLT AN : ALLE BEFRAGTEN

	TOTAL	LINKS/RECHTS - SELBSTEINSTUFUNG			POLITISCHE ORIENTIERUNG							
		LINKS	MITTE	RECHTS	MAT. LINKS	MAT. MITTE	MAT. RECHTS	GEM. LINKS	GEM. MITTE	GEM. RECHTS	POST-MAT. LINKS	POST-MAT. MITTE	POST-MAT. RECHTS
	%	%	%	%	%	%	%	%	%	%	%	%	%
NUR ALS ZEUGE DER POLIZEI	9	4	7	16	11	5	21	8	10	16	*	2	9
NUR ALS ZEUGE DER DEMONSTRANTEN	5	10	2	3	3	1	2	6	1	3	14	5	3
ALS ZEUGE FUER BEIDE SEITEN	48	54	50	46	28	47	27	49	43	47	63	68	60
AUF KEINEN FALL	38	31	40	35	58	47	49	36	46	32	22	23	27
KEINE ANGABE	1	*	1	1	-	*	-	-	*	1	1	*	-
S U M M E	100	100	100	100	100	100	100	100	100	100	100	100	100
B A S I S (=100%)	2012	499	765	469	43	99	76	201	455	305	235	183	74

E M N I D - INSTITUT, BIELEFELD

BEFRAGUNGSZEITRAUM: 23.01. - 23.02. 1989

0138

6.4 Standardtabellen

TABELLE 8	:	SCHULDZUWEISUNG BEI GEWALTSAMEN AUSEINANDERSETZUNGEN ZWISCHEN DEMONSTRANTEN UND POLIZISTEN
FRAGE	:	WENN ES BEI EINER DEMONSTRATION ZU GEWALTSAMEN AUSEINANDERSETZUNGEN ZWISCHEN DEMONSTRANTEN UND POLIZISTEN KOMMT, WER HAT DANN IHRER ANSICHT NACH MEISTENS DIE SCHULD?
GESTELLT AN	:	ALLE BEFRAGTEN

	TOTAL	ALTER						BILDUNG			GESCHLECHT	
		14-17 JAHRE	18-21 JAHRE	22-30 JAHRE	31-45 JAHRE	46-65 JAHRE	66+ JAHRE	NIEDRIG	MITTEL	HOCH	M	W
	%	%	%	%	%	%	%	%	%	%	%	%
MEISTENS DIE POLIZISTEN	6	29	5	7	5	2	2	3	3	9	6	6
MEISTENS DIE DEMONSTRANTEN	29	16	18	18	31	35	38	35	26	19	30	27
MEISTENS BEIDE SEITEN	20	14	18	24	22	18	15	20	20	21	19	21
KOMMT DARAUF AN	46	40	58	51	42	44	45	41	50	51	45	46
KEINE ANGABE	*	-	-	*	-	*	1	*	*	*	*	*
S U M M E	100	100	100	100	100	100	100	100	100	100	100	100
B A S I S (=100%)	2012	107	154	363	584	582	222	984	489	378	972	1040

E M N I D - INSTITUT, BIELEFELD   BEFRAGUNGSZEITRAUM: 23.01. - 23.02. 1989
0139

TABELLE 8 : SCHULDZUWEISUNG BEI GEWALTSAMEN AUSEINANDERSETZUNGEN ZWISCHEN DEMONSTRANTEN UND POLIZISTEN

FRAGE : WENN ES BEI EINER DEMONSTRATION ZU GEWALTSAMEN AUSEINANDERSETZUNGEN ZWISCHEN DEMONSTRANTEN UND POLIZISTEN KOMMT, WER HAT DANN IHRER ANSICHT NACH MEISTENS DIE SCHULD?

GESTELLT AN : ALLE BEFRAGTEN

	TOTAL	KIRCHGANG				RELIGION + KIRCHGANG							POLIT. INTERESSE		
		HAEUF.	MANCH-MAL	SELTEN	NIE	EVANG. HAEUF.	EVANG. MANCH-MAL	EVANG. SELTEN	EVANG. NIE	KATH. HAEUF.	KATH. MANCH-MAL	KATH. SELTEN	KATH. NIE	SEHR INT.	ZIEML. INT.	NICHT INT.
	%	%	%	%	%	%	%	%	%	%	%	%	%	%	%	%
MEISTENS DIE POLIZISTEN	6	3	3	8	10	3	5	1	2	9	8	6	5
MEISTENS DIE DEMONSTRANTEN	29	41	31	24	23	29	24	45	34	27	34	29	26
MEISTENS BEIDE SEITEN	20	16	19	21	22	17	24	16	21	17	15	20	21
KOMMT DARAUF AN	46	40	47	46	46	50	46	39	43	47	42	44	49
KEINE ANGABE	*	-	*	*	-	*	*	-	*	-	*	*	-
S U M M E	100	100	100	100	100	100	100	100	100	100	100	100	100
B A S I S (=100%)	2012	253	683	1063	42	325	559	185	303	288	327	893	781

BEFRAGUNGSZEITRAUM: 23.01. - 23.02. 1989

E M N I D - INSTITUT, BIELEFELD
0142

6.4 Standardtabellen   247

TABELLE 8   : SCHULDZUWEISUNG BEI GEWALTSAMEN AUSEINANDERSETZUNGEN ZWISCHEN DEMONSTRANTEN UND
              POLIZISTEN

FRAGE   : WENN ES BEI EINER DEMONSTRATION ZU GEWALTSAMEN AUSEINANDERSETZUNGEN ZWISCHEN
              DEMONSTRANTEN UND POLIZISTEN KOMMT, WER HAT DANN IHRER ANSICHT NACH MEISTENS DIE
              SCHULD?

GESTELLT AN : ALLE BEFRAGTEN

	TOTAL	PARTEIENPRAEFERENZ RANG 1					PARTEIIDENTIFIKATION					MAT./ POSTMAT. INDEX		
		GRUENE	SPD	FDP	CDU	CSU	GRUENE	SPD	FDP	CDU/CSU	ANDERE	KEINE	MAT.	GEM.	POST-MAT.
	%	%	%	%	%	%	%	%	%	%	%	%	%	%	%
MEISTENS DIE POLIZISTEN	6	23	4	2	3	4	29	5	-	2	17	5	2	3	11
MEISTENS DIE DEMONSTRANTEN	29	12	22	25	42	50	10	24	31	48	60	21	38	34	15
MEISTENS BEIDE SEITEN	20	15	24	23	14	14	18	21	25	14	9	25	21	19	20
KOMMT DARAUF AN	46	50	50	50	40	31	44	51	44	36	14	49	39	43	53
KEINE ANGABE	*	*	*	*	-	-	-	*	-	-	-	*	-	*	*
S U M M E	100	100	100	100	100	100	100	100	100	100	100	100	100	100	100
B A S I S (=100%)	2012	216	883	107	494	185	147	674	61	514	19	592	255	1099	554

E M N I D - INSTITUT, BIELEFELD   BEFRAGUNGSZEITRAUM: 23.01. - 23.02.1989
0143

TABELLE 8   : SCHULDZUWEISUNG BEI GEWALTSAMEN AUSEINANDERSETZUNGEN ZWISCHEN DEMONSTRANTEN UND POLIZISTEN

FRAGE   : WENN ES BEI EINER DEMONSTRATION ZU GEWALTSAMEN AUSEINANDERSETZUNGEN ZWISCHEN DEMONSTRANTEN UND POLIZISTEN KOMMT, WER HAT DANN IHRER ANSICHT NACH MEISTENS DIE SCHULD?

GESTELLT AN : ALLE BEFRAGTEN

	TOTAL	LINKS/RECHTS - SELBSTEINSTUFUNG			POLITISCHE ORIENTIERUNG							
		LINKS	MITTE	RECHTS	MAT. LINKS	MAT. MITTE	MAT. RECHTS	GEM. LINKS	GEM. MITTE	GEM. RECHTS	POST-MAT. LINKS	POST-MAT. MITTE	POST-MAT. RECHTS
	%	%	%	%	%	%	%	%	%	%	%	%	%
MEISTENS DIE POLIZISTEN	6	12	3	2	4	1	1	5	2	2	19	6	3
MEISTENS DIE DEMONSTRANTEN	29	17	27	50	27	29	63	27	32	49	6	14	48
MEISTENS BEIDE SEITEN	20	21	22	15	31	22	11	18	21	15	20	22	16
KOMMT DARAUF AN	46	50	48	33	38	48	26	49	45	34	54	59	33
KEINE ANGABE	*	*	*	-	-	-	-	-	*	-	*	-	-
S U M M E	100	100	100	100	100	100	100	100	100	100	100	100	100
B A S I S (=100%)	2012	499	765	469	43	99	76	201	455	305	235	183	74

E M N I D - INSTITUT, BIELEFELD   BEFRAGUNGSZEITRAUM: 23.01. - 23.02. 1989
0144

6.4 Standardtabellen 249

TABELLE 9 : IN FRAGE KOMMENDE MOEGLICHKEITEN ZUR POLITISCHEN EINFLUSSNAHME

FRAGE : WENN SIE POLITISCH IN EINER SACHE, DIE IHNEN WICHTIG IST, EINFLUSS NEHMEN, IHREN STANDPUNKT ZUR GELTUNG BRINGEN WOLLEN: WELCHE DER MOEGLICHKEITEN AUF DIESEN KARTEN WUERDEN SIE DANN NUTZEN, WAS DAVON KOMMT FUER SIE IN FRAGE? LEGEN SIE BITTE DIE ENTSPRECHENDEN KAERTCHEN HINAUS.

GESTELLT AN : ALLE BEFRAGTEN

	TOTAL	ALTER						BILDUNG			GESCHLECHT	
		14-17 JAHRE	18-21 JAHRE	22-30 JAHRE	31-45 JAHRE	46-65 JAHRE	66+ JAHRE	NIEDRIG	MITTEL	HOCH	M	W
	%	%	%	%	%	%	%	%	%	%	%	%
SICH AN WAHLEN BETEILIGEN	81	84	86	78	80	82	80	76	84	85	84	78
IN IRGENDEINE PARTEI EINTRETEN, AKTIV MITARBEITEN	37	41	45	39	39	34	28	31	41	47	40	34
MITARBEIT IN EINER BUERGERINITIATIVE	52	55	60	54	57	47	43	46	55	63	54	50
TEILNAHME AN EINER GENEHMIGTEN DEMONSTRATION	41	65	60	48	41	31	29	32	44	53	46	36
TEILNAHME AN EINER VERBOTENEN DEMONSTRATION	10	21	13	15	11	6	3	7	9	17	10	10
UNTERSCHRIFTEN SAMMELN	58	74	63	63	60	53	46	50	61	69	59	57
SICH IN VERSAMMLUNGEN AN OEFFENTLICHEN DISKUSSIONEN BETEILIGEN	53	57	63	58	55	48	39	44	60	63	57	48
BETEILIGUNG AN WILDEN STREIKS	8	15	11	12	8	5	4	6	7	13	9	7
HAUSBESETZUNG, BESETZUNG VON FABRIKEN UND AEMTERN	7	10	9	12	7	4	5	5	6	10	7	7
BEI EINER DEMONSTRATION MAL RICHTIG KRACH SCHLAGEN, AUCH WENN DABEI EINIGES ZU BRUCH GEHT	5	11	4	7	5	3	2	4	3	6	5	5
FUER RUHE UND ORDNUNG KAEMPFEN, AUCH WENN ANDERE MITBUERGER DADURCH ZU SCHADEN KOMMEN	6	5	5	5	6	7	4	5	6	5	6	5
DEM EIGENEN STANDPUNKT NACHDRUCK VERLEIHEN, AUCH WENN ES DABEI ZU EINER DIREKTEN KONFRONTATION MIT DER POLIZEI, MIT DER STAATSGEWALT KOMMT	10	11	9	14	10	8	6	8	9	14	11	9
FUER EINE SACHE KAEMPFEN, AUCH WENN DAZU GEWALT GEGEN POLITISCH VERANTWORTLICHE NOTWENDIG IST	5	6	5	5	5	5	4	5	6	3	6	4
NICHTS DAVON	5	5	2	5	5	6	9	8	4	2	4	7
KEINE ANGABE	2	-	3	2	3	2	3	4	1	2	1	3
S U M M E	379	460	439	417	392	341	304	331	396	453	399	360
B A S I S (=100%)	2012	107	154	363	584	582	222	984	489	378	972	1040

E M N I D - INSTITUT, BIELEFELD   BEFRAGUNGSZEITRAUM: 23.01. - 23.02. 1989
0145

250 6. Anhang

TABELLE 9 : IN FRAGE KOMMENDE MOEGLICHKEITEN ZUR POLITISCHEN EINFLUSSNAHME

FRAGE : WENN SIE POLITISCH IN EINER SACHE, DIE IHNEN WICHTIG IST, EINFLUSS NEHMEN, IHREN STANDPUNKT ZUR GELTUNG BRINGEN WOLLEN: WELCHE DER MOEGLICHKEITEN AUF DIESEN KARTEN WUERDEN SIE DANN NUTZEN, WAS DAVON KOMMT FUER SIE IN FRAGE? LEGEN SIE BITTE DIE ENTSPRECHENDEN KAERTCHEN HINAUS.

GESTELLT AN : ALLE BEFRAGTEN

	TOTAL	KIRCHGANG				RELIGION + KIRCHGANG							POLIT. INTERESSE		
		HAEUF.	MANCH-MAL	SELTEN	NIE	EVANG. HAEUF.	EVANG. MANCH-MAL	EVANG. SELTEN	NIE	KATH. HAEUF.	KATH. MANCH-MAL	KATH. SELTEN	NIE	SEHR INT.	ZIEML. INT.	NICHT INT.
	%	%	%	%	%	%	%	%	%	%	%	%	%	%	%	%
SICH AN WAHLEN BETEILIGEN	81	83	81	80	71	82	80	86	81	79	86	86	73
IN IRGENDEINE PARTEI EINTRETEN, AKTIV MITARBEITEN	37	40	36	37	25	34	34	45	36	35	43	42	28
MITARBEIT IN EINER BUERGERINITIATIVE	52	52	52	52	39	52	48	55	51	53	59	56	45
TEILNAHME AN EINER GENEHMIGTEN DEMONSTRATION	41	33	38	45	28	38	40	34	37	49	50	45	31
TEILNAHME AN EINER VERBOTENEN DEMONSTRATION	10	6	9	12	13	10	8	6	7	15	11	10	10
UNTERSCHRIFTEN SAMMELN	58	54	56	60	44	55	59	58	57	57	64	62	51
SICH AN VERSAMMLUNGEN AN OEFFENTLICHEN DISKUSSIONEN BETEILIGEN	53	52	52	54	34	53	53	58	50	49	65	59	40
AN WILDEN STREIKS	8	4	6	10	9	5	7	3	8	12	9	9	7
HAUSBESETZUNG, BESETZUNG VON FABRIKEN UND AEMTERN	7	5	5	9	10	6	8	4	3	8	10	6	7
BEI EINER DEMONSTRATION MAL RICHTIG KRACH SCHLAGEN, AUCH WENN DABEI EINIGES ZU BRUCH GEHT	5	3	5	5	6	4	5	3	4	5	6	4	5
FUER RUHE UND ORDNUNG KAEMPFEN, AUCH WENN ANDERE MITBUERGER DADURCH ZU SCHADEN KOMMEN	6	8	6	5	17	4	5	6	8	7	5	5	6
DEM EIGENEN STANDPUNKT NACHDRUCK VERLEIHEN, AUCH WENN ES DABEI ZU EINER DIREKTEN KONFRONTATION MIT DER POLIZEI, MIT DER STAATSGEWALT KOMMT	10	12	9	10	11	9	6	13	7	12	13	10	9
FUER EINE SACHE KAEMPFEN, AUCH WENN DAZU GEWALT GEGEN POLITISCH VERANTWORTLICHE NOTWENDIG IST	5	3	5	6	2	6	5	3	4	6	6	5	4
NICHTS DAVON	5	8	4	6	22	5	5	6	3	6	3	4	8
KEINE ANGABE	2	1	4	2	-	2	2	1	5	2	1	2	4
S U M M E	379	367	367	391	330	367	364	381	361	395	431	404	330
B A S I S (=100%)	2012	253	683	1063	42	325	559	185	303	288	327	893	781

BEFRAGUNGSZEITRAUM: 23.01. - 23.02. 1989

6.4 Standardtabellen

TABELLE 9 : IN FRAGE KOMMENDE MOEGLICHKEITEN ZUR POLITISCHEN EINFLUSSNAHME

FRAGE : WENN SIE POLITISCH IN EINER SACHE, DIE IHNEN WICHTIG IST, EINFLUSS NEHMEN, IHREN STANDPUNKT ZUR GELTUNG BRINGEN WOLLEN: WELCHE DER MOEGLICHKEITEN AUF DIESEN KARTEN WUERDEN SIE DANN NUTZEN, WAS DAVON KOMMT FUER SIE IN FRAGE? LEGEN SIE BITTE DIE ENTSPRECHENDEN KAERTCHEN HINAUS.

GESTELLT AN : ALLE BEFRAGTEN

	TOTAL	PARTEIENPRAEFERENZ RANG 1					PARTEIIDENTIFIKATION				MAT./ POSTMAT. INDEX			
		GRUENE	SPD	FDP	CDU	CSU	GRUENE	SPD	FDP	CDU/CSU	ANDERE	KEINE	MAT.	GEM.	POST-MAT.
	%	%	%	%	%	%	%	%	%	%	%	%	%	%	%
SICH AN WAHLEN BETEILIGEN	81	86	82	84	78	81	86	83	90	80	69	77	75	81	86
IN IRGENDEINE PARTEI EINTRETEN, AKTIV MITARBEITEN	37	50	37	44	36	26	48	39	50	36	55	30	29	36	45
MITARBEIT IN EINER BUERGERINITIATIVE	52	70	53	64	45	38	65	54	68	45	43	51	32	50	67
TEILNAHME AN EINER GENEHMIGTEN DEMONSTRATION	41	72	42	47	31	25	75	43	47	30	50	38	23	36	60
TEILNAHME AN EINER VERBOTENEN DEMONSTRATION	10	29	9	7	6	11	32	8	13	5	19	11	5	7	18
UNTERSCHRIFTEN SAMMELN	58	78	59	52	50	55	77	59	55	52	55	57	40	56	72
SICH AN VERSAMMLUNGEN/ OEFFENTLICHEN DISKUSSIONEN BETEILIGEN	53	72	51	57	51	47	71	52	59	51	69	49	38	51	65
BETEILIGUNG AN WILDEN STREIKS	8	20	9	2	5	3	26	8	4	4	29	6	4	6	14
HAUSBESETZUNG, BESETZUNG VON FABRIKEN UND AEMTERN	7	20	7	5	3	5	25	6	4	3	19	7	3	5	11
BEI EINER DEMONSTRATION MAL RICHTIG KRACH SCHLAGEN, AUCH WENN DABEI EINIGES ZU BRUCH GEHT	5	11	3	3	5	6	14	3	7	4	12	5	4	4	5
FUER RUHE UND ORDNUNG KAEMPFEN, AUCH WENN ANDERE MITBUERGER DADURCH ZU SCHADEN KOMMEN	6	5	7	1	6	6	5	7	1	5	14	6	4	6	5
DEM EIGENEN STANDPUNKT NACHDRUCK VERLEIHEN, AUCH WENN ES DABEI ZU EINER DIREKTEN KONFRONTATION MIT DER POLIZEI, MIT DER STAATSGEWALT KOMMT	10	19	10	8	9	5	21	9	14	8	19	9	8	8	14
FUER EINE SACHE KAEMPFEN, AUCH WENN DAZU GEWALT GEGEN POLITISCH VERANTWORTLICHE NOTWENDIG IST	5	9	5	4	4	4	11	5	4	3	14	5	4	5	7
NICHTS DAVON	5	2	6	4	6	6	2	4	1	6	9	7	8	6	3
KEINE ANGABE	2	1	2	1	4	2	2	2	1	4	-	2	6	2	1
SUMME	379	545	381	384	342	319	560	383	420	334	476	362	283	358	472
BASIS (=100%)	2012	216	883	107	494	185	147	674	61	514	19	592	255	1099	554

E M N I D - INSTITUT, BIELEFELD   BEFRAGUNGSZEITRAUM: 23.01. - 23.02.1989

0149

252 6. Anhang

TABELLE 9 : IN FRAGE KOMMENDE MOEGLICHKEITEN ZUR POLITISCHEN EINFLUSSNAHME

FRAGE : WENN SIE POLITISCH IN EINER SACHE, DIE IHNEN WICHTIG IST, EINFLUSS NEHMEN, IHREN
STANDPUNKT ZUR GELTUNG BRINGEN WOLLEN: WELCHE DER MOEGLICHKEITEN AUF DIESEN KARTEN
WUERDEN SIE DANN NUTZEN, WAS DAVON KOMMT FUER SIE IN FRAGE? LEGEN SIE BITTE DIE
ENTSPRECHENDEN KAERTCHEN HINAUS.

GESTELLT AN : ALLE BEFRAGTEN

	TOTAL	LINKS/RECHTS SELBSTEINSTUFUNG			POLITISCHE ORIENTIERUNG							
		LINKS	MITTE	RECHTS	MAT. LINKS	MAT. MITTE	MAT. RECHTS	GEM. LINKS	GEM. MITTE	GEM. MITTE RECHTS	POST-MAT. LINKS	POST-MAT. MITTE	POST-MAT. RECHTS
	%	%	%	%	%	%	%	%	%	%	%	%	%
SICH AN WAHLEN BETEILIGEN	81 37	84 45	84 38	77 34	77 36	79 27	64 26	83 39	82 38	82 35	88 52	93 44	76 34
IN IRGENDEINE PARTEI EINTRETEN, AKTIV MITARBEITEN	52	62	54	44	48	40	15	55	53	48	73	66	62
MITARBEIT IN EINER BUERGERINITIATIVE	41	59	40	28	26	32	12	44	38	28	79	52	41
TEILNAHME AN EINER GENEHMIGTEN DEMONSTRATION	10	16	10	6	11	6	1	5	8	6	26	15	9
TEILNAHME AN EINER VERBOTENEN DEMONSTRATION	58 53	68 65	58 52	51 49	41 49	45 45	28 26	61 58	56 51	53 51	80 76	67 58	66 66
UNTERSCHRIFTEN SAMMELN													
SICH IN VERSAMMLUNGEN AN OEFFENTLICHEN DISKUSSIONEN BETEILIGEN	8	15	5	4	3	3	1	9	5	3	21	8	9
BETEILIGUNG AN WILDEN STREIKS	7	12	6	3	4	4	-	6	5	4	15	8	5
HAUSBESETZUNG, BESETZUNG VON FABRIKEN UND AEMTERN	5	6	4	4	9	3	3	4	3	4	6	6	3
BEI EINER DEMONSTRATION MAL RICHTIG KRACH SCHLAGEN, AUCH WENN DABEI EINIGES ZU BRUCH GEHT	6	6	6	4	3	4	4	6	7	4	5	4	5
FUER RUHE UND ORDNUNG KAEMPFEN, AUCH WENN ANDERE MITBUERGER DADURCH ZU SCHADEN KOMMEN	10	14	10	7	19	9	1	10	9	7	17	13	11
DEM EIGENEN STANDPUNKT NACHDRUCK VERLEIHEN, AUCH WENN ES DABEI ZU EINER DIREKTEN KONFRONTATION MIT DER POLIZEI, MIT DER STAATSGEWALT KOMMT	5	6	6	4	7	5	1	3	6	3	7	6	9
FUER EINE SACHE KAEMPFEN, AUCH WENN DAZU GEWALT GEGEN POLITISCH VERANTWORTLICHE NOTWENDIG IST													
NICHTS DAVON	5	3	5	8	4	11	10	3	5	7	1	*	9
KEINE ANGABE	2	1	1	5	-	2	17	3	1	3	*	1	1
S U M M E	379	460	378	328	339	315	208	392	367	338	547	441	409
B A S I S (=100%)	2012	499	765	469	43	99	76	201	455	305	235	183	74

E M N I D – INSTITUT, BIELEFELD BEFRAGUNGSZEITRAUM: 23.01. – 23.02. 1989

0150

6.4 Standardtabellen   253

TABELLE 10 : BEI ERFOLGLOSIGKEIT IN FRAGE KOMMENDE MOEGLICHKEITEN ZUR POLITISCHEN EINFLUSSNAHME
FRAGE   : UND WENN NUN DIE VON IHNEN ANGEGEBENEN MASSNAHMEN UND AKTIONEN NICHTS HELFEN, WENN
              DER STAAT UND DIE BEHOERDEN EINFACH TAUB BLEIBEN UND AUF NICHTS EINGEHEN, WELCHE
              MOEGLICHKEITEN KOMEN DANN FUER SIE IN FRAGE? SEHEN SIE SICH DIESE KARTEN NOCH
              EINMAL DURCH UND GEBEN SIE MIR NOCHMALS ALLES AN, WAS IN DIESER SITUATION FUER SIE
              IN FRAGE KOMMT.

GESTELLT AN : BEFR., DIE DAS JEWEILIGE KAERTCHEN IN FR. 166-179 NICHT HERAUSGELEGT HABEN
ANTWORTEN   : VORGEGEBEN

	TOTAL	ALTER							BILDUNG			GESCHLECHT	
		14-17 JAHRE	18-21 JAHRE	22-30 JAHRE	31-45 JAHRE	46-65 JAHRE	66+ JAHRE		NIEDRIG	MITTEL	HOCH	M	W
	%	%	%	%	%	%	%		%	%	%	%	%
SICH AN WAHLEN BETEILIGEN	3	1	3	5	3	2	2		2	5	4	2	3
IN IRGENDEINE PARTEI EINTRETEN, AKTIV MITARBEITEN	18	8	22	21	21	16	17		18	18	21	18	19
MITARBEIT IN EINER BUERGERINITIATIVE	20	30	21	21	16	21	18		20	21	16	21	19
TEILNAHME AN EINER GENEHMIGTEN DEMONSTRATION	20	13	18	20	20	22	23		21	22	19	21	20
TEILNAHME AN EINER VERBOTENEN DEMONSTRATION	19	23	25	21	20	15	16		15	22	23	23	15
UNTERSCHRIFTEN SAMMELN	15	13	13	15	16	16	14		16	16	12	16	14
SICH IN VERSAMMLUNGEN AN OEFFENTLICHEN DISKUSSIONEN BETEILIGEN	14	21	14	15	13	12	14		13	13	14	14	13
BETEILIGUNG AN WILDEN STREIKS	15	13	21	18	16	12	11		13	18	16	18	12
HAUSBESETZUNG, BESETZUNG VON FABRIKEN UND AEMTERN	16	24	24	20	15	12	9		12	18	19	18	13
BEI EINER DEMONSTRATION MAL RICHTIG KRACH SCHLAGEN, AUCH WENN DABEI EINIGES ZU BRUCH GEHT	9	8	9	11	9	8	8		7	11	9	10	8
FUER RUHE UND ORDNUNG KAEMPFEN, AUCH WENN ANDERE MITBUERGER DADURCH ZU SCHADEN KOMMEN	9	17	6	9	10	8	6		8	10	7	10	7
DEM EIGENEN STANDPUNKT NACHDRUCK VERLEIHEN, AUCH WENN ES DABEI ZU EINER DIREKTEN KONFRONTATION MIT DER POLIZEI, MIT DER STAATSGEWALT KOMMT	14	12	16	17	15	12	11		10	18	18	17	11
FUER EINE SACHE KAEMPFEN, AUCH WENN DAZU GEWALT GEGEN POLITISCH VERANTWORTLICHE NOTWENDIG IST	12	10	12	17	13	11	6		12	11	16	13	11
NICHTS DAVON	37	37	25	34	37	39	44		41	35	32	32	42
KEINE ANGABE	2	-	2	1	2	1	1		2	1	1	1	2
SUMME	221	229	230	243	226	208	201		208	238	227	234	210
BASIS (=100%)	2012	107	154	363	584	582	222		984	489	378	972	1040

E M N I D - INSTITUT, BIELEFELD   BEFRAGUNGSZEITRAUM: 23.01. - 23.02. 1989

TABELLE 10 : BEI ERFOLGLOSIGKEIT IN FRAGE KOMMENDE MOEGLICHKEITEN ZUR POLITISCHEN EINFLUSSNAHME
FRAGE : UND WENN NUN DIE VON IHNEN ANGEGEBENEN MASSNAHMEN UND AKTIONEN NICHTS HELFEN, WENN
        DER STAAT UND DIE BEHOERDEN EINFACH TAUB BLEIBEN UND AUF NICHTS EINGEHEN, WELCHE
        MOEGLICHKEITEN KOMMEN DANN FUER SIE IN FRAGE? SEHEN SIE SICH DIESE KARTEN NOCH
        EINMAL DURCH UND GEBEN SIE MIR NOCHMALS ALLES AN, WAS IN DIESER SITUATION FUER SIE
        IN FRAGE KOMMT.

GESTELLT AN   :
ANTWORTEN   : BEFR.: DIE DAS JEWEILIGE KAERTCHEN IN FR. 166-179 NICHT HERAUSGELEGT HABEN

	TOTAL	KIRCHGANG			RELIGION + KIRCHGANG						POLIT. INTERESSE		
		HAEUF.	MANCH-MAL	SELTEN NIE	EVANG. HAEUF.	EVANG. MANCH-MAL	EVANG. SELTEN NIE	KATH. HAEUF.	KATH. MANCH-MAL	KATH. SELTEN NIE	SEHR INT.	ZIEML. INT.	NICHT INT.
	%	%	%	%	%	%	%	%	%	%	%	%	%
SICH AN WAHLEN BETEILIGEN	3	2	2	4	4	4	1	1	4	5	2	2	4
IN IRGENDEINE PARTEI EINTRETEN, AKTIV MITARBEITEN	18	16	18	19	11	20	19	16	17	18	16	18	20
MITARBEIT IN EINER BUERGERINITIATIVE	20	15	22	20	14	22	21	18	23	20	17	20	21
TEILNAHME AN EINER GENEHMIGTEN DEMONSTRATION	20	23	22	19	18	24	24	27	18	12	14	21	22
TEILNAHME AN EINER VERBOTENEN DEMONSTRATION	19	14	20	19	6	18	23	16	16	22	20	23	14
UNTERSCHRIFTEN SAMMELN	15	15	17	14	9	15	17	17	17	14	10	16	16
SICH IN VERSAMMLUNGEN AN OEFFENTLICHEN DISKUSSIONEN BETEILIGEN	14	10	15	14	12	13	14	10	16	17	9	14	15
BETEILIGUNG AN WILDEN STREIKS	15	16	13	16	17	15	15	17	12	15	17	17	12
HAUSBESETZUNG, BESETZUNG VON FABRIKEN UND AEMTERN	16	15	15	16	13	15	15	17	14	20	16	18	13
BEI EINER DEMONSTRATION MAL RICHTIG KRACH SCHLAGEN, AUCH WENN DABEI EINIGES ZU BRUCH GEHT	9	9	10	8	5	12	9	10	7	8	9	10	7
FUER RUHE UND ORDNUNG KAEMPFEN, AUCH WENN ANDERE MITBUERGER DADURCH ZU SCHADEN KOMMEN	9	10	8	9	5	8	8	11	7	10	8	10	8
DEM EIGENEN STANDPUNKT NACHDRUCK VERLEIHEN, AUCH WENN ES DABEI ZU EINER DIREKTEN KONFRONTATION MIT DER POLIZEI, MIT DER STAATSGEWALT KOMMT	14	12	13	15	5	13	15	15	13	13	15	17	10
FUER EINE SACHE KAEMPFEN, AUCH WENN DAZU GEWALT GEGEN POLITISCH VERANTWORTLICHE NOTWENDIG IST	12	13	11	13	16	10	11	13	11	14	12	14	10
NICHTS DAVON	37	44	34	37	53	34	36	41	36	35	35	33	42
KEINE ANGABE	2	1	2	1	-	1	1	1	4	1	1	1	2
S U M M E	221	217	223	222	189	226	226	230	215	226	203	233	216
B A S I S (=100%)	2012	253	683	1063	42	325	559	185	303	288	327	893	781

E M N I D - INSTITUT, BIELEFELD   BEFRAGUNGSZEITRAUM: 23.01. - 23.02. 1989

6.4 Standardtabellen   255

```
TABELLE 10  : BEI ERFOLGLOSIGKEIT IN FRAGE KOMMENDE MOEGLICHKEITEN ZUR POLITISCHEN EINFLUSSNAHME
FRAGE       : UND WENN NUN DIE VON IHNEN ANGEGEBENEN MASSNAHMEN UND AKTIONEN NICHTS HELFEN, WENN
              DER STAAT UND DIE BEHOERDEN EINFACH TAUB BLEIBEN UND AUF NICHTS EINGEHEN, WELCHE
              MOEGLICHKEITEN KOMMEN DANN FUER SIE IN FRAGE? SEHEN SIE SICH DIESE KARTEN NOCH
              EINMAL DURCH UND GEBEN SIE MIR NOCHMALS ALLES AN, WAS IN DIESER SITUATION FUER SIE
              IN FRAGE KOMMT.

GESTELLT AN : BEFR., DIE DAS JEWEILIGE KAERTCHEN IN FR. 166-179 NICHT HERAUSGELEGT HABEN
ANTWORTEN   : VORGEGEBEN
```

	TOTAL	PARTEIENPRAEFERENZ RANG 1					PARTEIIDENTIFIKATION					MAT./ POSTMAT. INDEX		
		GRUENE	SPD	FDP	CDU	CSU	GRUENE	SPD	FDP	CDU/CSU	ANDERE	KEINE	MAT.	GEM.	POST-MAT.
	%	%	%	%	%	%	%	%	%	%	%	%	%	%	%
SICH AN WAHLEN BETEILIGEN	3/18	2/16	3/19	3/16	3/15	*24	2/21	2/19	2/16	1/16	-/5	5/20	3/12	3/20	2/20
IN IRGENDEINE PARTEI EINTRETEN, AKTIV MITARBEITEN	20	23	19	15	21	22	28	20	11	20	12	18	18	21	20
MITARBEIT IN EINER BUERGER-INITIATIVE	20	13	21	16	21	30	13	21	14	23	5	20	16	23	17
TEILNAHME AN EINER GENEHMIGTEN DEMONSTRATION	19	29	21	17	13	13	29	22	17	14	24	17	12	17	27
TEILNAHME AN EINER UNTERSCHRIFTEN DEMONSTRATION	15/14	11/12	14/14	21/14	19/14	15/9	14/14	15/15	21/12	16/13	-/7	15/13	15/10	17/14	13/14
SICH IN VERSAMMLUNGEN AN OEFFENTLICHEN DISKUSSIONEN BETEILIGEN	15	23	16	13	10	14	23	17	12	9	12	15	12	12	21
BETEILIGUNG AN WILDEN STREIKS	16	33	17	10	10	10	34	18	12	8	14	15	10	13	24
HAUSBESETZUNG, BESETZUNG VON FABRIKEN UND AEMTERN	9	9	10	8	7	8	7	11	7	6	24	10	10	8	9
BEI EINER DEMONSTRATION MAL RICHTIG KRACH SCHLAGEN, AUCH WENN DABEI EINIGES ZU BRUCH GEHT	9	10	9	10	7	9	10	10	13	5	19	9	9	9	8
FUER RUHE UND ORDNUNG KAEMPFEN, AUCH WENN ANDERE MITBUERGER DADURCH ZU SCHADEN KOMMEN	14	21	14	16	9	16	24	14	13	10	17	14	10	11	21
DEM EIGENEN STANDPUNKT NACHDRUCK VERLEIHEN, AUCH WENN ES DABEI ZU EINER DIREKTEN KONFRONTATION MIT DER POLIZEI, MIT DER STAATSGEWALT KOMMT	12	21	13	14	7	13	21	13	13	7	19	13	9	11	15
FUER EINE SACHE KAEMPFEN, AUCH WENN DAZU GEWALT GEGEN POLITISCH VERANTWORTLICHE NOTWENDIG IST	37	26	37	33	40	38	25	35	36	40	50	39	47	37	30
NICHTS DAVON	2	1	1	*	3	1	1	1	-	4	-	1	5	1	*
KEINE ANGABE															
S U M M E	221	251	227	207	202	224	265	234	199	192	207	225	198	216	241
B A S I S (=100%)	2012	216	883	107	494	185	147	674	61	514	19	592	255	1099	554

E M N I D - INSTITUT, BIELEFELD   BEFRAGUNGSZEITRAUM: 23.01. - 23.02. 1989

TABELLE 10 : BEI ERFOLGLOSIGKEIT IN FRAGE KOMMENDE MOEGLICHKEITEN ZUR POLITISCHEN EINFLUSSNAHME
FRAGE   : UND WENN NUN DIE VON IHNEN ANGEGEBENEN MASSNAHMEN UND AKTIONEN NICHTS HELFEN, WENN
           DER STAAT UND DIE BEHOERDEN EINFACH TAUB BLEIBEN UND AUF NICHTS EINGEHEN; WELCHE
           MOEGLICHKEITEN KOMMEN DANN FUER SIE IN FRAGE? SEHEN SIE SICH DIESE KARTEN NOCH
           EINMAL DURCH UND GEBEN SIE MIR NOCHMALS ALLES AN, WAS IN DIESER SITUATION FUER SIE
           IN FRAGE KOMMT.

GESTELLT AN : BEFR., DIE DAS JEWEILIGE KAERTCHEN IN FR. 166-179 NICHT HERAUSGELEGT HABEN
ANTWORTEN   : VORGEGEBEN

	TOTAL	LINKS/RECHTS - SELBSTEINSTUFUNG					POLITISCHE ORIENTIERUNG					
		LINKS %	MITTE %	RECHTS %	MAT. LINKS %	MAT. MITTE %	MAT. RECHTS %	GEM. LINKS %	GEM. MITTE %	GEM. RECHTS %	POST-MAT. LINKS %	POST-MAT. MITTE %	POST-MAT. RECHTS %
	%												
SICH AN WAHLEN BETEILIGEN IN IRGENDEINER PARTEI EIN-TRETEN, AKTIV MITARBEITEN	3 18	3 18	3 19	1 18	15 9	2 15	- 9	1 19	4 20	1 18	1 17	1 18	1 32
INITIATIVE IN EINER BUERGER-INITIATIVE	20	19	19	23	20	14	23	19	20	24	19	19	21
TEILNAHME AN EINER GENEHMIGTEN DEMONSTRATION	20	17	21	23	31	8	24	22	24	24	10	22	20
TEILNAHME AN EINER VERBOTENEN DEMONSTRATION	19	28	17	15	25	13	7	24	15	15	31	24	17
UNTERSCHRIFTEN SAMMELN SICH IN VERSAMMLUNGEN AN OEFFENTLICHEN DISKUSSIONEN BETEILIGEN	15 14	12 14	18 15	14 10	16 15	12 8	21 12	14 14	21 15	14 11	10 12	17 17	13 13
BETEILIGUNG AN WILDEN STREIKS	15	23	13	10	38	8	5	17	13	10	26	17	15
HAUSBESETZUNG, BESETZUNG VON FABRIKEN UND AEMTERN	16	25	14	9	27	9	2	19	13	8	31	18	19
BEI EINER DEMONSTRATION MAL RICHTIG KRACH SCHLAGEN, AUCH WENN DABEI EINIGES ZU BRUCH GEHT	9	11	8	7	23	11	5	11	8	7	7	7	9
FUER RUHE UND ORDNUNG KAEMPFEN, AUCH WENN ANDERE MITBUERGER DADURCH ZU SCHADEN KOMMEN	9	10	8	8	24	8	7	12	8	8	5	8	8
DEM EIGENEN STANDPUNKT NACHDRUCK VERLEIHEN, AUCH WENN ES DABEI ZU EINER DIREKTEN KONFRONTATION MIT DER POLIZEI, MIT DER STAATSGEWALT KOMMT	14	19	12	10	26	9	6	13	11	8	24	16	23
FUER EINE SACHE KAEMPFEN, AUCH WENN DAZU GEWALT GEGEN POLITISCH VERANTWORTLICHE NOTWENDIG IST	12	18	10	9	25	7	6	13	11	10	20	9	7
NICHTS DAVON	37	33	37	38	43	53	33	36	35	40	29	31	35
KEINE ANGABE	2	2	*	4	-	*	16	1	*	2	-	*	1
S U M M E	221	250	215	200	338	178	176	236	218	200	242	224	223
B A S I S (=100%)	2012	499	765	469	43	99	76	201	455	305	235	183	74

E M N I D – INSTITUT, BIELEFELD   BEFRAGUNGSZEITRAUM: 23.01. – 23.02. 1989

6.4 Standardtabellen

TABELLE 11 : EISHER SELBST ANGEWANDTE MOEGLICHKEITEN, UM POLITISCH EINFLUSS ZU NEHMEN
FRAGE : WAS DAVON HABEN SIE SELBST SCHON GEMACHT, WORAN WAREN SIE SCHON EINMAL BETEILIGT?
GESTELLT AN : ALLE BEFRAGTEN
ANTWORTEN : VORGEGEBEN

	TOTAL	ALTER						BILDUNG			GESCHLECHT	
		14-17 JAHRE	18-21 JAHRE	22-30 JAHRE	31-45 JAHRE	46-65 JAHRE	66+ JAHRE	NIEDRIG	MITTEL	HOCH	M	W
	%	%	%	%	%	%	%	%	%	%	%	%
SICH AN WAHLEN BETEILIGEN	68	9	46	69	73	77	69	71	69	74	70	65
IN IRGENDEINE PARTEI EINTRETEN, AKTIV MITARBEITEN	9	4	2	7	9	11	10	7	12	12	12	6
MITARBEIT IN EINER BUERGERINITIATIVE	13	5	13	13	14	13	12	9	14	22	14	11
TEILNAHME AN EINER GENEHMIGTEN DEMONSTRATION	14	13	21	24	13	9	9	7	17	30	18	10
TEILNAHME AN EINER VERBOTENEN DEMONSTRATION	3	5	6	6	2	1	3	2	2	8	4	3
UNTERSCHRIFTEN SAMMELN	24	19	20	24	25	25	19	17	29	35	26	21
SICH IN VERSAMMLUNGEN AN OEFFENTLICHEN DISKUSSIONEN BETEILIGEN	23	12	17	20	25	26	19	17	30	32	31	15
BETEILIGUNG AN WILDEN STREIKS	1	1	1	3	1	*	2	1	1	4	1	1
HAUSBESETZUNG, BESETZUNG VON FABRIKEN UND AEMTERN	1	3	2	3	1	1	*	1	1	4	2	1
BEI EINER DEMONSTRATION MAL RICHTIG KRACH SCHLAGEN, AUCH WENN DABEI EINIGES ZU BRUCH GEHT	1	*	–	2	2	*	*	1	2	2	2	1
FUER RUHE UND ORDNUNG KAEMPFEN, AUCH WENN ANDERE MITBUERGER DADURCH ZU SCHADEN KOMMEN	1	*	1	1	1	1	1	1	1	1	1	1
DEM EIGENEN STANDPUNKT NACHDRUCK VERLEIHEN, AUCH WENN ES DABEI ZU EINER DIREKTEN KONFRONTATION MIT DER POLIZEI, MIT DER STAATSGEWALT KOMMT	2	1	2	4	2	2	2	1	1	6	3	1
FUER EINE SACHE KAEMPFEN, AUCH WENN DAZU GEWALT GEGEN POLITISCH VERANTWORTLICHE NOTWENDIG IST	1	3	–	1	1	*	*	1	1	1	1	*
NICHTS DAVON	21	62	30	19	17	16	23	22	17	13	18	24
KEINE ANGABE	*	–	2	*	*	*	1	*	*	1	*	1
S U M M E	182	139	161	198	187	184	171	156	196	247	204	161
B A S I S (=100%)	2012	107	154	363	584	582	222	984	489	378	972	1040

E M N I D - INSTITUT, BIELEFELD   BEFRAGUNGSZEITRAUM: 23.01. - 23.02. 1989

0157

TABELLE 11 : BISHER SELBST ANGEWANDTE MOEGLICHKEITEN, UM POLITISCH EINFLUSS ZU NEHMEN
FRAGE : WAS DAVON HABEN SIE SELBST SCHON GEMACHT, WORAN WAREN SIE SCHON EINMAL BETEILIGT?
GESTELLT AN : ALLE BEFRAGTEN
ANTWORTEN : VORGEGEBEN

	TOTAL	KIRCHGANG			RELIGION + KIRCHGANG						POLIT. INTERESSE		
		HAEUF. MAL	MANCH- MAL	SELTEN NIE	EVANG. HAEUF.	EVANG. MANCH-MAL	EVANG. SELTEN-NIE	KATH. HAEUF.	KATH. MANCH-MAL	KATH. SELTEN-NIE	SEHR INT.	ZIEML. INT.	NICHT INT.
	%	%	%	%	%	%	%	%	%	%	%	%	%
SICH AN WAHLEN BETEILIGEN	68	71	72	64	61	67	64	73	78	60	83	70	59
IN IRGENDEINE PARTEI EINTRETEN, AKTIV MITARBEITEN	9	13	8	8	8	8	7	15	6	6	20	9	3
MITARBEIT IN EINER BUERGERINITIATIVE	13	15	11	13	14	10	12	17	11	11	22	15	7
TEILNAHME AN EINER GENEHMIGTEN DEMONSTRATION	14	12	10	17	8	10	15	14	10	12	27	15	8
TEILNAHME AN EINER VERBOTENEN DEMONSTRATION	3	2	3	4	3	4	2	2	3	3	5	3	3
UNTERSCHRIFTEN SAMMELN	24	25	21	25	34	22	24	24	19	23	37	28	12
SICH IN VERSAMMLUNGEN AN OEFFENTLICHEN DISKUSSIONEN BETEILIGEN	23	25	20	24	17	21	21	28	18	20	43	27	9
BETEILIGUNG AN WILDEN STREIKS	1	2	1	2	-	1	1	2	1	2	1	2	1
HAUSBESETZUNG, BESETZUNG VON FABRIKEN UND AEMTERN	1	3	1	2	5	1	1	3	*	1	2	2	1
BEI EINER DEMONSTRATION MAL RICHTIG KRACH SCHLAGEN, AUCH WENN DABEI EINIGES ZU BRUCH GEHT	1	*	1	1	-	1	-	*	2	1	1	1	1
FUER RUHE UND ORDNUNG KAEMPFEN, AUCH WENN ANDERE MITBUERGER DADURCH ZU SCHADEN KOMMEN	1	*	1	1	2	*	1	-	1	-	1	1	1
DEM EIGENEN STANDPUNKT NACHDRUCK VERLEIHEN, AUCH WENN ES DABEI ZU EINER DIREKTEN KONFRONTATION MIT DER POLIZEI, MIT DER STAATSGEWALT KOMMT	2	4	2	2	3	2	2	4	2	2	4	2	2
FUER EINE SACHE KAEMPFEN, AUCH WENN DAZU GEWALT GEGEN POLITISCH VERANTWORTLICHE NOTWENDIG IST	1	*	*	1	2	2	1	-	*	1	2	1	1
NICHTS DAVON	21	19	18	24	37	20	24	15	15	28	10	17	31
KEINE ANGABE	*	*	*	1	-	*	1	*	*	1	*	1	*
SUMME	182	192	170	187	195	167	174	198	167	171	258	193	138
BASIS (=100%)	2012	253	683	1063	42	325	559	185	303	288	327	893	781

EMNID-INSTITUT, BIELEFELD   BEFRAGUNGSZEITRAUM: 23.01. - 23.02. 1989

6.4 Standardtabellen

TABELLE 11 : BISHER SELBST ANGEWANDTE MOEGLICHKEITEN, UM POLITISCH EINFLUSS ZU NEHMEN
FRAGE   : WAS DAVON HABEN SIE SELBST SCHON GEMACHT, WORAN WAREN SIE SCHON EINMAL BETEILIGT?
GESTELLT AN : ALLE BEFRAGTEN
ANTWORTEN : VORGEGEBEN

	TOTAL	PARTEIENPRAEFERENZ RANG 1					PARTEIIDENTIFIKATION					MAT./ POSTMAT. INDEX		
		GRUENE	SPD	FDP	CDU	CSU	GRUENE	SPD	FDP	CDU/CSU	ANDERE	KEINE	MAT.	GEM.	POST-MAT.
	%	%	%	%	%	%	%	%	%	%	%	%	%	%	%
SICH AN WAHLEN BETEILIGEN	68 / 9	59 / 8	68 / 9	70 / 9	72 / 9	75 / 12	62 / 7	72 / 11	74 / 13	76 / 10	83 / 17	57 / 4	70 / 6	68 / 9	72 / 9
IN IRGENDEINE PARTEI EINTRETEN, AKTIV MITARBEITEN	13	24	12	21	9	12	26	13	21	11	19	10	5	12	20
MITARBEIT IN EINER BUERGERINITIATIVE	14	40	15	14	6	6	44	15	19	6	29	12	7	9	27
TEILNAHME AN EINER GENEHMIGTEN DEMONSTRATION	3	10	3	3	2	2	13	3	6	2	2	3	1	2	6
TEILNAHME AN EINER UNTERSCHRIFTEN SAMMELN AN OEFFENTLICHEN DISKUSSIONEN BETEILIGEN	24 / 23	33 / 28	25 / 24	24 / 24	20 / 21	22 / 24	34 / 29	26 / 27	35 / 33	23 / 22	31 / 38	18 / 15	15 / 14	22 / 21	32 / 31
BETEILIGUNG AN WILDEN STREIKS	1	3	2	*	1	*	3	1	1	1	2	1	1	1	2
HAUSBESETZUNG, BESETZUNG VON FABRIKEN UND AEMTERN	1	5	1	*	1	1	7	1	1	*	7	2	1	1	2
BEI EINER DEMONSTRATION MAL RICHTIG KRACH SCHLAGEN, AUCH WENN DABEI EINIGES ZU BRUCH GEHT	1	1	2	1	1	*	*	1	2	1	-	1	-	1	1
FUER RUHE UND ORDNUNG KAEMPFEN, AUCH WENN ANDERE MITBUERGER DADURCH ZU SCHADEN KOMMEN	1	1	1	2	*	1	2	1	1	*	-	1	-	1	1
DEM EIGENEN STANDPUNKT NACHDRUCK VERLEIHEN, AUCH WENN ES DABEI ZU EINER DIREKTEN KONFRONTATION MIT DER POLIZEI, MIT DER STAATSGEWALT KOMMT	2	6	2	3	2	2	6	2	3	2	9	2	1	2	5
FUER EINE SACHE KAEMPFEN, AUCH WENN DAZU GEWALT GEGEN POLITISCH VERANTWORTLICHE NOTWENDIG IST	1	*	1	*	1	2	1	1	1	1	-	1	*	1	*
NICHTS DAVON	21	22	21	17	19	19	21	17	7	18	17	30	22	22	16
KEINE ANGABE	*	1	-	*	*	-	1	-	-	1	-	1	-	*	*
S U M M E	182	241	184	191	164	178	257	190	217	172	255	157	142	172	224
B A S I S (=100%)	2012	216	883	107	494	185	147	674	61	514	19	592	255	1099	554

E M N I D - INSTITUT, BIELEFELD   BEFRAGUNGSZEITRAUM: 23.01. - 23.02. 1989

TABELLE 11 : BISHER SELBST ANGEWANDTE MOEGLICHKEITEN, UM POLITISCH EINFLUSS ZU NEHMEN
FRAGE : WAS DAVON HABEN SIE SELBST SCHON GEMACHT, WORAN WAREN SIE SCHON EINMAL BETEILIGT?
GESTELLT AN : ALLE BEFRAGTEN
ANTWORTEN : VORGEGEBEN

	TOTAL	LINKS/RECHTS - SELBSTEINSTUFUNG			POLITISCHE ORIENTIERUNG							
		LINKS	MITTE	RECHTS	MAT. LINKS	MAT. MITTE	MAT. RECHTS	GEM. LINKS	GEM. MITTE	GEM. RECHTS	POST-MAT. LINKS	POST-MAT. MITTE	POST-MAT. RECHTS
	%	%	%	%	%	%	%	%	%	%	%	%	%
SICH AN WAHLEN BETEILIGEN	68	73	68	71	71	65	80	69	70	70	81	70	68
IN IRGENDEINE PARTEI EINTRETEN, AKTIV MITARBEITEN	9	13	6	11	3	8	7	16	7	11	13	3	13
MITARBEIT IN EINER BUERGERINITIATIVE	13	20	11	12	6	9	4	13	11	14	29	13	10
TEILNAHME AN EINER GENEHMIGTEN DEMONSTRATION	14	28	11	6	7	10	2	18	9	6	41	18	7
TEILNAHME AN EINER VERBOTENEN DEMONSTRATION	3	6	3	2	1	-	1	2	2	2	10	4	5
UNTERSCHRIFTEN SAMMELN	24	35	21	22	27	12	15	30	21	23	42	26	22
SICH IN VERSAMMLUNGEN AN OEFFENTLICHEN DISKUSSIONEN BETEILIGEN	23	33	22	22	22	14	11	29	23	19	40	21	42
BETEILIGUNG AN WILDEN STREIKS	1	2	1	1	1	*	-	2	1	1	3	1	-
HAUSBESETZUNG, BESETZUNG VON FABRIKEN UND AEMTERN	1	3	1	1	2	-	1	1	1	1	4	1	1
BEI EINER DEMONSTRATION MAL RICHTIG KRACH SCHLAGEN, AUCH WENN DABEI EINIGES ZU BRUCH GEHT	1	1	1	1	-	-	-	1	2	1	1	1	1
FUER RUHE UND ORDNUNG KAEMPFEN, AUCH WENN ANDERE MITBUERGER DADURCH ZU SCHADEN KOMMEN	1	1	1	*	-	*	-	2	1	*	1	1	1
DEM EIGENEN STANDPUNKT NACHDRUCK VERLEIHEN, AUCH WENN ES DABEI ZU EINER DIREKTEN KONFRONTATION MIT DER POLIZEI, MIT DER STAATSGEWALT KOMMT	2	4	2	2	3	-	1	2	1	2	5	3	4
FUER EINE SACHE KAEMPFEN, AUCH WENN DAZU GEWALT GEGEN POLITISCH VERANTWORTLICHE NOTWENDIG IST	1	1	*	*	-	*	-	2	*	1	1	*	-
NICHTS DAVON	21	14	21	19	13	26	14	16	21	20	9	19	20
KEINE ANGABE	*	*	*	*	-	-	-	1	*	1	-	*	-
S U M M E	182	234	170	171	156	144	137	204	170	173	279	184	193
B A S I S (=100%)	2012	499	765	469	43	99	76	201	455	305	235	183	74

E M N I D - INSTITUT, BIELEFELD   BEFRAGUNGSZEITRAUM: 23.01. - 23.02. 1989

6.4 Standardtabellen

TABELLE 12 : EINSTELLUNG GEGENUEBER VERSCHIEDENEN GRUPPEN UND BEWEGUNGEN

FRAGE : ICH NENNE IHNEN EINIGE GRUPPEN UND BEWEGUNGEN, WELCHE DIE UNTERSTUETZUNG DER OEFFENTLICHKEIT SUCHEN. KOENNEN SIE MIR BITTE, FUER JEDE DIESER GRUPPEN BZW. BEWEGUNGEN SAGEN, OB SIE IHR SEHR POSITIV, POSITIV, NEUTRAL, NEGATIV ODER SEHR NEGATIV GEGENUEBERSTEHEN.

GESTELLT AN : ALLE BEFRAGTEN

	TOTAL	ALTER						BILDUNG			GESCHLECHT	
		14-17 JAHRE	18-21 JAHRE	22-30 JAHRE	31-45 JAHRE	46-65 JAHRE	66+ JAHRE	NIEDRIG	MITTEL	HOCH	M	W
	%	%	%	%	%	%	%	%	%	%	%	%

ANTI-KERNKRAFT-BEWEGUNG

SEHR POSITIV (1)	22	41	33	29	20	17	18	17	19	33	20	25
POSITIV (2)	35	31	35	38	37	35	24	36	35	32	33	36
NEUTRAL (3)	30	18	27	24	31	31	37	32	33	25	32	27
NEGATIV (4)	11	6	5	8	11	12	18	13	10	9	11	11
SEHR NEGATIV (5)	2	5	-	*	2	4	2	3	1	2	3	1
DURCHSCHNITT (1-5)	2.38	2.03	2.04	2.15	2.39	2.55	2.68	2.48	2.44	2.17	2.46	2.30
KEINE ANGABE	*	-	-	*	*	*	1	*	1	-	*	*
S U M M E	100	100	100	100	100	100	100	100	100	100	100	100

FRIEDENS-BEWEGUNG

SEHR POSITIV (1)	32	47	48	38	31	24	26	27	29	44	28	35
POSITIV (2)	37	34	34	35	39	38	34	39	37	30	38	36
NEUTRAL (3)	23	15	17	22	21	26	28	25	24	20	25	22
NEGATIV (4)	7	3	1	5	7	9	10	8	8	5	7	6
SEHR NEGATIV (5)	1	1	-	*	2	2	1	1	1	2	2	1
DURCHSCHNITT (1-5)	2.10	1.78	1.71	1.96	2.10	2.28	2.29	2.19	2.17	1.92	2.18	2.03
KEINE ANGABE	*	-	-	*	*	*	1	*	*	-	*	*
S U M M E	100	100	100	100	100	100	100	100	100	100	100	100

| BASIS (=100%) | 2012 | 107 | 154 | 363 | 584 | 582 | 222 | 984 | 489 | 378 | 972 | 1040 |

(F O R T S E T Z U N G)

E M N I D - INSTITUT, BIELEFELD BEFRAGUNGSZEITRAUM: 23.01. - 23.02. 1989

0163

TABELLE 12 : EINSTELLUNG GEGENUEBER VERSCHIEDENEN GRUPPEN UND BEWEGUNGEN

FRAGE : ICH NENNE IHNEN EINIGE GRUPPEN UND BEWEGUNGEN, WELCHE DIE UNTERSTUETZUNG DER OEFFENTLICHKEIT SUCHEN. KOENNEN SIE MIR BITTE FUER JEDE DIESER GRUPPEN BZW. BEWEGUNGEN SAGEN, OB SIE IHR SEHR POSITIV, POSITIV, NEUTRAL, NEGATIV ODER SEHR NEGATIV GEGENUEBERSTEHEN.

GESTELLT AN : ALLE BEFRAGTEN

		TOTAL %	KIRCHGANG				RELIGION + KIRCHGANG					POLIT. INTERESSE		
			HAEUF. MAL %	MANCH- MAL %	SELTEN %	NIE %	EVANG. HAEUF. %	EVANG. MANCH-MAL %	EVANG. SELTEN %	EVANG. NIE %	KATH. HAEUF. %	KATH. MANCH-MAL %	KATH. SELTEN %	KATH. NIE %	SEHR INT. %	ZIEML. INT. %	NICHT INT. %

ANTI-KERNKRAFT-BEWEGUNG

SEHR POSITIV	(1)	22	10	19	27	16	19	27	9	16	26	24	23	21
POSITIV	(2)	35	31	36	35	15	36	37	34	35	31	30	37	34
NEUTRAL	(3)	30	40	31	26	46	29	26	40	34	30	27	28	32
NEGATIV	(4)	12	13	12	9	18	14	8	12	11	11	13	9	12
SEHR NEGATIV	(5)	1	6	2	2	3	1	2	15	2	1	6	2	1
DURCHSCHNITT	(1-5)	2.38	2.76	2.44	2.26	2.84	2.45	2.22	2.72	2.48	2.33	2.48	2.31	2.40
KEINE ANGABE		*	*	*	*	1	1	*	*	-	1	*	*	*
S U M M E		100	100	100	100	100	100	100	100	100	100	100	100	100

FRIEDENS-BEWEGUNG

SEHR POSITIV	(1)	32	18	32	35	18	34	32	19	29	37	34	35	28
POSITIV	(2)	37	36	37	37	19	39	37	39	35	37	30	39	37
NEUTRAL	(3)	23	31	21	23	42	19	25	29	23	21	26	19	26
NEGATIV	(4)	7	12	8	5	18	7	6	10	9	5	9	6	7
SEHR NEGATIV	(5)	1	4	2	1	1	1	*	3	3	-	2	2	1
DURCHSCHNITT	(1-5)	2.10	2.48	2.11	2.01	2.71	2.04	2.06	2.38	2.20	1.97	2.16	2.01	2.16
KEINE ANGABE		*	*	*	*	1	*	*	-	-	-	*	*	*
S U M M E		100	100	100	100	100	100	100	100	100	100	100	100	100

| B A S I S (=100%) | 2012 | 253 | 683 | 1063 | 42 | 325 | 559 | 185 | 303 | 288 | 327 | 893 | 781 |

(F O R T S E T Z U N G)

E M N I D - INSTITUT, BIELEFELD

BEFRAGUNGSZEITRAUM: 23.01. - 23.02. 1989

0166

6.4 Standardtabellen

TABELLE 12 : EINSTELLUNG GEGENUEBER VERSCHIEDENEN GRUPPEN UND BEWEGUNGEN

FRAGE : ICH NENNE IHNEN EINIGE GRUPPEN UND BEWEGUNGEN, WELCHE DIE UNTERSTUETZUNG DER
OEFFENTLICHKEIT SUCHEN. KOENNEN SIE MIR BITTE, FUER JEDE DIESER GRUPPEN BZW.
BEWEGUNGEN SAGEN, OB SIE IHR SEHR POSITIV, POSITIV, NEUTRAL, NEGATIV ODER SEHR
NEGATIV GEGENUEBERSTEHEN.

GESTELLT AN : ALLE BEFRAGTEN

		TOTAL	PARTEIENPRAEFERENZ RANG 1					PARTEIIDENTIFIKATION					MAT./ POSTMAT. INDEX			
			GRUENE	SPD	FDP	CDU	CSU	GRUENE	SPD	FDP	CDU/CSU	ANDERE	KEINE	MAT.	GEM.	POST-MAT.
		%	%	%	%	%	%	%	%	%	%	%	%	%	%	%
ANTI-KERNKRAFT-BEWEGUNG																
SEHR POSITIV	(1)	22	59	25	14	10	8	64	26	13	10	17	21	8	18	39
POSITIV	(2)	35	28	42	30	29	30	26	41	29	27	9	37	34	34	36
NEUTRAL	(3)	30	9	26	38	40	34	–	25	38	36	50	33	38	32	20
NEGATIV	(4)	11	3	7	15	17	21	7	6	14	21	19	9	16	13	4
SEHR NEGATIV	(5)	2	1	1	3	4	7	2	1	6	6	2	1	4	2	1
DURCHSCHNITT	(1-5)	2.38	1.59	2.19	2.63	2.77	2.91	1.49	2.18	2.72	2.87	2.95	2.33	2.74	2.50	1.93
KEINE ANGABE		*	–	*	–	*	*	–	*	–	*	2	–	–	*	–
S U M M E		100	100	100	100	100	100	100	100	100	100	100	100	100	100	100
FRIEDENS-BEWEGUNG																
SEHR POSITIV	(1)	32	66	36	22	20	16	71	37	20	19	12	30	15	27	49
POSITIV	(2)	37	24	40	47	36	32	27	41	51	30	17	38	39	37	36
NEUTRAL	(3)	23	8	19	24	29	35	–	18	20	30	40	26	33	26	13
NEGATIV	(4)	7	1	4	5	14	10	1	4	6	15	26	4	11	9	1
SEHR NEGATIV	(5)	1	1	*	2	2	7	1	*	3	3	2	1	2	2	*
DURCHSCHNITT	(1-5)	2.10	1.46	1.92	2.19	2.43	2.62	1.40	1.90	2.21	2.53	3.05	2.08	2.47	2.22	1.67
KEINE ANGABE		*	–	*	–	*	*	–	*	–	*	2	–	–	*	–
S U M M E		100	100	100	100	100	100	100	100	100	100	100	100	100	100	100
B A S I S (=100%)		2012	216	883	107	494	185	147	674	61	514	19	592	255	1099	554

(F O R T S E T Z U N G)

E M N I D - INSTITUT, BIELEFELD   BEFRAGUNGSZEITRAUM: 23.01. - 23.02. 1989

0167

TABELLE 12 : EINSTELLUNG GEGENUEBER VERSCHIEDENEN GRUPPEN UND BEWEGUNGEN

FRAGE : ICH NENNE IHNEN EINIGE GRUPPEN UND BEWEGUNGEN, WELCHE DIE UNTERSTUETZUNG DER OEFFENTLICHKEIT SUCHEN. KOENNEN SIE MIR BITTE FUER JEDE DIESER GRUPPEN BZW. BEWEGUNGEN SAGEN, OB SIE IHR SEHR POSITIV, POSITIV, NEUTRAL, NEGATIV ODER SEHR NEGATIV GEGENUEBERSTEHEN.

GESTELLT AN : ALLE BEFRAGTEN

		TOTAL	LINKS/RECHTS SELBSTEINSTUFUNG			POLITISCHE ORIENTIERUNG							
			LINKS	MITTE	RECHTS	MAT. LINKS	MAT. MITTE	MAT. RECHTS	GEM. LINKS	GEM. MITTE	GEM. RECHTS	POST-MAT. LINKS	POST-MAT. MITTE	POST-MAT. RECHTS
		%	%	%	%	%	%	%	%	%	%	%	%	%
ANTI-KERNKRAFT-BEWEGUNG														
SEHR POSITIV	(1)	22	41	19	11	14	4	7	31	17	10	56	30	19
POSITIV	(2)	35	41	33	32	57	41	20	45	31	34	34	34	38
NEUTRAL	(3)	30	14	36	31	27	33	41	18	38	30	9	33	26
NEGATIV	(4)	11	3	10	20	2	13	26	5	11	20	1	2	13
SEHR NEGATIV	(5)	2	1	2	6	-	5	7	1	3	6	-	1	4
DURCHSCHNITT	(1-5)	2.38	1.82	2.44	2.78	2.18	2.67	3.07	2.04	2.51	2.79	1.55	2.12	2.45
KEINE ANGABE		*	*	*	*	-	-	-	*	*	*	-	-	-
S U M M E		100	100	100	100	100	100	100	100	100	100	100	100	100
FRIEDENS-BEWEGUNG														
SEHR POSITIV	(1)	32	52	30	19	25	17	8	40	27	22	66	43	21
POSITIV	(2)	37	34	42	33	50	44	26	40	42	31	25	43	49
NEUTRAL	(3)	23	12	21	31	18	28	42	15	24	30	8	13	23
NEGATIV	(4)	7	3	5	14	7	6	20	4	6	14	*	1	4
SEHR NEGATIV	(5)	1	1	1	3	-	4	3	-	1	1	-	*	2
DURCHSCHNITT	(1-5)	2.10	1.66	2.06	2.50	2.07	2.36	2.83	1.84	2.13	2.49	1.42	1.73	2.16
KEINE ANGABE		*	-	*	*	-	-	-	*	*	*	-	-	-
S U M M E		100	100	100	100	100	100	100	100	100	100	100	100	100
B A S I S (=100%)		2012	499	765	469	43	99	76	201	455	305	235	183	74

(F O R T S E T Z U N G)

E M N I D - INSTITUT, BIELEFELD BEFRAGUNGSZEITRAUM: 23.01. - 23.02. 1989

0168

6.4 Standardtabellen

TABELLE 12 : EINSTELLUNG GEGENUEBER VERSCHIEDENEN GRUPPEN UND BEWEGUNGEN

FRAGE : ICH NENNE IHNEN EINIGE GRUPPEN UND BEWEGUNGEN, WELCHE DIE UNTERSTUETZUNG DER OEFFENTLICHKEIT SUCHEN. KOENNEN SIE MIR BITTE, FUER JEDE DIESER GRUPPEN BZW. BEWEGUNGEN SAGEN, OB SIE IHR SEHR POSITIV, POSITIV, NEUTRAL, NEGATIV ODER SEHR NEGATIV GEGENUEBERSTEHEN.

GESTELLT AN : ALLE BEFRAGTEN

		TOTAL	\multicolumn{6}{c	}{ALTER}	\multicolumn{3}{c	}{BILDUNG}	\multicolumn{2}{c	}{GESCHLECHT}
			14-17 JAHRE	18-21 JAHRE	22-30 JAHRE	31-45 JAHRE	46-65 JAHRE	66+ JAHRE	NIEDRIG	MITTEL	HOCH	M	W
		%	%	%	%	%	%	%	%	%	%	%	%
UMWELT-BEWEGUNG													
SEHR POSITIV	(1)	47	61	59	53	44	43	42	41	46	60	47	47
POSITIV	(2)	38	30	34	35	41	39	39	42	37	29	39	37
NEUTRAL	(3)	12	7	6	10	12	14	13	13	14	8	11	12
NEGATIV	(4)	3	2	1	2	3	4	4	4	2	3	3	3
SEHR NEGATIV	(5)	*	-	*	*	*	-	1	*	*	*	*	*
DURCHSCHNITT	(1-5)	1.73	1.50	1.50	1.64	1.76	1.82	1.83	1.80	1.77	1.55	1.73	1.73
KEINE ANGABE		*	-	-	*	-	*	*	*	*	*	*	*
S U M M E		100	100	100	100	100	100	100	100	100	100	100	100
FRAUEN-BEWEGUNG													
SEHR POSITIV	(1)	18	38	22	20	16	14	15	15	15	22	11	24
POSITIV	(2)	27	21	23	28	30	28	21	28	25	29	23	31
NEUTRAL	(3)	39	32	37	37	40	40	46	41	41	35	47	32
NEGATIV	(4)	11	3	12	10	11	13	14	12	12	13	13	10
SEHR NEGATIV	(5)	4	5	5	5	3	4	1	4	5	4	6	3
DURCHSCHNITT	(1-5)	2.59	2.16	2.55	2.56	2.55	2.68	2.77	2.62	2.69	2.47	2.82	2.38
KEINE ANGABE		*	-	-	*	-	*	1	*	*	*	*	*
S U M M E		100	100	100	100	100	100	100	100	100	100	100	100
B A S I S (=100%)		2012	107	154	363	584	582	222	984	489	378	972	1040

E M N I D - INSTITUT, BIELEFELD   BEFRAGUNGSZEITRAUM: 23.01. - 23.02. 1989

0169

TABELLE 12 : EINSTELLUNG GEGENUEBER VERSCHIEDENEN GRUPPEN UND BEWEGUNGEN

FRAGE : ICH NENNE IHNEN EINIGE GRUPPEN UND BEWEGUNGEN, WELCHE DIE UNTERSTUETZUNG DER
OEFFENTLICHKEIT SUCHEN. KOENNEN SIE MIR BITTE FUER JEDE DIESER GRUPPEN BZW.
BEWEGUNGEN SAGEN, OB SIE IHR SEHR POSITIV, POSITIV, NEUTRAL, NEGATIV ODER SEHR
NEGATIV GEGENUEBERSTEHEN.

GESTELLT AN : ALLE BEFRAGTEN

	TOTAL	KIRCHGANG				RELIGION + KIRCHGANG					POLIT. INTERESSE		
		HAEUF.	MANCH-MAL	SELTEN	NIE	EVANG. HAEUF.	EVANG. MANCH-MAL	EVANG. SELTEN NIE	KATH. HAEUF.	KATH. MANCH-MAL	KATH. SELTEN NIE	SEHR INT.	ZIEML. INT.	NICHT INT.
	%	%	%	%	%	%	%	%	%	%	%	%	%	%

UMWELT-BEWEGUNG

SEHR POSITIV [1]	47	34	47	50	30	50	47	36	43	53	48	51	42
POSITIV [2]	38	41	41	35	38	39	38	43	46	32	35	37	40
NEUTRAL [3]	12	16	9	12	16	7	12	13	10	14	15	8	14
NEGATIV [4]	3	8	3	2	15	3	2	7	2	1	2	3	13
SEHR NEGATIV [5]	*	1	*	*	-	*	*	1	*	1	*	*	1
DURCHSCHNITT (1-5)	1.73	2.02	1.70	1.68	2.24	1.67	1.72	1.95	1.71	1.65	1.72	1.64	1.82
KEINE ANGABE	*	*	*	*	1	1	*	*	-	-	*	*	*
S U M M E	100	100	100	100	100	100	100	100	100	100	100	100	100

FRAUEN-BEWEGUNG

SEHR POSITIV [1]	18	11	16	20	8	17	17	12	14	26	18	17	18
POSITIV [2]	27	23	30	26	29	33	27	22	27	19	28	29	25
NEUTRAL [3]	39	45	37	40	38	33	40	48	40	44	36	40	41
NEGATIV [4]	11	15	13	9	15	12	10	13	15	8	12	10	11
SEHR NEGATIV [5]	4	6	3	5	11	4	6	15	4	3	*	4	5
DURCHSCHNITT (1-5)	2.59	2.84	2.59	2.54	2.93	2.56	2.62	2.79	2.70	2.45	2.60	2.55	2.62
KEINE ANGABE	*	*	*	*	1	1	*	*	-	*	*	*	*
S U M M E	100	100	100	100	100	100	100	100	100	100	100	100	100

| B A S I S (=100%) | 2012 | 253 | 683 | 1063 | 42 | 325 | 559 | 185 | 303 | 288 | 327 | 893 | 781 |

E M N I D - INSTITUT, BIELEFELD   BEFRAGUNGSZEITRAUM: 23.01. - 23.02. 1989

0172

6.4 Standardtabellen

TABELLE 12 : EINSTELLUNG GEGENUEBER VERSCHIEDENEN GRUPPEN UND BEWEGUNGEN

FRAGE : ICH NENNE IHNEN EINIGE GRUPPEN UND BEWEGUNGEN, WELCHE DIE UNTERSTUETZUNG DER OEFFENTLICHKEIT SUCHEN. KOENNEN SIE MIR BITTE FUER JEDE DIESER GRUPPEN BZW. BEWEGUNGEN SAGEN, OB SIE IHR SEHR POSITIV, POSITIV, NEUTRAL, NEGATIV ODER SEHR NEGATIV GEGENUEBERSTEHEN.

GESTELLT AN : ALLE BEFRAGTEN

	TOTAL	PARTEIENPRAEFERENZ RANG 1					PARTEIIDENTIFIKATION					MAT./POSTMAT. INDEX		
		GRUENE	SPD	FDP	CDU	CSU	GRUENE	SPD	FDP	CDU/CSU	ANDERE	KEINE	MAT.	GEM.	POST-MAT.
	%	%	%	%	%	%	%	%	%	%	%	%	%	%	%
UMWELT-BEWEGUNG															
SEHR POSITIV (1)	47	77	49	39	39	33	85	50	37	38	31	44	23	44	66
POSITIV (2)	38	17	40	47	42	33	12	40	51	39	48	39	50	40	25
NEUTRAL (3)	12	3	9	11	13	29	*	8	12	16	19	15	21	12	5
NEGATIV (4)	2	2	2	2	5	4	2	1	1	6	1	2	5	3	1
SEHR NEGATIV (5)	*	1	-	*	*	*	1	-	-	*	-	*	1	*	-
DURCHSCHNITT (1-5)	1.73	1.34	1.64	1.77	1.87	2.06	1.22	1.63	1.75	1.92	2.05	1.77	2.09	1.76	1.41
KEINE ANGABE	*	*	*	-	*	*	-	*	-	*	2	*	-	*	*
S U M M E	100	100	100	100	100	100	100	100	100	100	100	100	100	100	100
FRAUEN-BEWEGUNG															
SEHR POSITIV (1)	18	42	17	16	13	8	54	17	17	11	9	16	10	15	27
POSITIV (2)	27	25	32	24	22	21	28	34	24	19	17	27	31	25	30
NEUTRAL (3)	39	26	39	45	43	40	16	38	44	43	19	44	42	42	33
NEGATIV (4)	11	3	9	13	14	20	-	9	14	17	31	10	9	14	8
SEHR NEGATIV (5)	4	3	2	1	8	9	3	2	1	10	21	3	8	4	3
DURCHSCHNITT (1-5)	2.59	2.01	2.48	2.64	2.83	3.06	1.71	2.46	2.59	2.96	3.53	2.60	2.76	2.68	2.30
KEINE ANGABE	*	*	*	-	*	1	-	*	-	*	2	*	*	*	*
S U M M E	100	100	100	100	100	100	100	100	100	100	100	100	100	100	100
B A S I S (=100%)	2012	216	883	107	494	185	147	674	61	514	19	592	255	1099	554

E M N I D - INSTITUT, BIELEFELD   BEFRAGUNGSZEITRAUM: 23.01. - 23.02. 1989

0173

TABELLE 12 : EINSTELLUNG GEGENUEBER VERSCHIEDENEN GRUPPEN UND BEWEGUNGEN

FRAGE : ICH NENNE IHNEN EINIGE GRUPPEN UND BEWEGUNGEN, WELCHE DIE UNTERSTUETZUNG DER OEFFENTLICHKEIT SUCHEN. KOENNEN SIE MIR BITTE, FUER JEDE DIESER GRUPPEN BZW. BEWEGUNGEN SAGEN, OB SIE IHR SEHR POSITIV, POSITIV, NEUTRAL, NEGATIV ODER SEHR NEGATIV GEGENUEBERSTEHEN.

GESTELLT AN : ALLE BEFRAGTEN

		TOTAL	LINKS/RECHTS - SELBSTEINSTUFUNG			POLITISCHE ORIENTIERUNG						
			LINKS %	MITTE %	RECHTS %	MAT. LINKS %	MAT. MITTE %	MAT. RECHTS %	GEM. LINKS %	GEM. MITTE RECHTS %	POST-MAT. LINKS %	POST-MAT. MITTE %	POST-MAT. RECHTS %

UMWELT-BEWEGUNG

SEHR POSITIV	[1]	47	65	46	37	33	26	21	55	46	37	80	57	58
POSITIV	[2]	38	30	41	42	55	50	48	37	41	42	18	38	37
NEUTRAL	[3]	12	5	10	15	13	17	23	6	10	15	2	5	5
NEGATIV	[4]	2	*	3	4	-	4	7	1	3	5	-	-	1
SEHR NEGATIV	[5]	*	-	*	1	-	2	1	-	*	1	-	-	-
DURCHSCHNITT	(1-5)	1.73	1.41	1.72	1.89	1.80	2.05	2.16	1.53	1.73	1.91	1.23	1.48	1.48
KEINE ANGABE		*	*	*	*	-	-	-	-	*	*	*	-	-
S U M M E		100	100	100	100	100	100	100	100	100	100	100	100	100

FRAUEN-BEWEGUNG

SEHR POSITIV	[1]	18	29	16	10	17	9	8	22	17	7	37	17	20
POSITIV	[2]	27	32	28	23	42	41	16	29	24	23	31	31	29
NEUTRAL	[3]	39	30	42	43	33	31	53	36	44	42	26	41	32
NEGATIV	[4]	11	7	11	17	6	10	11	9	12	20	6	9	7
SEHR NEGATIV	[5]	4	2	3	8	2	9	12	3	2	7	*	1	12
DURCHSCHNITT	(1-5)	2.59	2.22	2.58	2.91	2.35	2.67	3.02	2.43	2.58	2.97	2.03	2.47	2.62
KEINE ANGABE		*	*	*	*	-	-	-	-	*	*	*	-	-
S U M M E		100	100	100	100	100	100	100	100	100	100	100	100	100
B A S I S (=100%)		2012	499	765	469	43	99	76	201	455	305	235	183	74

E M N I D - INSTITUT, BIELEFELD   BEFRAGUNGSZEITRAUM: 23.01. - 23.02. 1989

0174

6.4 Standardtabellen

TABELLE 13 : UNBEDINGTE GESETZESTREUE DER POLIZEI BEI GEWALTTAETIGEN DEMONSTRATIONEN?
FRAGE   : WENN ES UM GEWALTTAETIGE DEMONSTRATIONEN GEHT:
GESTELLT AN : ALLE BEFRAGTEN
ANTWORTEN   : VORGEGEBEN

	TOTAL	ALTER						BILDUNG			GESCHLECHT	
		14-17 JAHRE	18-21 JAHRE	22-30 JAHRE	31-45 JAHRE	46-65 JAHRE	66+ JAHRE	NIEDRIG	MITTEL	HOCH	M	W
	%	%	%	%	%	%	%	%	%	%	%	%
SOLLTE SICH DIE POLIZEI BEI DER VERFOLGUNG DER TAETER UNBEDINGT AN DIE BESTEHENDEN GESETZE HALTEN	74	81	74	82	73	71	72	70	76	86	76	73
O D E R												
SOLLTE SICH DIE POLIZEI DABEI AUCH UEBER BESTEHENDE GESETZE HINWEGSETZEN DUERFEN	24	17	24	17	24	27	27	28	23	13	23	24
KEINE ANGABE	2	2	2	1	3	2	1	3	1	1	1	3
S U M M E	100	100	100	100	100	100	100	100	100	100	100	100
B A S I S (=100%)	2012	107	154	363	584	582	222	984	489	378	972	1040

BEFRAGUNGSZEITRAUM: 23.01. - 23.02. 1989

E M N I D - INSTITUT, BIELEFELD
0223

TABELLE 13 : UNBEDINGTE GESETZESTREUE DER POLIZEI BEI GEWALTTAETIGEN DEMONSTRATIONEN?
FRAGE   : WENN ES UM GEWALTTAETIGE DEMONSTRATIONEN GEHT:
GESTELLT AN : ALLE BEFRAGTEN
ANTWORTEN : VORGEGEBEN

	TOTAL	KIRCHGANG				RELIGION + KIRCHGANG						POLIT. INTERESSE		
		HAEUF.	MANCH-MAL	SELTEN	NIE	EVANG. HAEUF.	EVANG. MANCH-MAL	EVANG. SELTEN NIE	KATH. HAEUF.	KATH. MANCH-MAL	KATH. SELTEN NIE	SEHR INT.	ZIEML. INT.	NICHT INT.
	%	%	%	%	%	%	%	%	%	%	%	%	%	%
SOLLTE SICH DIE POLIZEI BEI DER VERFOLGUNG DER TAETER UNBEDINGT AN DIE BESTEHENDEN GESETZE HALTEN	74	65	75	76	74	77	73	62	73	76	80	76	70
O D E R														
SOLLTE SICH DIE POLIZEI DABEI AUCH UEBER BESTEHENDE GESETZE HINWEGSETZEN DUERFEN	24	32	23	22	25	22	25	35	25	22	19	22	27
KEINE ANGABE	2	3	2	1	1	1	2	3	2	1	1	2	2
S U M M E	100	100	100	100	100	100	100	100	100	100	100	100	100
B A S I S (=100%)	2012	253	683	1063	42	325	559	185	303	288	327	893	781

E M N I D - INSTITUT, BIELEFELD   BEFRAGUNGSZEITRAUM: 23.01. - 23.02. 1989
0226

6.4 Standardtabellen 271

TABELLE 13 : UNBEDINGTE GESETZESTREUE DER POLIZEI BEI GEWALTTAETIGEN DEMONSTRATIONEN?
FRAGE : WENN ES UM GEWALTTAETIGE DEMONSTRATIONEN GEHT:
GESTELLT AN : ALLE BEFRAGTEN
ANTWORTEN : VORGEGEBEN

	TOTAL	PARTEIENPRAEFERENZ RANG 1					PARTEIIDENTIFIKATION				MAT./ POSTMAT. INDEX		
		GRUENE	SPD	FDP	CDU	CSU	GRUENE	SPD	FDP	CDU/CSU	ANDERE	KEINE	MAT.	GEM.	POST-MAT.
	%	%	%	%	%	%	%	%	%	%	%	%	%	%	%
SOLLTE SICH DIE POLIZEI BEI DER VERFOLGUNG DER TAETER UNBEDINGT AN DIE BESTEHENDEN GESETZE HALTEN	74	88	79	73	67	61	90	80	75	62	76	75	68	70	87
O D E R															
SOLLTE SICH DIE POLIZEI DABEI AUCH UEBER BESTEHENDE GESETZE HINWEGSETZEN DUERFEN	24	11	19	27	31	37	9	18	25	36	24	23	31	28	13
KEINE ANGABE	2	1	2	-	2	2	2	2	-	2	-	2	1	2	1
S U M M E	100	100	100	100	100	100	100	100	100	100	100	100	100	100	100
B A S I S (=100%)	2012	216	823	107	494	185	147	674	61	514	19	592	255	1099	554

E M N I D - INSTITUT, BIELEFELD   BEFRAGUNGSZEITRAUM: 23.01. - 23.02. 1989
0227

TABELLE 13   : UNBEDINGTE GESETZESTREUE DER POLIZEI BEI GEWALTTAETIGEN DEMONSTRATIONEN?
FRAGE   : WENN ES UM GEWALTTAETIGE DEMONSTRATIONEN GEHT:
GESTELLT AN : ALLE BEFRAGTEN
ANTWORTEN   : VORGEGEBEN

	TOTAL	LINKS/RECHTS - SELBSTEINSTUFUNG			POLITISCHE ORIENTIERUNG						
		LINKS	MITTE	RECHTS	MAT. LINKS	MAT. MITTE	MAT. RECHTS	GEM. LINKS	GEM. MITTE RECHTS	GEM. RECHTS	POST-MAT. LINKS	POST-MAT. MITTE	POST-MAT. RECHTS
	%	%	%	%	%	%	%	%	%	%	%	%
SOLLTE SICH DIE POLIZEI BEI DER VERFOLGUNG DER TAETER UNBEDINGT AN DIE BESTEHENDEN GESETZE HALTEN	74	84	75	66	82	71	61	77	72	63	91	84	84
O D E R													
SOLLTE SICH DIE POLIZEI DABEI AUCH UEBER BESTEHENDE GESETZE HINWEGSETZEN DUERFEN	24	14	24	32	18	26	39	21	26	34	8	15	16
KEINE ANGABE	2	1	2	2	-	3	-	2	2	3	1	1	-
S U M M E	100	100	100	100	100	100	100	100	100	100	100	100	100
B A S I S (=100%)	2012	499	765	469	43	99	76	201	455	305	235	183	74

E M N I D - INSTITUT, BIELEFELD   BEFRAGUNGSZEITRAUM: 23.01. - 23.02. 1989
0228

6.4 Standardtabellen

TABELLE 14 : MOEGLICHKEIT DER VORUEBERGEHENDEN FESTNAHME VON GEWALTTAETIGEN DEMONSTRANTEN?
GESTELLT AN : ALLE BEFRAGTEN
ANTWORTEN : VORGEGEBEN

	TOTAL	ALTER						BILDUNG			GESCHLECHT	
		14-17 JAHRE	18-21 JAHRE	22-30 JAHRE	31-45 JAHRE	46-65 JAHRE	66+ JAHRE	NIEDRIG	MITTEL	HOCH	M	W
	%	%	%	%	%	%	%	%	%	%	%	%
SOLLTE DIE POLIZEI DAS RECHT HABEN, PERSONEN VORUEBERGEHEND FESTZUNEHMEN, WENN ZU VERMUTEN IST, DASS DIESE SICH AN DEMONSTRANTEN BETEILIGEN WOLLEN, BEI DENEN MIT GEWALTTAETIGKEITEN ZU RECHNEN IST ODER	56	32	42	44	57	67	65	62	60	38	56	56
SOLLTE DIE POLIZEI DIESES RECHT NICHT HABEN?	43	68	58	56	41	33	34	37	39	62	44	42
KEINE ANGABE	1	-	-	*	2	*	1	1	1	1	*	2
SUMME	100	100	100	100	100	100	100	100	100	100	100	100
BASIS (=100%)	2012	107	154	363	584	582	222	984	489	378	972	1040

E M N I D - INSTITUT, BIELEFELD   BEFRAGUNGSZEITRAUM: 23.01. - 23.02. 1989
0229

TABELLE 14 : MOEGLICHKEIT DER VORUEBERGEHENDEN FESTNAHME VON GEWALTTAETIGEN DEMONSTRANTEN?
GESTELLT AN : ALLE BEFRAGTEN
ANTWORTEN : VORGEGEBEN

	TOTAL	KIRCHGANG			RELIGION + KIRCHGANG					POLIT. INTERESSE		
		HAEUF.	MANCH-MAL	SELTEN NIE	EVANG. HAEUF.	EVANG. MANCH-MAL	EVANG. SELTEN NIE	KATH. HAEUF.	KATH. MANCH-MAL	KATH. SELTEN NIE	SEHR INT.	ZIEML. INT.	NICHT INT.
	%	%	%	%	%	%	%	%	%	%	%	%	%
SOLLTE DIE POLIZEI DAS RECHT HABEN, PERSONEN VORUEBER-GEHEND FESTZUNEHMEN, WENN ZU VERMUTEN IST, DASS DIESE SICH AN DEMONSTRATIONEN BETEILIGEN WOLLEN, BEI DENEN MIT GEWALTTAETIGKEITEN ZU RECHNEN IST	56	70	60	50	62	61	54	71	61	47	55	55	57
O D E R													
SOLLTE DIE POLIZEI DIESES RECHT NICHT HABEN?	43	29	38	50	38	38	46	28	37	53	44	44	42
KEINE ANGABE	1	1	1	1	-	1	*	*	1	1	1	1	1
S U M M E	100	100	100	100	100	100	100	100	100	100	100	100	100
B A S I S (=100%)	2012	253	683	1063	42	325	559	185	303	288	327	893	781

E M N I D - INSTITUT, BIELEFELD   BEFRAGUNGSZEITRAUM: 23.01. - 23.02. 1989
0232

6.4 Standardtabellen

TABELLE 14 : MOEGLICHKEIT DER VORUEBERGEHENDEN FESTNAHME VON GEWALTTAETIGEN DEMONSTRANTEN?
GESTELLT AN : ALLE BEFRAGTEN
ANTWORTEN   : VORGEGEBEN

	TOTAL	PARTEIENPRAEFERENZ RANG 1					PARTEIIDENTIFIKATION					MAT./ POSTMAT. INDEX		
		GRUENE	SPD	FDP	CDU	CSU	GRUENE	SPD	FDP	CDU/CSU	ANDERE	KEINE	MAT.	GEM.	POST-MAT.
	%	%	%	%	%	%	%	%	%	%	%	%	%	%	%
SOLLTE DIE POLIZEI DAS RECHT HABEN, PERSONEN VORUEBERGEHEND FESTZUNEHMEN, WENN ZU VERMUTEN IST, DASS DIESE SICH AN DEMONSTRANTEN BETEILIGEN WOLLEN, BEI DENEN MIT GEWALTTAETIGKEITEN ZU RECHNEN IST O D E R	56	23	54	53	65	79	15	58	60	71	52	51	72	65	31
SOLLTE DIE POLIZEI DIESES RECHT NICHT HABEN?	43	77	45	45	34	19	85	42	35	28	48	49	27	34	68
KEINE ANGABE	1	-	1	2	1	2	-	*	5	1	-	1	2	1	1
S U M M E	100	100	100	100	100	100	100	100	100	100	100	100	100	100	100
B A S I S (=100%)	2012	216	883	107	494	185	147	674	61	514	19	592	255	1099	554

E M N I D - INSTITUT, BIELEFELD   BEFRAGUNGSZEITRAUM: 23.01. - 23.02. 1989
0233

276   6. Anhang

TABELLE 14 : MOEGLICHKEIT DER VORUEBERGEHENDEN FESTNAHME VON GEWALTTAETIGEN DEMONSTRANTEN?
GESTELLT AN : ALLE BEFRAGTEN
ANTWORTEN : VORGEGEBEN

	TOTAL	LINKS/RECHTS - SELBSTEINSTUFUNG			POLITISCHE ORIENTIERUNG							
		LINKS	MITTE	RECHTS	MAT. LINKS	MAT. MITTE	MAT. RECHTS	GEM. LINKS	GEM. MITTE	GEM. RECHTS	POST-MAT. LINKS	POST-MAT. MITTE	POST-MAT. RECHTS
	%	%	%	%	%	%	%	%	%	%	%	%	%
SOLLTE DIE POLIZEI DAS RECHT HABEN, PERSONEN VORUEBER- GEHEND FESTZUNEHMEN, WENN ZU VERMUTEN IST, DASS DIESE SICH AN DEMONSTRANTEN BETEILIGEN WOLLEN, BEI DENEN MIT GEWALTTAETIGKEITEN ZU RECHNEN IST O D E R	56	37	59	70	72	67	80	51	67	73	19	36	49
SOLLTE DIE POLIZEI DIESES RECHT NICHT HABEN?	43	62	40	29	25	30	19	48	33	26	80	64	48
KEINE ANGABE	1	1	*	1	3	2	1	*	-	1	1	*	3
S U M M E	100	100	100	100	100	100	100	100	100	100	100	100	100
B A S I S (=100%)	2012	499	765	469	43	99	76	201	455	305	235	183	74

E M N I D - INSTITUT, BIELEFELD   BEFRAGUNGSZEITRAUM: 23.01. - 23.02. 1989
0234

6.4 Standardtabellen

TABELLE 15   : EINSTELLUNG ZUR TODESSTRAFE
FRAGE   : SIND SIE FUER ODER GEGEN DIE EINFUEHRUNG DER TODESSTRAFE?
GESTELLT AN   : ALLE BEFRAGTEN
ANTWORTEN   : VORGEGEBEN

	TOTAL	\multicolumn{7}{c}{ALTER}	\multicolumn{3}{c}{BILDUNG}	\multicolumn{2}{c}{GESCHLECHT}
		14-17 JAHRE	18-21 JAHRE	22-30 JAHRE	31-45 JAHRE	46-65 JAHRE	66+ JAHRE	NIEDRIG	MITTEL	HOCH	M	W
	%	%	%	%	%	%	%	%	%	%	%	%
DAFUER	30	21	22	28	28	34	40	36	29	18	33	28
DAGEGEN	69	79	78	72	71	66	60	63	70	82	67	71
KEINE ANGABE	1	-	-	*	1	1	1	1	1	1	*	1
S U M M E	100	100	100	100	100	100	100	100	100	100	100	100
B A S I S (=100%)	2012	107	154	363	584	582	222	984	489	378	972	1040

E M N I D - INSTITUT, BIELEFELD   BEFRAGUNGSZEITRAUM: 23.01. - 23.02.1989
0235

TABELLE 15 : EINSTELLUNG ZUR TODESSTRAFE
FRAGE : SIND SIE FUER ODER GEGEN DIE EINFUEHRUNG DER TODESSTRAFE?
GESTELLT AN : ALLE BEFRAGTEN
ANTWORTEN : VORGEGEBEN

	TOTAL	KIRCHGANG			RELIGION + KIRCHGANG						POLIT. INTERESSE		
		HAEUF.	MANCH-MAL	SELTEN NIE	EVANG. HAEUF.	EVANG. MANCH-MAL	EVANG. SELTEN NIE	KATH. HAEUF.	KATH. MANCH-MAL	KATH. SELTEN NIE	SEHR INT.	ZIEML. INT.	NICHT INT.
	%	%	%	%	%	%	%	%	%	%	%	%	%
DAFUER	30	28	34	28	28	32	28	28	37	32	23	28	35
DAGEGEN	69	72	65	71	72	67	71	72	62	67	76	71	64
KEINE ANGABE	1	-	1	1	-	1	1	-	1	1	*	1	1
SUMME	100	100	100	100	100	100	100	100	100	100	100	100	100
BASIS (=100%)	2012	253	683	1063	42	325	559	185	303	288	327	893	781

E M N I D - INSTITUT, BIELEFELD   BEFRAGUNGSZEITRAUM: 23.01. - 23.02. 1989
0238

6.4 Standardtabellen

```
TABELLE 15    : EINSTELLUNG ZUR TODESSTRAFE
FRAGE         : SIND SIE FUER ODER GEGEN DIE EINFUEHRUNG DER TODESSTRAFE?
GESTELLT AN   : ALLE BEFRAGTEN
ANTWORTEN     : VORGEGEBEN
```

	TOTAL	PARTEIENPRAEFERENZ RANG 1					PARTEIIDENTIFIKATION					MAT./ POSTMAT. INDEX		
		GRUENE	SPD	FDP	CDU	CSU	GRUENE	SPD	FDP	CDU/CSU	ANDERE	KEINE	MAT.	GEM.	POST-MAT.
	%	%	%	%	%	%	%	%	%	%	%	%	%	%	%
DAFUER	30	13	28	25	34	51	11	25	27	40	71	31	37	36	15
DAGEGEN	69	87	72	75	66	49	89	75	71	59	29	68	62	63	85
KEINE ANGABE	1	-	1	-	*	-	-	1	1	*	-	1	1	1	1
SUMME	100	100	100	100	100	100	100	100	100	100	100	100	100	100	100
BASIS (=100%)	2012	216	883	107	494	185	147	674	61	514	19	592	255	1099	554

```
E M N I D - INSTITUT, BIELEFELD                    BEFRAGUNGSZEITRAUM: 23.01. - 23.02. 1989
0239
```

TABELLE 15 : EINSTELLUNG ZUR TODESSTRAFE
FRAGE   : SIND SIE FUER ODER GEGEN DIE EINFUEHRUNG DER TODESSTRAFE?
GESTELLT AN: ALLE BEFRAGTEN
ANTWORTEN : VORGEGEBEN

	TOTAL	LINKS/RECHTS SELBSTEINSTUFUNG			POLITISCHE ORIENTIERUNG						
		LINKS	MITTE	RECHTS	MAT. LINKS	MAT. MITTE	MAT. RECHTS	GEM. LINKS	GEM. MITTE RECHTS	POST-MAT. LINKS	POST-MAT. MITTE	POST-MAT. RECHTS
	%	%	%	%	%	%	%	%	%	%	%	%
DAFUER	30	15	31	43	32	33	43	21	35	46	6	16	30
DAGEGEN	69	85	69	57	68	65	57	77	65	53	94	84	68
KEINE ANGABE	1	1	*	*	-	2	-	1	*	*	*	*	2
S U M M E	100	100	100	100	100	100	100	100	100	100	100	100	100
B A S I S (=100%)	2012	499	765	469	43	99	76	201	455	305	235	183	74

E M N I D - INSTITUT, BIELEFELD   BEFRAGUNGSZEITRAUM: 23.01. - 23.02. 1989
0240

6.4 Standardtabellen

TABELLE 16   : VERBOT VON SICHERHEITSGEFAEHRDENDEN PARTEIEN?
FRAGE   : WENN TEILE EINER POLITISCHEN PARTEI DIE SICHERHEIT DES STAATES GEFAEHRDEN ...
GESTELLT AN : ALLE BEFRAGTEN
ANTWORTEN   : VORGEGEBEN

	TOTAL	ALTER						BILDUNG			GESCHLECHT	
		14-17 JAHRE	18-21 JAHRE	22-30 JAHRE	31-45 JAHRE	46-65 JAHRE	66+ JAHRE	NIEDRIG	MITTEL	HOCH	M	W
	%	%	%	%	%	%	%	%	%	%	%	%
SOLLTE DIESE PARTEI DANN VERBOTEN WERDEN	77	74	86	74	79	77	77	79	80	68	75	80
O D E R												
SOLLTE SIE NICHT VERBOTEN WERDEN	22	26	14	26	21	21	22	20	19	30	24	20
KEINE ANGABE	1	-	-	*	1	1	1	1	1	1	1	1
S U M M E	100	100	100	100	100	100	100	100	100	100	100	100
B A S I S (=100%)	2012	107	154	363	584	582	222	984	489	378	972	1040

E M N I D - INSTITUT, BIELEFELD   BEFRAGUNGSZEITRAUM: 23.01. - 23.02. 1989
0247

6. Anhang

TABELLE 16 : VERBOT VON SICHERHEITSGEFAEHRDENDEN PARTEIEN?
FRAGE : WENN TEILE EINER POLITISCHEN PARTEI DIE SICHERHEIT DES STAATES GEFAEHRDEN ...
GESTELLT AN : ALLE BEFRAGTEN
ANTWORTEN : VORGEGEBEN

	TOTAL	KIRCHGANG				RELIGION + KIRCHGANG					POLIT. INTERESSE		
		HAEUF.	MANCH-MAL	SELTEN NIE		EVANG. HAEUF.	EVANG. MANCH-MAL	EVANG. SELTEN NIE	KATH. HAEUF.	KATH. MANCH-MAL	KATH. SELTEN NIE	SEHR INT.	ZIEML. INT.	NICHT INT.
	%	%	%	%	%	%	%	%	%	%	%	%	%
SOLLTE DIESE PARTEI DANN VERBOTEN WERDEN	77	79	80	75	82	80	78	81	77	74	77	80
O D E R												
SOLLTE SIE NICHT VERBOTEN WERDEN	22	20	19	24	18	20	22	21	19	22	25	23	20
KEINE ANGABE	1	1	*	1	-	*	1	1	*	1	1	1	1
S U M M E	100	100	100	100	100	100	100	100	100	100	100	100	100
B A S I S (=100%)	2012	253	683	1063	42	325	559	185	303	288	327	893	781

E M N I D - INSTITUT, BIELEFELD   BEFRAGUNGSZEITRAUM: 23.01. - 23.02. 1989
0250

6.4 Standardtabellen

TABELLE 16 : VERBOT VON SICHERHEITSGEFAEHRDENDEN PARTEIEN?
FRAGE : WENN TEILE EINER POLITISCHEN PARTEI DIE SICHERHEIT DES STAATES GEFAEHRDEN ...
GESTELLT AN : ALLE BEFRAGTEN
ANTWORTEN : VORGEGEBEN

	TOTAL	PARTEIENPRAEFERENZ RANG 1					PARTEIIDENTIFIKATION				MAT./ POSTMAT. INDEX		
		GRUENE	SPD	FDP	CDU	CSU	GRUENE	SPD	FDP	CDU/CSU	ANDERE	KEINE	MAT.	GEM.	POST-MAT.
	%	%	%	%	%	%	%	%	%	%	%	%	%	%	%
SOLLTE DIESE PARTEI DANN VERBOTEN WERDEN	77	70	78	62	81	83	65	79	56	83	40	76	83	81	69
O D E R															
SOLLTE SIE NICHT VERBOTEN WERDEN	22	29	21	38	18	17	33	20	44	16	60	23	17	18	31
KEINE ANGABE	1	1	1	-	*	-	2	1	-	1	-	*	-	1	*
S U M M E	100	100	100	100	100	100	100	100	100	100	100	100	100	100	100
B A S I S (=100%)	2012	216	883	107	494	185	147	674	61	514	19	592	255	1099	554

E M N I D - INSTITUT, BIELEFELD   BEFRAGUNGSZEITRAUM: 23.01. - 23.02. 1989
0251

6. Anhang

TABELLE 16 : VERBOT VON SICHERHEITSGEFAEHRDENDEN PARTEIEN?
FRAGE : WENN TEILE EINER POLITISCHEN PARTEI DIE SICHERHEIT DES STAATES GEFAEHRDEN ...
GESTELLT AN : ALLE BEFRAGTEN
ANTWORTEN : VORGEGEBEN

	TOTAL	LINKS/RECHTS SELBSTEINSTUFUNG			POLITISCHE ORIENTIERUNG							
		LINKS	MITTE	RECHTS	MAT. LINKS	MAT. MITTE	MAT. RECHTS	GEM. LINKS	GEM. MITTE	GEM. RECHTS	POST-MAT. LINKS	POST-MAT. MITTE	POST-MAT. RECHTS
	%	%	%	%	%	%	%	%	%	%	%	%	%
SOLLTE DIESE PARTEI DANN VERBOTEN WERDEN	77	73	80	79	80	80	86	77	84	80	67	71	70
O D E R													
SOLLTE SIE NICHT VERBOTEN WERDEN	22	26	19	20	20	20	14	21	15	19	33	29	30
KEINE ANGABE	1	1	*	1	-	-	-	2	1	1	*	*	-
S U M M E	100	100	100	100	100	100	100	100	100	100	100	100	100
B A S I S (=100%)	2012	499	765	469	43	99	76	201	455	305	235	183	74

E M N I D - INSTITUT, BIELEFELD   BEFRAGUNGSZEITRAUM: 23.01. - 23.02. 1989
0252

TABELLE 17 : VERMUTETE ENTWICKLUNG DER ZAHL VON GEWALTTATEN

FRAGE : IM JAHRE 1982 WURDEN RUND 115.000 BUERGER DER BUNDESREPUBLIK OPFER VON GEWALTTATEN. WAS MEINEN SIE - IST DIESE ZAHL IN DEN LETZTEN JAHREN STARK ZURUECKGEGANGEN, ZURUECKGEGANGEN, GLEICHGEBLIEBEN, ANGESTIEGEN, STARK ANGESTIEGEN?

GESTELLT AN : ALLE BEFRAGTEN
ANTWORTEN : VORGEGEBEN

		TOTAL	A L T E R						BILDUNG			GESCHLECHT	
			14-17 JAHRE	18-21 JAHRE	22-30 JAHRE	31-45 JAHRE	46-65 JAHRE	66+ JAHRE	NIEDRIG	MITTEL	HOCH	M	W
		%	%	%	%	%	%	%	%	%	%	%	%
STARK ZURUECKGEGANGEN	(1)	*	1	-	1	1	-	*	1	*	*	*	1
ZURUECKGEGANGEN	(2)	4	2	6	3	3	3	3	4	4	3	4	3
GLEICHGEBLIEBEN	(3)	22	30	27	23	24	21	16	22	19	27	20	25
ANGESTIEGEN	(4)	59	57	55	58	59	59	67	58	61	59	61	57
STARK ANGESTIEGEN	(5)	13	8	10	15	12	16	12	14	15	10	13	13
DURCHSCHNITT	(1-5)	3.89	3.78	3.77	3.85	3.85	3.98	3.97	3.90	3.92	3.83	3.89	3.90
KEINE ANGABE		1	2	1	*	1	2	2	1	1	1	1	2
S U M M E		100	100	100	100	100	100	100	100	100	100	100	100
B A S I S (=100%)		2012	107	154	363	584	582	222	984	489	378	972	1040

E M N I D - INSTITUT, BIELEFELD   BEFRAGUNGSZEITRAUM: 23.01. - 23.02.1989
0355

6. Anhang

TABELLE 17 : VERMUTETE ENTWICKLUNG DER ZAHL VON GEWALTTATEN
FRAGE : IM JAHRE 1982 WURDEN RUND 115.000 BUERGER DER BUNDESREPUBLIK OPFER VON GEWALTTATEN. WAS MEINEN SIE - IST DIESE ZAHL IN DEN LETZTEN JAHREN STARK ZURUECKGEGANGEN, ZURUECKGEGANGEN, GLEICHGEBLIEBEN, ANGESTIEGEN, STARK ANGESTIEGEN?
GESTELLT AN : ALLE BEFRAGTEN
ANTWORTEN : VORGEGEBEN

		TOTAL	KIRCHGANG			RELIGION + KIRCHGANG						POLIT. INTERESSE		
			HAEUF.	MANCH-MAL	SELTEN NIE	EVANG. HAEUF.	EVANG. MANCH-MAL	EVANG. SELTEN NIE	KATH. HAEUF.	KATH. MANCH-MAL	KATH. SELTEN NIE	SEHR INT.	ZIEML. INT.	NICHT INT.
		%	%	%	%	%	%	%	%	%	%	%	%	%
STARK ZURUECKGEGANGEN	(1)	*	-	1	*	-	*	-	*	*	*	*	*	1
ZURUECKGEGANGEN	(2)	4	5	4	3	3	4	5	4	4	4	2	2	5
GLEICHGEBLIEBEN	(3)	22	22	23	22	27	22	21	25	25	25	16	21	26
ANGESTIEGEN	(4)	59	59	61	58	53	61	60	61	60	60	66	61	54
STARK ANGESTIEGEN	(5)	13	13	10	15	17	12	13	8	10	10	14	14	12
DURCHSCHNITT	(1-5)	3.89	3.84	3.85	3.93	3.84	3.90	3.92	3.85	3.82	3.83	4.01	3.92	3.81
KEINE ANGABE		1	1	1	1	-	2	1	1	1	1	2	1	1
S U M M E		100	100	100	100	100	100	100	100	100	100	100	100	100
B A S I S (=100%)		2012	253	683	1063	42	325	559	185	303	288	327	893	781

E M N I D - INSTITUT, BIELEFELD   BEFRAGUNGSZEITRAUM: 23.01. - 23.02. 1989
0358

6.4 Standardtabellen

TABELLE 17 : VERMUTETE ENTWICKLUNG DER ZAHL VON GEWALTTATEN

FRAGE : IM JAHRE 1982 WURDEN RUND 115.000 BUERGER DER BUNDESREPUBLIK OPFER VON GEWALTTATEN. WAS MEINEN SIE, - IST DIESE ZAHL IN DEN LETZTEN JAHREN STARK ZURUECKGEGANGEN, ZURUECKGEGANGEN, GLEICHGEBLIEBEN, ANGESTIEGEN, STARK ANGESTIEGEN?

GESTELLT AN : ALLE BEFRAGTEN
ANTWORTEN : VORGEGEBEN

		TOTAL	PARTEIENPRAEFERENZ RANG 1						PARTEIIDENTIFIKATION					MAT./ POSTMAT. INDEX			
			GRUENE	SPD	FDP	CDU	CSU	GRUENE	SPD	FDP	CDU/CSU	ANDERE	KEINE	MAT.	GEM.	POST-MAT.
		%	%	%	%	%	%	%	%	%	%	%	%	%	%	%
STARK ZURUECKGEGANGEN	(1)	*	-	1	-	*	1	1	*	2	-	-	*	1	*	*
ZURUECKGEGANGEN	(2)	4	2	3	4	5	4	1	2	4	6	12	3	5	4	3
GLEICHGEBLIEBEN	(3)	22	26	23	17	22	18	27	24	13	18	12	24	25	21	24
ANGESTIEGEN	(4)	59	60	59	71	58	58	61	59	67	59	45	59	55	61	58
STARK ANGESTIEGEN	(5)	13	11	13	8	13	15	10	13	13	15	31	12	13	13	15
DURCHSCHNITT	(1-5)	3.89	3.82	3.88	3.83	3.86	4.03	3.82	3.88	3.85	3.91	3.95	3.89	3.84	3.90	3.89
KEINE ANGABE		1	*	1	-	1	3	1	1	-	1	-	2	2	1	1
S U M M E		100	100	100	100	100	100	100	100	100	100	100	100	100	100	100
B A S I S (=100%)		2012	216	883	107	494	185	147	674	61	514	19	592	255	1099	554

E M N I D - INSTITUT, BIELEFELD BEFRAGUNGSZEITRAUM: 23.01. - 23.02. 1989

0359

6. Anhang

TABELLE 17 : VERMUTETE ENTWICKLUNG DER ZAHL VON GEWALTTATEN
FRAGE : IM JAHRE 1982 WURDEN RUND 115.000 BUERGER DER BUNDESREPUBLIK OPFER VON GEWALTTATEN. WAS MEINEN SIE - IST DIESE ZAHL IN DEN LETZTEN JAHREN STARK ZURUECKGEGANGEN, ZURUECKGEGANGEN, GLEICHGEBLIEBEN, ANGESTIEGEN, STARK ANGESTIEGEN?
GESTELLT AN : ALLE BEFRAGTEN
ANTWORTEN : VORGEGEBEN

		TOTAL	LINKS/RECHTS SELBSTEINSTUFUNG			POLITISCHE ORIENTIERUNG						
			LINKS	MITTE	RECHTS	MAT. LINKS	MAT. MITTE	MAT. RECHTS	GEM. LINKS	GEM. MITTE RECHTS	POST-MAT. LINKS	POST-MAT. MITTE	POST-MAT. RECHTS
		%	%	%	%	%	%	%	%	%	%	%	%
STARK ZURUECKGEGANGEN	(1)	*	1	*	-	3	-	-	1	*	-	*	-
ZURUECKGEGANGEN	(2)	4	4	3	5	4	5	7	5	2	4	2	7
GLEICHGEBLIEBEN	(3)	22	26	23	17	34	25	21	22	23	18	22	13
ANGESTIEGEN	(4)	59	58	62	56	48	57	58	59	64	57	58	48
STARK ANGESTIEGEN	(5)	13	10	12	20	11	10	14	12	10	19	16	32
DURCHSCHNITT	(1-5)	3.89	3.81	3.88	3.97	3.59	3.83	3.79	3.83	3.87	3.84	3.93	4.05
KEINE ANGABE		1	1	1	1	-	2	-	1	1	1	1	-
S U M M E		100	100	100	100	100	100	100	100	100	100	100	100
B A S I S (=100%)		2012	499	765	469	43	99	76	201	455	305	235	183	74

E M N I D - INSTITUT, BIELEFELD   BEFRAGUNGSZEITRAUM: 23.01. - 23.02. 1989
0360